王雷震将军文稿

王石安 王石丞 王石平 编

山西出版集团
山西人民出版社

图书在版编目(CIP)数据

王雷震将军文稿 / 王石安　王石丞　王石平编.—太原：山西人民出版社,2010.12

ISBN 978-7-203-07096-2

Ⅰ.①王…　Ⅱ.①王…　Ⅲ.①王雷震(1898~1983)—回忆录　Ⅳ.①K825.2

中国版本图书馆 CIP 数据核字(2010)第 248927 号

王雷震将军文稿

编　　者：王石安　王石丞　王石平
责任编辑：员荣亮
装帧设计：刘彦杰

出 版 者：山西出版集团·山西人民出版社
地　　址：太原市建设南路 21 号
邮　　编：030012
发行营销：0351-4922220　4955996　4956039
0351-4922127（传真）　4956038（邮购）
E - mail：sxskcb@163.com　发行部
sxskcb@126.com　总编室
网　　址：www . sxskcb . com

经 销 者：山西出版集团·山西人民出版社
承 印 者：太原市力成印刷有限公司

开　　本：787mm × 1072mm　1/16
印　　张：19
字　　数：380 千字
印　　数：1-1100 册
版　　次：2010 年 12 月　第 1 版
印　　次：2010 年 12 月　第 1 次印刷
书　　号：ISBN 978-7-203-07096-2
定　　价：38.00 元

王雷震（1898–1983）

王雷震同志追悼会

东厢房，作者晚年在此完成许多文稿

王雷震获颁的中国人民
抗日战争胜利六十周年纪念章

CONTENTS 目录

第一编:文　选

第二编:散　记

第三编:诗　稿

第四编:年　谱

附　　录

第一编·文选

王雷震　1950 年时任中国人民解放军包头军分区司令员

【编者按】

本编文章是从作者诸多已成文的遗稿中遴选出来的，其中包括写作于 1949 年以前的文稿 3 篇，写作于 1949 年以后的文稿 12 篇。这些文稿仅有个别篇章曾被《文史资料》等内部刊物登载，其余均未曾公开发表过。

四二二团小英雄　傅作义

英勇战士　袁庆曾

爱国精神之发扬　陈炳谦

发扬韬厉　苗玉田

战友模范　鲁英麐

民族光荣　张濯清

四二二团民族之花　董其武

我武维扬　刘奉滨

乃国之光　孙兰峰

【编者按】

1937 年至 1939 年间，傅作义部三十五军将士同仇敌忾，奋勇抗击日寇，各次战斗中涌现出大量可歌可泣的英雄人物。作者所编纂的这份文稿记录了其中隶属于该部四二二团 42 名官兵的战斗事迹，讴歌了抗日战场第一线战士用鲜血和生命展示的民族气节与爱国主义精神。该文稿于 1939 年油印成册，时任第八战区副司令长官兼三十五军军长的傅作义为其题名《小英雄》，第八战区副司令长官部的诸高级将领及三十五军的副军长、参谋长、各师旅长均为该小册题词。因受当时印刷技术所限，所有题词均用钢板勾出轮廓印刷而成（见左图）。题词原稿已于战乱中散失。作者晚年曾工整誊录该小册的全文。

小 英 雄

——三十五军四二二团战士抗战纪实

民国二十八年

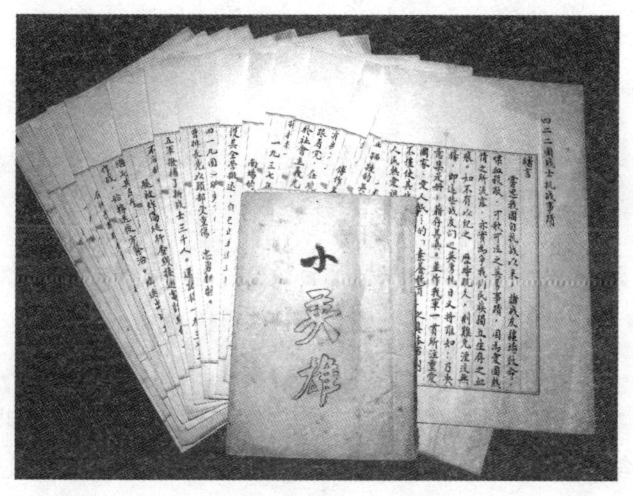

绪 言

尝思我团自抗战以来，诸战友疆场效命喋血杀敌，可歌可泣之英勇事迹，固为爱国热情之所流露，亦实为争我民族独立生存之血痕。如不有以纪之，历时既久，则难免湮没无稽，即这些战友们英勇抗日又将谁知！

故乃决意集成是册，藉存其真，并作我军一贯所注重的爱国家、爱人民……的素养教育之具体事例。不仅使其他战友能有所模楷，亦即为发扬全国人民热爱祖国之传统精神，将可藉作教育实例而垂于永远也。唯战友们之英勇足堪记述者，奚止于此，兹就所见之特著者先为编入。余俟续集焉。

民国二十八年　王雷震于绥西五原戎次

倭奴猖狂　侵我疆场　四二二团　转战各方
主帅决策　团长奉扬　指挥前进　挞伐大张
人人奋勇　个个称强　冲锋陷阵　敌军张皇
忻口离石　太原屉梁　和林清水　战绩昭彰
追思诸役　用悼国殇　英勇战友　蹈火赴汤
有的献计　有的阵亡　也有挂彩　不下战场
略记特著　云台齐芳　成仁取义　青史名扬
永留模范　地久天长　叙述事迹　以誌不忘

孙克信

序

呜呼。东海就义。则谁识部民五百之名。西越矜忠。亦仅称君子六千之众。虫沙猿鹤。今古同悲。所以旷代战史靡不揄扬。终之无名英雄，徒深凭吊者也。溯自抗战军兴，举国赴难，动员不下数百万人，历时已达十九阅月，期间丰功伟绩，足以震烁中外、彪炳千秋者实则不知凡几。然则参加战役之各个战士，当时忠勇杀敌，成功成仁者，其事迹大多泯没无闻，即或世人就其吉光片羽，播诸野乘，亦仅属凤毛麟角，聊存补缺而已。若夫详举端绪，载志简编，激发国魂，昭示楷范，用以彰往烈而励来兹者，盖不数宠矣。今者本军四二二团团长王君雨辰，蒐集本团历次作战之忠勇战士，择其特著奇勋者，都六十有一人，萃于一编，名之为《小英雄》，崇忠热爱国之心，作精神教育之助，遑云小补也哉。王君战役频经屡著勋誉，其所部伤亡数逾千百，则可歌可泣者，当更不止此。虽然，王君就其亲所见闻，供之社会，使人浏览此编，要皆肃然敬慕，向往遗风以之淬励全国人心，增加抗战意志，则必可潜移默化，著于阴微之间，苟得世人继王君之后，摭拾全国战役，踵事增华，蔚成巨制，使光明血绩永耀河山，求抗战建国最后胜利，在中华民族革命史中，发扬光大，垂诸不朽，厥功岂不更为伟烈已乎。今王君强仆为序，即以付梓，特为补充斯旨，纵谫陋又奚敢以辞。

民国二十八年三月三日古郢伯纯氏赵钟琦书于
河曲三十五军军次

目　录

腿虽受伤,仍要以两只胳膊投弹杀敌的张耀忠

不失时机重创敌人的张才

排长阵亡后接替指挥,身负重伤仍率领战友们与敌肉搏的王运发

负伤不下火线,同战友们拼杀日寇的杜景才

在班长阵亡后替班长指挥杀敌的温加元

临危大喊“谁下去谁就是孬种”的刘安祺

死守场院据点,能勇敢杀敌的何东海与机智突围的郭清海

在攻敌胜负的关键时刻大呼“弟兄们上呀”的杨得山

愿做抗日无名英雄的韩成勋

负伤坚持指挥,战斗到胜利的阎沧

再次受伤,忍痛战斗,坚持到胜利的张凤岭

受伤数处仍指挥杀敌,争取时间,赢得胜利的刘耀宗

能机智勇敢夺获敌人机枪和马枪的李贵金

能主动掩护我炮兵安全撤退的史得功

抓住杀敌机会并搜得重要敌情的冀兴

为了准确杀敌,善于利用地形前进的崔绍卿

忠于职守重视武器的李勇胜

在逆风暴雨中狠揍来侵之敌的穆林

单臂指挥歼灭敌人的杨善庆

爬出战沟杀敌,以此诱导部队前进的李殿清

虽已负伤,犹能用命尽责完成任务的贾梦笔

勇敢负责带伤服务的张宝生

赤心爱国,愿为保卫国家而效命疆场的侯昌群

能领会作战意图,机警地指挥战斗小组勇杀敌人的王德臣

对敌情判断准确又及时报告的贾桂娃

腿被炸伤仍爬行查线接通电话的王守昌

负伤指挥，勇猛冲击，再次击退敌人的丁起德

我团第三连上士排副丁起德（年二十八岁，江苏沛县人），于民国二十六年十月二十四日山西忻口战役时，因其排长负伤送后方治疗，即受令代理排长职务。当所属第一营支援友军阻击入侵之敌人时，曾和敌人展开肉搏战，单他这一排就毙伤敌人二十余名，内有少佐一名。当面之敌即被击退，我们也夺回友军所丢失的阵地。不久敌人又增兵来犯，直向该排正面扑来。此时，丁排副的臂部已经负伤，但仍在坚持战斗，沉着指挥。战友们劝他下去，而他却厉声说："咱们排长已到后方治疗，我如果再下去，谁领你们杀鬼子呢？我这点伤是不妨事的。"由此更激发了战友们杀敌之义愤，都准备和敌人再拼。只是我方阵地的战壕在当时多处被敌炮弹炸毁，战友们只好在阵地上紧急修筑简单工事做射击依托，射杀敌人。当他们的连长刚喊出发起冲击的命令时，丁排副首先跳出战壕，指挥战友们猛向前冲，并指导掷弹手用手掷弹轰击敌人。经过这次勇猛冲击，遂得以再击退侵犯的敌人。可是，丁排副竟在这次战斗中不幸又被敌炮弹炸伤腹部，壮烈牺牲。

眼睛受伤不下火线，要与阵地共存亡的赵富臣

民国二十六年十月忻口抗日战役，每日敌机向我投弹肆炸，地上敌炮又向我猛射，以掩护其步兵向我方阵地冲击。二十一日，我团第二营受命支援右邻友军反击入侵的敌人。在战斗中，第六连四班中士班长赵富臣正指挥本班奋力杀敌，突然被敌炮弹破片炸伤左眼，顿时血流满面。赵班长当即解下自己的绑腿，裹住伤目，继续用步枪射击来犯之敌。此时，同班战友已伤亡过半。战友见班长血流不止，劝他到后边疗伤，他却很严肃地说："我们班的弟兄们伤的伤，亡的亡，你们又正在苦战，漫说我伤的一只眼，即便我双眼被炸坏，我也要与这个阵地共存亡。等敌人到我跟前，我投给他几颗手掷弹，炸死他几个敌人，给我们伤亡的弟兄们报仇。"直到把敌人击退后，官长们看见赵班长的伤很重，亦劝他下去，他才听命撤

下火线。后来他被转送到后方医院治疗，于民国二十七年夏伤愈归队。

发现友军阵地有空隙，能及时报告的孙盛德

民国二十六年十月山西忻口抗日战役，我团第二营传令兵孙盛德（年二十一岁，河南淮阳县人），每次来团送报告时，总是将自己沿路所见到的友军调动和阵地位置，或是敌人动态顺便作口头陈述。二十日拂晓时，他来团指挥所送报告，述及我团右邻友军阵地与我团阵地之间有一段空隙，并无守兵，有可能是友邻部队前夜接防后没有配备实兵而造成。经我前往视察，果然如报告所述。我立即通报右邻友军，让他们速配兵力填防那段空隙处。同时，又着我第一营先派兵一部于该段空隙处，与本团右翼相连，以防意外。不出所料，就在我们派的兵刚到不久，敌人果然向该处进犯，多亏先有防备，使敌未能得逞。此次，非但友军阵地未受影响，即我团的阵地亦得以巩固。以此，当即提升孙盛德为中士班长。因屡立战功，正准备提升他任排长，以奖有功而示鼓励，不意于民国二十七年六月四日，于我团晋西北偏关县抗日之役战斗中壮烈牺牲。

裹伤后再上阵报仇的石增义

民国二十六年十月忻口抗日战役，二十一日下午，敌以密集炮火与步兵协同，向我们猛烈进犯，即将我们右邻友军阵地防线突破。当我们第二营前去支援该友军，反击突入的敌人时，第六连一等兵石增义（年十九岁河北完县人）正在射击，其左眼突被敌弹所伤，血流满面。战友扶他到我团裹伤所，在包扎伤口之际，他说："请快点给我包好伤，我还要去杀敌人的！"适团长从前沿阵地回到指挥部，见到团长，他恳求说："团长，再给我两颗手掷弹，我的仇还没有报哩！"团长见他英气勃勃，求战心切，急于杀敌报仇，又以其坚决意志溢于言表，实难劝阻，乃深加慰勉，并给予手掷弹。此时敌弹如雨，头不能仰，石增义拿着手掷弹，伏着腰，直向前沿火线上奔驰而去。迄与敌再度接战后，他的头部又被敌炮弹炸伤，而他仍坚守阵地，奋勇抗敌。后经强劝，始由轻伤战友扶送至团的裹伤所，经包扎后

转送到后方医院。

冲进敌阵地与敌人肉搏杀敌的于得胜

民国二十六年十月忻口抗日战役,二十二日下午,我团第二营援助友军攻击小平山之敌时,第六连中士班长于得胜(年二十八岁,江苏丰县人)首先由荆棘丛中攀登悬崖而上。虽手足面部多被荆棘所刺伤,但他亦不稍顾,以出其不意向敌射击,得以毙伤敌人多名。及至他的枪弹、手掷弹已用完,仍能凭平日练就的一身武功,竭力对敌作肉搏战,先后摔倒打伤敌寇数人。最后,他被敌人枪弹击伤头部,但仍坚忍挣扎,与敌寇格斗。当敌人要把他推向悬崖之际,他紧抱着敌人,死不放手,终于和敌人一同掉下深沟。敌人当即摔死,而他也昏厥过去。我们把敌人击退后,在山沟里寻到他,并立即抬送救治。不幸的是,当担架到达忻口车站时,他竟以流血过多,已为保卫国土而光荣牺牲。

忍痛指挥战斗,鼓舞战友们英勇杀敌的宋元

民国二十六年十月忻口抗日战役,二十四日下午,敌以陆空联合,步炮协同,猛攻我右翼友军阵地。当我团趋往支援时,我第一连中十班长宋元(年二十五岁,绥远凉城县人)在敌人猛烈炮火之下沉着指挥,毫不犹豫。及看见本班的轻机枪射手受伤,他立即自持机枪向敌射击,攻击前进。临近敌人,他一面用轻机枪射击,一面指挥掷弹手利用地形匍匐前进,以手掷弹向敌人猛攻。以此,毙伤敌人很多。这时,他已身负重伤,仍忍痛伏地指挥战斗,并大声喊着:“瞄准杀敌!”更鼓起全班战友杀敌的勇气。另外,由于他能瞅准机会,适时适地指导全班发起冲杀,从而带动全线战友们个个奋勇争先,勇猛杀敌,终于将当面来犯之敌人悉数击退。在我团支援友军反击敌人的任务完成后,宋班长以受敌炮弹炸伤特重,竟在此次战斗中光荣牺牲。

英勇倔强，大义凛然，可钦可敬的孟廷献

民国二十六年十月忻口抗日战役，二十四日下午，我团第二营支援右邻友军，接战不久，我们一挺重机枪竟为敌炮弹炸毁。此际，适有敌步兵百余名，向该营猛扑，形势极为危险。当时，有机枪射手一等兵孟廷献（年二十一岁，山西广灵县人）在火线上刚升为下士班长，他看见敌人冲来，势甚凶猛，仍沉着不慌地连续向扑近之敌投手掷弹二十余颗。当面之敌大部分被歼灭，余寇溃窜。此时，他的双腿已被敌掷弹筒炸断，身上负伤十余处，遍体血肉淋漓，但犹咬紧牙关，毫不呻吟。迄抬至团指挥所，团长见他伤势很重，在裹伤之际，先给服了些云南白药。当由团指挥所送他去后方时，另有负伤的战友在其旁呻吟不休。而孟的表情却异常坚强，他对那位受伤的战友说："忍耐点吧！不要喊叫，咱们不是孬种，不要给咱丢人。"他那英勇倔强的神色凛然可钦。他转过头来，还大声呼道："报告团长！我们没有丢了阵地！！"此时，团长的眼泪夺眶而出，当面予以奖励，并安慰他说"你是好样的，是模范战友，你下去好好养伤，有我们替你报仇！"周围的官兵人人称赞，都说他真是好样的。当卫生队将他抬送至忻口车站时，他因伤势过重，流血过多，不幸遽然牺牲了。

要凭独臂和敌人拼杀的杨英地

我团第六连六班中士班长杨英地，在民国二十六年十月忻口战役中，当敌人向本团右翼阵地攻击时，其连承担防卫我团右翼阵地而从事堵击该处敌人的任务。不料这里正是敌人向我进袭的重点，杨班长率领全班所在位置恰首当其冲。他能沉着指挥，以机警应战而堵住了疯狂来袭之敌。后来以其左臂受伤，连长令他下去，他说："现在敌人攻击得正猛，我的左臂虽然受伤，但我还有一只右臂，也可以和敌人死拼一下。"于是他一面用急救包裹好伤口，一面让战友将伤亡者留下的手掷弹，全数送到他的身边，并揭开保险盖。他还对身边的战友说："你看我让这群小鬼子回老家去吧！"为时不久，敌人就又向我阵地进攻了。当敌人接近前沿阵

地时，杨英地用一只手连续投弹十数颗，将敌人炸得抱头鼠窜，死尸横陈。直到我们把当面的敌人击退，才照护杨班长从火线上安然下来，送往后方医院养伤。

在敌人炮火下能按时送饭，还要上火线去打鬼子的杨玉魁

我团第一营营部炊事兵杨玉魁(年三十岁，安徽宿县人)，倔强胆大，富有爱国心。在民国二十六年十月忻口战役中，他每日在敌人猛烈炮火下送饭，总是按时送到阵地上。官长和战友们为了使他免受敌人的炮火伤害，让他在拂晓前和黄昏后再给前沿阵地送饭，而他的回答是："你们在天不明吃早饭，一直到天黑了再吃晚饭，这样一整天饿着肚子，还能有力气杀敌人吗？况且你们连明彻夜地在火线上都不怕敌人炮火，我挑着饭在火线后方走两趟，还怕怎的。我按时把饭送到阵地，为的是你们吃饱饭，好多多地杀敌人啊！我也能在你们吃饭的机会，拿枪射杀几个敌人，要不多练练枪法，到了关键时候，又怎能射击得准呢？"他的真心话把大家伙儿都说服了。大家说："老杨，你说的好，说得有理，你就照你说的办法做吧！不过要千万小心。"他每日送饭到阵地上。在战友们换班吃饭的时候，他就乘机会借用战友的枪支，到前沿战壕去射杀敌人。等战友们吃完饭，他才挑起送饭的担子回去。如此者达十七天之久，每一次饭都没有误过。有一次，他还笑着告诉弟兄们："今天可真走运，打死了两个敌人。"可谓勇敢尽职的模范战友。及至十一月八日，我们守太原城战役，在奉命转移时，他出城后因迷失方向走到东山上被敌人俘去，终以爱国不屈而被敌人杀害。

争先杀敌，并主动地警卫本团安全的苏忍安

本团部上士传达长苏忍安(山西稷山县人)胆量过人，不喜夸矜。他在本团任中士班长时，经常给战友们传授打仗常识，介绍作战经验。民国二十六年十月我团参加忻口战役时，他多次带三两名传达兵在夜间去摸敌

阵地哨兵，及至他上缴敌人枪支时，经询问其来由，才得知他们是在黑夜摸到敌人阵地前边，将鬼子的哨兵打死后缴获而得。再问他同谁去的，怎样将敌人打死的？他始以实对。比如：有一次他又约同团部司号长高万禄（察哈尔省人）带传达兵三名，于夜间去摸敌阵地。他们以灵敏之行动与果决之手段，将敌人的两名哨兵击毙，缴获步枪手枪各一支。及至敌人发觉开枪射击，他们已经越过山沟，退回到我们的阵地了，此次行动，仅高万禄受伤。

至十一月太原守城战役，于八日上午，当敌人突破太原城东北角的四一九团防守区阵地时，敌人从突破口窜入城内，威胁着小东门及其附近之我团守卫防区的左侧背，并有继续绕袭小校场我旅指挥所之可能。此时，苏忍安为警戒本团的安全，自告奋勇，率同联络兵数名，往来于小校场以北至小东门与军官学校之间，担任联络警戒，并严密监视和侦察敌人的动向，使我们得以有所准备，有计划地将该股窜入之敌人击退。嗣以我们守备部队派兵追击小校场西北之敌人时，苏又奋不顾身，勇猛争先协助，为了俘获更多的敌人，苏忍安在这次战斗中身负重伤而英勇牺牲。

矢志待伤愈要再和敌人一拼的刘宝山

民国二十六年十月忻口抗日战役，当二十一日我团第二营支援右邻友军时，第五连中士班长刘宝山（年二十八岁，河北宛平县人）正在指挥战友沉着应战之际，其头部忽然受伤。此时战斗正在激烈进行，他忍痛指挥，继续杀敌。直到情况稍缓，方才退下战场，他边包扎伤口边说：“待几天伤好了，我再和敌人一拼！”后来他伤愈归队，恨无杀敌机会。一直到民国二十七年六月四日在山西偏关县马屉梁抗日战役，他以复仇的机会已至，怀着有我无敌之决心，指挥他全班战友，奋勇前进，杀敌无数，不意其头部又受重伤，当即晕倒在阵地上。当战友们扶他下来时，他又说：“不要紧，待几天伤好了，我还要和敌人一拼。”不久，他伤愈归来后，犹时常以杀敌报仇为念，常对人谈：“敌人在我头上已经钻了两个窟窿，这仇不能不报，再有机会，非要和敌人再拼不可。”

战斗中奋勇当先，激励所部杀退敌人的韦朝岭

民国二十六年十月忻口抗日战役，我团第五连二班中士班长韦朝岭，于十四日奋勇堵击向我右翼进犯之敌时，被敌炮弹炸伤其右腿，当即被送往后方养伤。民国二十七年八月间他伤愈归队后，即苦心训练战友，介绍作战经验，准备再杀敌复仇。

至民国二十八年一月九日朔县台子梁抗日战役，韦朝岭代理排长。当时，我前哨刘排长由双化岭撤回台子梁高地时，敌人也已跟踪追来，并以稠密之炮火向我猛烈射击。韦排长奋勇当先向敌人攻击，并向战友们大声疾呼："弟兄们，沉住气，瞄准杀敌，今天要让鬼子占了上风，我们就不是中国人！"因之全排战友无不勇气百倍，战斗意志更加坚强。经一昼夜的酣战，单他们排就毙伤敌人三四十名。敌虽数次狂攻，均被我们击退。敌因伤亡太大，势不得逞，乘雪夜窜回朔县去了。

三次负伤仍坚持战斗，在台子梁之战中掩护本排转移的褚敬居

民国二十六年十月忻口战役，当我团第二营于二十四日反击突入我们右邻友军阵地之敌时，我第五连九班中士班长褚敬居被敌炮弹破片炸伤左手，他仍忍痛不下火线，继续指挥战斗。继而其右臂又被敌枪弹穿伤，流血甚多，不能坚持作战，始转送后方医治。临退出战场时，他还将自己所用的冲锋枪和子弹都交给本班的战友，让他们用此枪弹继续杀敌，并大声地鼓励战友说："为保卫中国，就要沉着瞄准射击，多杀日本鬼子。"至民国二十七年八月间，他伤愈回队，每当谈及抗战，始终对日寇怀报仇雪恨之志。

民国二十八年一月九日，我团在山西朔县台子梁抗击日寇，敌初以步炮联合发起攻击，有三百余敌向我双化岭前哨阵地进犯。褚班长以报仇时机已到，率全班战友依据山头，利用有利地形，从容指挥杀敌。敌多次进攻均未能得逞。后因敌陆续增援，他们排受令向台子梁高地转移。此

时，他自告奋勇，掩护全排转移。当撤至指定的掩护阻击之地点，他正在指挥战友们战斗之际，忽被敌炮弹炸伤头部，当即血流满面，经包扎后，还是坚忍支持，继续在连长指挥下，同战友们一起射杀敌人。此举稳定住了前沿阵地防线，完成了掩护全排转移阵地的任务。一直到将凶恶的敌人击退后，他才到后方去疗伤。

行动敏捷，率先登城杀敌的曹学成

民国二十六年十一月八日上午十时许，太原防卫战进入关键时刻。敌人攻占了太原城东北角四一九团守备阵地之后，看当时形势，可能即要顺城而下，向小东门我团（四二二团）阵地进攻，形势甚是危急。这时，旅指挥所命令我团收复该阵地。团长乃命第七连连长姚志德（年二十八岁，山西繁峙县人）率所部曹学成（年二十七岁，山东汶上县人）排，并有由旅部派来之四一九团、四二一团的各一部，统归我团第三营安春山营长指挥，向突进东北城角之敌进行反击；又命我团郁传义营长率队伍在东城墙上向北推进，以协助第七连进攻东北城角城上之敌人。我曹排长身先战友，不顾敌人炽盛火力的阻止，冒着枪林弹雨的扫射，指挥全排，很快地首先冲到城上。由于曹排长发起猛冲，捷足先登，遂鼓励了全连的战友迅速登城。此次战斗共击毙敌人二三十名，其中有敌大尉中队长一名。战士们在城头拔掉了敌旗，立起我们的国旗，一举收复了我们左翼邻接部队（四一九团）所失守的城东北角之阵地。此时，我曹排长竟以头部受重伤，英勇牺牲。

意志坚强，有民族气节的王玉珊

民国二十六年十一月守卫太原城的战役中，我团于十一月八日夜奉命转移。出城后，我团第三连九班中士班长王玉珊（年二十三岁，山西浑源县人）闻知其本连中士班长夏宜芝因负伤未出城，遂又返回城内，连夜救出夏宜芝。可是，在其还未找见，正继续寻找的时候，他的腿、臂突然被敌炮弹炸伤，结果他也掉队了。他负伤再次出城，至拂晓方至汾河，竟被敌俘去，捆送到太原城内之敌司令部（设于山西大学校）（编者注：山西大学校即旧山西大学，位于今五一广场东北角）。至九日黄昏时，敌人把他和所有被俘者数十人均绑赴首义门外刑场，将行杀害。这时，他看见自己的同胞已被日本鬼子杀害者的尸体纵横，他自己思谋，今日固然要为中华民族殉难，但岂能束手待毙，任人宰杀吗？于是，他乘人声嘈杂纷乱的当儿，用力将捆绑他的那裹腿扯断，伏着腰撒腿急跑，唯以他腿部有伤没能跑得脱，被敌护卫刑场之警骑追上，用大刀砍伤了他的头顶，而他仍是抱头强奔，没想到又被敌骑追上，复用大刀砍伤其脖项，当时昏伏在地上，不省人事。经过数小时后，他才渐渐苏醒。见四顾无人，星月在天，东方亦已渐白，他便自裹刀伤，挣扎缓行，辗转浮渡过汾河后，幸由我们友军八路军七一五团一营二连收容，为之疗伤。可是，他身在那里，而其心却日夜思归，只不晓得自己的原属部队究在何处。迄至民国二十七年四月，我们三十五军由晋西北向绥南挺进，路经五寨县，他得讯大喜，遂谢别友军，追赶回队，那时他的创伤尚未完全愈合。至相见后，大家惊喜无比，竞相慰问。当谈及他被敌害的经过，其因精神与意志坚强之气魄，感人实深。尤其在听到八路军对于我们负伤的战友均悉心收容救护、治疗（非只王玉珊一人），又莫不深表感谢和赞扬，随即给友军写了感谢信。迄看到他的头、颈伤虽稍愈，而伤痕都深可置一手指，见之者无不含泪切齿，对日寇尤深为痛恨，都说："即如日本鬼子蹂躏我中华民族的这种深仇大恨，怎能忘记！又怎能不报呢？"

支援邻接兄弟团消灭敌人，并救出战友的吕米先

民国二十六年十一月太原守城战役，在八日上午，一股敌人由太原城东北角壑口窜入市内，且已占据了我同蒲铁路管理局，并俘去我方守军四一九团战友十余人。看当时形势，这股敌人还要继续向小东门我团防守地区的阵地后方进袭。当我团第九连排长吕米先（年二十九岁，河南民权县人）接受了攻击该敌之任务后，他即指挥战友以极迅速之行动将同蒲铁路管理局的前院作严密包围，还命令战友们尽可能用手掷弹消灭敌人。以此很快地连续夺回了两进院落，敌人亦大部分被消灭。同时，还救

出四一九团被敌俘去的战友十余人。当他正指挥战友们进歼盘踞在最后之一院里的敌人时，不料左腿负伤，但他仍然忍痛指挥。最后以其不能站立，才由战友强行扶下来。可是他仍坚持在战斗阵地后方，一面再三嘱咐战友们要继续努力杀敌，一面就近督饬各班长进一步消灭退到后院里的敌人。

腿虽受伤，仍要以两只胳膊投弹杀敌的张耀忠

我团第二连五班上等兵张耀忠（年三十六岁，河南商丘县人）于民国二十七年三月十五日袭击离石县城战役时，在登城后发现敌人，即以沉着熟娴精确的射击技术毙伤敌人甚多。弟兄们都为他叫好。不料其腿部受伤数处，不能行动，他们的排长用三角巾给他裹好伤，要送他到后方去疗伤，可是他说："我是中华民族一分子，来打仗是为了抗日救国，即便牺牲了也是应该。如今我的腿虽然受了伤，还有两只胳膊可以投手掷弹杀敌人。"无奈伤重，当时晕倒。迄至排长派人送他到后方，因伤势过重，没过几日，便为救国而捐躯。

不失时机重创敌人的张才

我团第三连少尉排长张才（年二十八岁，山西朔县人）于民国二十七年三月十五日袭击离石县城战役中，身先战友，登城杀敌。此时，他忽发觉城内有敌人密集部队向城根底移动，便立即用轻机枪向该伙敌人施行扫射，当时即杀伤很多敌人。正在激战之际，他的胸部忽被敌枪弹击伤，创伤很重，但他仍勉强指挥，不脱离战斗。终以伤势太重而无力支持，他用仅有的一点力气呼喊："中华民族……"一句话尚未喊完，竟尔牺牲。

排长阵亡后接替指挥，身负重伤仍率领战友们与敌肉搏的王运发

民国二十七年三月十五日凌晨，夜袭离石县城时，我团第一连中士班

长王运发(年三十岁,河北大名县人)担任奋勇队的班长。登城后,他即与本班战友向东城楼进袭。攻至距城楼四十余公尺处,被敌发觉向我射击,该班长同排长郑相仁(年三十岁,河南项城县人)奋不顾身,率队冲入城内。郑排长以身受重伤,当时犹用手掷弹毙伤敌人十余名,顷刻即先以身殉。而王班长亦已身受重伤,为了完成本排任务,他继续指挥战友们对冲来之敌进行肉搏战,敌惨败不支,遂退去,我方损伤亦颇严重。此刻,王班长指挥奋勇队转移到城上,以待我登城部队之接应,再合力歼敌。不意受城墙上敌人侧面射来的炮火压制,我们的战友于此际伤亡殆尽。在此紧急情况下,王班长即取用受伤战友之轻机枪向敌射击。未几,敌进攻至我手掷弹有效距离,该班长以有我无敌的英勇意志,复取伤亡战友之手掷弹,向敌猛投,还鼓励轻伤战友沉住气,瞄准敌人狠狠打。敌人被我手掷弹炸死者约二十余名,其穷凶冲击终被粉碎。然此时王班长以负伤流血太多,又耗费精力过甚,无力支持,竟昏倒在地。经抢救后,由轻伤战友将他送至城外,转送到后方疗养。

负伤不下火线,同战友们拼杀日寇的杜景才

民国二十七年三月十五日上午袭击离石县城之役，我团第三连中尉排长杜景才(年三十一岁,河北武邑县人)于登城后,指挥着一个班先下入城内。由南城大塔东端向城内中学校的敌司令部袭击。敌人发觉后,顽强抵御,战斗激烈。杜景才用手掷弹毙伤敌人甚多,并大声呼喊着:“弟兄们,我们是中国人,谁不拼杀日本鬼子,谁就不是英雄好汉!”战友们听到他的呐喊都感奋异常,紧跟着一片杀声,向敌人冲去。他亦取受伤战友的枪弹,共同战斗。后来杜景才身负重伤,不能行动,仍大声说:“弟兄们,我的伤很重,你们要替我多杀鬼子,给咱们中国人报仇吧。”刚喊完话即以伤重而牺牲。

在班长阵亡后替班长指挥杀敌的温加元

于民国二十七年三月十五日凌晨夜袭离石县城战役时，我团第二连

六班班长刘森（年二十六岁，察哈尔省阳原县人）身受敌炮弹炸伤多处，犹指挥战友射杀敌人极多，旋以腹部又受敌人机枪子弹射伤而牺牲。是时全班战友们似有退缩之态，该班上等兵温加元（年二十七岁，山西浑源县人）看到这种情况，焦急万分，即对战友们说：“咱们的班长已阵亡，你们都跟我来。”说毕，他奋勇当先，领导着全班战友匍匐前进。当他通过敌火力控制地带时，自己亦身受弹伤数处，遍体是血，但他仍不顾伤痛，依旧引导战友们前进杀敌，终因伤痛不支，才告诉战友们说：“我已身负重伤，不能完成任务了，希望我们全班的弟兄们能勇敢杀敌！”就在说这话之间，他的头部又被敌弹所击伤，忠勇牺牲。

临危大喊“谁下去就是孬种”的刘安祺

民国二十七年三月十五日凌晨袭击离石县城战役中，我团第一连八班下士副班长刘安祺（年二十二岁，山西朔县人）于该班受敌炮火之压制和敌步兵的左右夹击、战友们顿现慌张之时，一面指挥其附近战友保持战果；一面大声呼喊：“今天是和日本鬼子死拼的时候，谁下去，谁就是孬种。”正在呼喊之际，敌人已蜂拥而至。该班长仍竭力支持，一连投出手掷弹数颗，敌人死伤一片。刘班长和战友们身陷重围。刘班长的头部受重伤，为抗日而英勇牺牲。

死守场院据点，能勇敢杀敌的何东海与机智突围的郭清海

民国二十七年三月十五日袭击离石县城战役，我团第三连中士班长何东海（年二十七岁，山东临沂县人）带刘永禄（年二十一岁，河北唐县人）、上等兵郭清海（年二十二岁，河南滑县人）等，组成一战斗小组，担任占据城外汽车路附近的一处场院、准备伏击城内溃敌之任务。不意攻城部队由于攻进城后的战斗不够顺利，再加上战斗中战士们牺牲过重，结果未能完成任务。而此时，由汾阳开来增援离石县之敌，已将我团预备队牵制在东方汽车路上。准备伏击敌人的何东海小组此时遭敌人监视，未能撤退，只好决定暂为固守据点，待机撤出。未几，他们即被百余名敌人

所包围，只能依据墙壁，挖枪眼，找掩体，奋勇抵拒敌人。他们用轻机枪、手掷弹毙伤敌人数十名，使敌当时未能攻进场院内。后来，敌人用手掷弹由墙外向场院内连续投掷，除郭清海一人外，其余皆受伤亡，独郭清海仍然利用有利的建筑物沉着抵御，复以手掷弹还击。直到黄昏时，由于郭脚部受伤，便退入窑洞内抵抗。此时，敌人攻入场院，而郭隐蔽在窑洞中继续向敌人射击，又杀伤很多敌人。敌人虽认为我军伤亡很大，但不知我们究竟还剩多少人，因此亦不敢接近窑洞门。迄至黑夜，郭清海瞅得敌人监视的空隙处，才得以携带着战友们的枪支突围而出。

在攻敌胜负的关键时刻大呼“弟兄们上呀”的杨得山

民国二十七年四月二十五日上午，我军向绥南挺进中，我团奉命进攻和林县城，团长命令我团第二营扫荡和林县城外围附近的樊家窑及喇嘛盖等处之敌。在我第六连攻击樊家窑时，适我与敌之兵力悬殊甚大，敌人又依据村沿的工事顽强抵御，使我攻击的部队受创甚巨。此时，第六连排长杨得山（年三十三岁，河南林县人）指挥其全排战友，向敌人屡攻未能奏效，他又着急，又愤恨。于是，他大声喊道：“大家注意，如果今天消灭不了这股顽强的敌人，攻不下这个村子，我们就不算是中国的好男儿。弟兄们，上呀！”他身先战友，首先向前冲去，全排战友们深受排长的激励，乃一拥而上，个个争先冲进该村，并占据一个有利的据点。这时，我们杨喜庆连长指挥攻击部队，受到杨得山排发起冲击的诱导，一起向前冲进，遂将正面的敌人击退，此时，我阎沧连已赶到，在协力共同进攻之下，完全击溃了樊家窑子之敌骑而攻占了该村。此役，击毙伤敌人约二三十名，并俘虏了敌人四名，七九步枪六支，子弹五百余粒。

愿做抗日无名英雄的韩成勋

民国二十七年四月二十六日，我军在绥南挺进中，我四二二团奉命于是日拂晓进攻和林县城及附近之敌。当时，除命令本团第三营及第一营与附属之炮兵连协同攻击和林县城外，并命令第二营（欠第五连掩护炮兵）先攻击盘踞于和林县城附近之樊家窑子的敌骑。在既攻克之后，即继续攻击喇嘛盖的敌之骑兵——约有七百余人。当该营展开对敌进攻之后，敌人即以其优势兵力向我反击，同时以一部骑兵分向我第二营阵地两翼迂回，致我第二营陷敌三面包围中，且敌之一部已逼近该营第四连前沿约三十余公尺处。此刻，该营前进已不易，如若转移亦势不可能。在此危险万分紧张之际，该营官兵在郁传义营长指挥之下，上下一致，抱定有进无退之决心，誓与敌肉搏到决一胜负为止。是时，我团正以主力攻击和林县城。接到第二营郁营长的战况报告，团长当即回复指示："必须支持到午十二时，我即率部队赶到，共同歼敌，希传知所属，坚持战斗，争取胜利。"

有四连少尉排长韩成勋者（山东历城县人）一面指挥全排战友杀敌，一面亲自射击。当敌人接近时，更奋力投掷手掷弹，仅在该排正面即毙伤敌人二十余名。他正奋不顾身指挥杀敌之际，肩部受伤，他略事包扎，又取负伤战友的枪，再向敌人射击。后又有敌人冲来，至距他前面约三十公尺处，他急用所带的手掷弹向敌连续投掷，使敌人伤亡约有四五名，其余敌人莫敢再进。可是，因为他投弹时过于暴露身体，结果其腹部又被敌弹击伤。战友代为包扎时，大家见他伤势颇重，劝他到后边休息。这时他很严肃地说："是个好汉子，为了抗日救国，死都不怕，哪里还怕这点伤呢？"说毕继续指挥战斗。韩成勋的英勇精神使全排战友大受感动，都抱定与敌人死拼之决心，而沉着还击。之后，敌人虽然来冲数次，均被击退。我们的阵地亦得以保持稳定。该营一直支持至十二时，团长率宋海潮营及第五连附炮兵连增援来到，当即展开战斗进击敌人之侧背，我炮兵已开始向该敌射击。敌不支，仓皇逃去。我们遂完全占领了喇嘛盖村。事后，韩排长伤愈归队，其所属排的战友屡次催促他，可将其战绩报给上级，而他回答说："我愿做抗日的无名英雄。况且我也没有特殊的战绩，又何必上报呢！"

负伤坚持指挥，战斗到胜利的阎沧

民国二十七年四月二十六日上午，我团第二营在绥南战役进攻和林之喇嘛盖时，第四连连长阎沧（年二十九岁，山西阳高县人）奋勇异常。当指挥所部推进至距敌人约二百公尺处，其腿部已受伤，然仍跛行前进，指挥如常，不稍落后。不料其胸部又为敌弹所伤，仆倒在地。他唯恐战友们陷于慌乱，乃大声呼喊："弟兄们，大家赶快前进，我的伤是不要紧的。"同时，他还挣扎前进，士气借以大振。唯以敌我众寡悬殊，竟被敌骑包围三次，但是由于阎连长虽然负伤犹能坚忍支持，先后打死打伤敌人七、八十名，予敌以重创，使我能稳定住阵脚。尽管敌人对我们包围得很紧，仍未能撼动我军阵线。就在这时，我们增援部队赶到，立即向敌人展开攻击，加以我们的炮兵亦开始向敌人射击，敌势马上衰颓，狼狈退去无踪。我团阎沧连长亦因一再负伤，在此役中为国牺牲矣。

再次受伤，忍痛战斗，坚持到胜利的张凤岭

民国二十七年四月二十六日，我军绥南挺进中，当我团第二营在和林县附近的喇嘛盖战况激烈之际，我第六连上等兵张凤岭（山东滕县人）在阵线左翼，用步枪击毙敌人四、五名，敌即以机枪、迫击炮向该处集中射击。他在枪炮弹片落如雨点的情况下，亦丝毫不慌地向敌人作准确的射击，使得敌人总未敢前进。敌人炮火炽盛，致他肩部受伤。有人劝他退下去，而他笑着说："这虱子咬一口一样，算得了什么。"后来有一股敌人继续向阵线左翼进犯，张凤岭又依据工事，和战友们屹然不动，坚守阵地。同时他还加强与战友们联系，号召大家集中火力瞄准齐放，向进犯敌人射击，一次就放倒十几个敌人，打得敌人不敢抬头。此时，他的左臂又被敌人射中一弹，鲜血流淌，似已不能从事射击，哪知他稍为捆扎，仍忍痛拿起枪，又继续瞄准敌人射击。由于他顽强地坚持战斗，在他的影响下，左右附近的战友们都趴在地上，像打兔子似的，作好射击准备，凝视前方，静等待敌人上来，将其射杀。因而我们全阵线始得赖以巩固。正值我们增援部队到达，敌人见势不佳，就一窝蜂似的逃窜了，我第二营即收复了喇嘛盖村子。当张凤岭从后方养伤痊愈归队后，即提升为下士班长。他对新战友讲打仗故事时，尝说："有了机会，决要报我臂伤和肩伤的仇。"

受伤数处仍指挥杀敌,争取时间,赢得胜利的刘耀宗

刘耀宗(山东汶上县人),是我团第二营三连中士班长,他在班里很得人心。以此,该班战士们对他都乐为跟从。尤其是他在作战中沉着勇敢,虽然是强敌当前,战斗进行惨烈,从无怯懦之色。民国二十七年四月二十六日,我第二营于拂晓进攻喇嘛盖的敌人时,敌人抽调兵力向该营迂回,还另以二百余众,配属重兵器向该营猛烈冲击。在该营进攻受阻时,大家都认为,既然遇到优势之敌,又受地形限制,不能顺利前进,就应改为攻势防御,稳扎稳打,以求完成任务;况且,正值敌炮火猛烈的情况下,如若转移,势必伤亡过多。因此,全营官兵在营长郁传义指挥下,均以有敌无我、有我无敌之决心,就现地位置,一面加紧构筑工事,一面力拒来扑之敌。此时,我阵线左翼西北方向有敌三十余人,在炮火掩护下,竟进袭至我们第四连正面约三十公尺处。适刘耀宗班长正在那里邀击,当此情况危急之际,他持手掷弹数颗,向来犯之敌连续投掷。敌人因受我手掷弹爆炸而死伤躺倒者七、八名。敌人受此打击,遂拖着被炸伤者和尸体转向后退。这时,刘班长身上已三处受伤。敌人既退,他趁此空儿用自己的裹腿将伤处扎好,仍顽强地死顶在那里。过了一会儿,敌人二十余名又扑回他那里去,他虽身臂受伤而英勇气概更旺。当敌人再冲至距他们阵地约三十公尺处,他同全班战友们复报以手掷弹数颗,敌人又死伤数名而撤退。如此者三次,均由于刘班长与同班战友们艰苦支撑,起到稳定战线的作用,终于争取了时间,将当面的整个敌人击溃,取得胜利。当时因他的伤势很重,战友们劝他不宜过分用力,以免再出血。可是他说:“能拼死几个鬼子,死也值得。”同班战友们都颇受感动。此次战斗结束后,才将他转送后方医院。后来,刘伤愈回到原部队,继续参加抗日战争。

能机智勇敢夺获敌人机枪和马枪的李贵金

民国二十七年四月二十八日,我团安春山营(第三营),同四一一团张进修营,在和林县察圪洞迎击日寇松田骑兵联队时,我团第八连上等士

兵李贵金(年二十七岁,山东邹县人),在中士班长石贵生的指挥掩护之下,由侧翼将敌人的轻机枪手击毙,毅然挺进,夺获了敌机枪一挺,马枪一支,子弹五、六百粒。及敌人追击上来时,他已迅速带着战利品回到自己原阵地,并将所夺获敌人的轻机枪、马枪,顺手交给了下士班长范正启,立即使用这支枪击退了敌人。二十九日,敌人又来进犯,即与敌接触,酣战多时,敌人伤亡甚大,已呈现动摇。我们八连中士班长靳得忠,上等兵杨来福等,乘此良好机会,跳出掩体。向右前方之敌冲去。以有此奋勇之引导,大家精神更为振作,此刻,李贵金以发现正面敌人的轻机枪射手已被我击伤,而其弹药手亦被我击毙倒地,于是他立即也跟着跳出掩体,向前猛扑,打算再夺一挺轻机枪。只是当他前进至一个土梁附近时,负伤的顽敌又开始用机枪射击,使他无法接近。这时他机智地将帽子摘下,伪装在土梁上,引诱敌人向那军帽射击,而他自己则从另一方向绕到敌人侧背,将那个机枪射手击毙,又夺得枪抢一挺,胜利而归。这次歼敌战,缴获敌战马、枪械、弹药甚多。

能主动掩护我炮兵安全撤退的史得功

民国二十七年五月三十一日,在清水河县大双墩抗日战役中,我团担任总司令部的预备队和警戒任务。我第二营一面担任前方的警戒,一面准备支援正在对敌作战的新六旅。及该营奉到支援新六旅的命令之后,发现敌人已增加了约有两个团的兵力,而我新六旅部队已撤退下来。该营面临情况的变化,迅速做好战斗准备,占据有利地形,一面掩护新六旅撤退,一面抗击来犯之敌。只以新六旅转移时,附属该旅之炮兵连同时也受敌压迫甚急,此刻,掩护新六旅撤退的我团第二营五连四班中士班长史得功(年二十七岁,山西河津县人)目睹敌人又占领了东高山头,在迫击炮的支援下向我方猛烈射击,新六旅炮兵连情况异常危急,几乎要丢了炮。此时他乃大声对炮兵战友们喊:“有我们掩护你们,你们不要慌张,快把炮拉下来,千万不要乱跑。”还命令全班战士,迅速利用地形,占领山头。史班长还指示战友们非到手掷弹有效距离,不许急于投弹。炮兵战友们得此喘息机会才拉着炮撤退下来。就在此时,敌人已进至我们掩护线

三、四十公尺处,战友们在史班长指挥下,顽强阻击,毙伤敌人二十余名,敌亦不敢再追进,我炮兵也得以脱离危险,安全撤到后方。最后,该营奉命转移,史班长又指挥全班战友,掩护其全营撤退,自己则且退且战,全班战友安全归队。

后来,在六月四日偏关县北马屉梁抗日之役,史得功又带领战友痛击凶恶的敌人,经过多次浴血激战,其全班战友伤亡甚重,他竟于此次战斗中牺牲,令人不胜惋惜。

抓住杀敌机会并搜得重要敌情的冀兴

民国二十七年六月四日下午,我团在偏关县马屉梁战斗中,有敌人百余名,向我阵地右翼进犯,当其正在向我们前进之际,以受我重机枪射击压制,均猬集于我们阵地前约一百公尺处的山沟里。我们第八连排长冀兴(年二十五岁,山西朔县人)发觉此情况,奋不顾身,持手掷弹匍匐前进,当爬至我阵地前方的那座山沟的上沿后猛以手掷弹投炸之。敌人受此一击,伤亡甚重。以此,迟滞和延缓了敌人的行动,打乱了敌人向我们进攻的步骤。不料,敌人枪弹竟射中冀兴排长胸部的重要部位,他当时虽身负重伤,还爬着返回阵地报告了敌人向我们进攻的方向和道路,以及敌人现在的位置和情况。刚报告完,伤口未及包扎完毕,他就光荣牺牲了。

为了准确杀敌,善于利用地形前进的崔绍卿

民国二十七年六月四日下午偏关县马屉梁战役, 当敌人进犯我团阵地时,我们第七连四班下士班长崔绍卿(年三十二岁,河北宁晋县人)曾用手掷弹毙伤敌人十余名。正在激烈奋战中,他被敌枪弹击伤了腿部,立即鲜血淋漓,染红了鞋袜。但他仍坚持战斗,始终不离阵地。此时,我团第七连正在马屉梁与敌人隔着山头对战, 他又以距离敌人稍远——约五、六十公尺,恐自己的手掷弹投出后不能准确地打死敌人,乃指示轻机枪射击,他利用地棱线,在轻机枪掩护下,匍匐前进,行至距离敌人约二、三十公尺处,始以手掷弹投炸之,连投七颗,毙伤敌人二十余名,还炸毁敌

机枪二挺。这种积极杀敌的行动，使全班战友都深为称赞和敬佩，不意他以腹部又受创伤，回至阵地后抢救无效，即为抗日战争而忠勇捐躯。

忠于职守重视武器的李勇胜

民国二十七年六月四日下午，我团在偏关县北马屉梁迎击来犯之敌时，伴随本团的机枪连中，有中尉排长李勇胜（年二十九岁，山西灵丘县人）。战斗开始，他指挥机枪随同进击敌人，只是该排之损失亦相当大，由于战友们能积极前进，抢占了有利地形，得以发挥机枪的炽盛威力，卒将正面的敌人击退，从而将阵地前面于我有利的小山头夺了过来。随后，敌人又组织兵力大举反扑，来势甚猛。李排长乃亲自射击，发挥了他使用机枪射击之精良技术，于数分钟内，即杀伤敌人二十余名，使敌人难以得逞。但是，李排长竟已负伤三处，昏厥倒地。受伤颇重，战友们均以为不可能救治了。后来，情况竟然好转，他也渐渐苏醒。大家立即把他送往后方医院，临走时，他还告诉连长说："你不要惦念我的伤。"并一再叮咛，注意发挥机枪的性能，固守阵地，无论情况如何紧急也不要丢掉机枪。其忠于职守，爱护武器的精神实为可嘉。

在逆风暴雨中狠揍来侵之敌的穆林

民国二十七年六月四日下午，在偏关县北马屉梁抗日战役中，我团第五连五班中士班长穆林（年三十一岁，山西浑源县人）正在指挥战友与敌人战斗，适狂风暴雨骤然迎面刮来。他立即警告战友们："准备好手掷弹，注意警戒！要防敌人乘顺风而来进攻。必须等敌人接近后才准投弹。"而狡猾的敌人，果然趁此天候骤变的当儿，由四路纵队向我阵地顺风袭来。当其进至距我阵地约二十公尺处，穆班长始命令战友们投弹，此刻，不但以手掷弹向敌猛投，并且还加上机枪扫射，单在这个班的正面，这一次就毙伤敌人三、四十名。残敌以弄巧成拙，不得不抱头鼠窜。敌在此处受到重创死不甘心，又数度以主力向这个班正面来犯。可是每次来犯，结果总是被这个班的战友们从从容容、又准又狠地打得头破血流，拖着死尸而退。这不仅是穆林班歼击日寇的胜利，其对于第二营能稳扎稳打，取得最后胜利，亦起到很好的作用。

单臂指挥歼灭敌人的杨善庆

民国二十七年六月四日偏关县马屉梁之战中，敌人凭借着密集炮火的威力，突破我兄弟部队新六旅第一团之阵地。我团第六连连长杨善庆（年二十九岁，山西临汾县人）在本团支援新六旅时，指挥所部，冒敌猛烈炮火，赶上去接替了新六旅第一团。在杨连长的带领下，第六连迎头痛击来犯的敌人，转瞬间一拥而夺回新六旅所失阵地。此际，杨连长的左手腕忽被敌弹穿伤，鲜血淋漓。适敌人又来攻击，我第二营郁传义营长让他下去裹伤，他却急切地对郁营长说："营长，你看情况这么紧急，我怎么能下去，左臂虽不能动，有右臂还能杀敌。"乃继续指挥杀敌，坚持战斗。既而敌人又利用暴风雨之时机来扑，仍被我击退，歼敌总计约三十余名。嗣以杨连长腿部又负伤，始送后方医院疗伤。

爬出战沟杀敌，以此诱导部队前进的李殿清

民国二十七年六月四日，在偏关县马屉梁抗日战斗中，我团第七连上等兵李殿清（年二十岁，山东濮县人）因其臂力素弱，投弹投不远。为了能多打死敌人，他乃爬出战沟前进二十余步，始向敌人投出手掷弹。因出敌人意外，遂炸得敌人乱跑。该连散兵线上战友借着他这一行动，极受鼓舞，亦即向前推进了一段，抢占了有利地形，更准确地给予敌人沉重打击，先后毙伤敌人二十余名。李殿清自豪地向败退的敌人大声喊着："日本鬼子，有种的，你们再来，叫你们尝尝俺的手掷弹。"

虽已负伤，犹能用命尽责完成任务的贾梦笔

民国二十七年六月四日，日寇向马屉梁高地郁传义营阵地突击而未逞，又向该营两则迂回，其一部从我右翼山沟窜进。守备此山沟口的第四

连贾梦笔(年二十七岁,山西×县人)排奋勇堵击,激烈争战,该排伤亡殆尽。之后,贾排长跑到团指挥所,向我报告战斗经过和情况,他说,全排只剩下他和两个班长、两名战士,特来请求增补兵士。此山沟口在我团指挥所在正前方,相距仅三、四十公尺。团长当即对他说:“你排守这山沟口,任务很重要,这是你的责任,此处决不能丢,赶快上去。你们必须堵住敌人。不要让敌人爬上这山沟口来。我马上派一连人去支援你们。快去!”于是,我急忙从第三营邱子麟部调来两排人,由连长率领前去增援。是时,贾排长已负伤,还正在用手掷弹继续向山沟口往上爬的敌人掷击,使敌人不能爬到山沟口上。紧接着我增援部队到达,立即用猛烈火力,对准在山沟内向上冲的敌人,予以痛击。敌人从山沟的半山腰滚了下去,狼狈逃窜。正由于贾梦笔排长能用命尽责,负伤坚持战斗,为完成任务,一直坚持到增援部队上来,从而得以歼灭进犯之敌,取得最后胜利,只惜其因负伤过重而殉职。

勇敢负责带伤服务的张宝生

民国二十七年六月四日下午,偏关县马屉梁抗日之役,我团第五连七班中士班长代理排长张宝生(年三十二岁,山东金乡县人)率领全排在稠密炮火下与顽敌厮杀多时,该排战斗力损伤很大,他身上亦受枪弹伤数处,但仍能沉着指挥,继续战斗。当战斗结束,我团奉命转进时,他又自告奋勇,带本班和轻伤战士,担任掩护撤退的任务。在执行任务过程中,他在战场上找寻我受伤战友,将其救出。见有未掩埋的阵亡战友,亦均挖坑加土,妥为掩埋。直至我们完全撤出战场后,他始遵循命令规定的转移时间、道路、地点率领战友们从容转进。此役中,他身上负伤数处,但仍继续坚持,始终随队服务。

赤心爱国,愿为保卫国家而效命疆场的侯昌群

我团第三连二等兵侯昌群(年二十岁,河南南阳县人)自入伍后对于学、术两科,都能狠下工夫学习锻炼,平时偶有小疾病,亦不休息,以是进

步很快。每谈及日本帝国主义侵略我们的国土，他就击案而起，义愤填胸，愤慨异常。于民国二十八年一月三日，我团第一营在朔县马鞍山抗日之役的前夕，第三连全体官兵都以侯昌群满身生疮、行动不便而劝其暂留后方养息，可是他坚决要去，并且说："我自入伍到现在，已经一年多了，在国家培养教育之下，已经懂得了我个人有保卫国家的责任。现在，国家受人欺负到这种地步，我要是不去打敌人，这像话吗？现在我年轻，正是为国出力的时候，我身上虽长疮，亦不碍事，只要是和鬼子拼命，就是死在战场，也对得起国家民族。"他的正义言辞说服了大家，最后允许他随队出发。次日早晨，即在马鞍山附近与由井坪来增援的敌人相遇，双方发生激战。侯昌群同战友们在对敌战斗中奋不顾身，毙敌人数名，他还跳出掩体，要搜杀其阵地前方死角下之敌。终以当时敌人的火力猛烈，致他身上受伤数处，竟于这次战斗中，为保卫国土而壮烈牺牲。

能领会作战意图，机警地指挥战斗小组勇杀敌人的王德臣

民国二十八年一月初，我团推进至朔县西山，至是月九日，朔县日寇即派出步炮联合之日伪军三百余人向我进攻。起初，敌是由少数人攻我双花岭第二营，经我沉着抗击，被击稍退。敌虽再未向前进犯，但有继续增加兵力之迹象，可断定将要对我大举进攻。此时，郁传义营长已识破敌之诡计，遂命令部队向台子梁高地转移，以连为单位利用地形，疏散配置，构成交叉火力网，准备用集中的火力，歼灭来犯之敌。适逢天降大雪，当我部队转移时，敌人亦即尾随而来。我第五连连长王德臣（年二十八岁，山东滕县人）已领会到我们这次作战的方式和目的，便留心观察敌人动向，筹划妥当部署，机警地指挥战斗小组准备迎击敌人。当尾追的敌人扑进我布置的火力网地带时，王连长及时命令战斗小组集中火力射杀敌人。在战斗中，他还巧妙地利用地形，灵活指挥战斗小组变换阵地。尽管敌人数度来冲，均由于我战斗小组互相配合而不失时机地用猛烈之步机枪火力加以阻击，使其遭受很大伤亡，未能猖狂冒进。适逢大雪纷纷，敌之炮兵始终未能准确观测到郁营主力之所在，而无从施展步炮协同之作用。一直至夜晚，双方作战终日，敌人更为疲劳，加上徒遭重创，乃乘雪夜窜回朔县城内。我

团第二营在这次战斗中，以王德臣连长能明了领导意图，机警采取应战措施，狠狠打击了日寇，在郁营长指挥之下，可谓颇为得力。

对敌情判断准确又及时报告的贾桂娃

民国二十八年二月初，本团奉七十三师（隶属师，驻狮子坪）命令，由朔县移驻神池县西北九仁村以北的四十亩沟。后于二月四日的神池县抗日之役，我团第二营六连占据神池县西北之西岭山头。该连为了突袭敌人，曾派出搜索小组，在其阵地前的四五里处搜集情报，兼以警戒。有搜索兵贾桂娃（陕西长安县人）执行任务时，发现敌步兵三百余人，在其右前方，由东向西前进。他当时判断，这是要绕攻我连前沿阵地的右翼防守线，于是立即飞跑回队报告，并叙述他的分析与看法，提出对敌人可能绕经何处，以及又由何处向我们进攻的判断。此时，连长亦认为他的报告和见解很有价值，当即妥为部署，准备杀敌。未几，敌人果然由所预料之方向来犯。我们以有了充分准确与适当之部署，又能适时对敌人施行侧射，加上又设有伏击工事，使敌人还未来得及向我们开枪，即先遭到我们潜伏的短促射击。敌遇突袭，乱作一团，死伤枕藉。其残余者，则急忙拖尸窜去。这次战斗，我们所以能易如反掌地消灭敌人，获得胜利，与贾桂娃在侦察任务时，对敌情有正确的判断并能及时报告分不开。

腿被炸伤仍爬行查线接通电话的王守昌

民国二十六年忻口抗日战役中，敌机对我忻口阵地的轰炸极为猛烈，除造成人员伤亡外，也时常使前线与后方通信联络中断，需要通信兵及时修通。一次，我团通信排中士班长王守昌带两名战友查修电话线时，被敌机投弹炸伤其腰部，流血不止，不能行走。这时，他把伤口急速包扎处置后，坚持爬行，以便能和战友们继续前进。直至查到电话线被炸断之处，接通电话线，使前线与后方恢复了通信联络后，这才由回去的战友们送他到忻口之金山铺医院，后转送至后方医院治疗。迄至民国二十八年伤愈归队。

【编者按】

此文录自一本由作者署名的油印单行本，印制日期是1940年。

文章针对在抗日战场上歼敌的战术要点进行了深入浅出的讲述，对如何学会打胜仗，有效歼灭日寇，以及如何组织连队作战，取得战斗胜利，都进行了具体的指导。依此内容分析，这应是用于对基层官兵进行实战训练的自编教材。

该文语言通俗，风格与作者同时期的其他文稿略有不同，有口语化倾向，似是作者的讲话实录。

战场一得

——官兵在战场内应有的认识和计较

民国二十九年(一九四〇年)十月

一、能打死敌人就是胜仗

我们军人的对象就是敌人——日本鬼子，我们若进入了战场，便始终与敌人是势不两立的。那么我们找着敌人去打的时候，我们就要和他拼个你死我活；或是敌向我们来犯时，我们就凭着“以逸待劳”给他个当头棒喝，使他自来送死。但是反过来说，敌人若用种种的手段来威吓我们的时候，我们是不是恐怕呢？是不是因此而动摇呢？抗战三年来的宝贵经验告诉了我们，当我们每次攻击敌人，在和敌人接触的初期，或敌人开始向我们进犯的时候，敌人总是开始先用多数炮弹的猛轰和大批的飞机狂炸；继而凭着坦克、汽车的冲击及炽盛火力的机枪，配合一部分兵力对我施行包围，企图把我们威吓得晕头转向，掉过屁股向后乱跑；然后他的步枪手协同机枪好跟着我们的屁股上来，使我们每个战友都逃不过他的枪弹。这是敌人一向惯用的手段。但是我们有许多很好的军队，遇着敌人施行它那惯用的手段时，我们不但不恐慌、不动摇，而且都能定着神，沉住气,毫不惊慌地设法前进,一直运动到必能打死敌人距离内,才开始瞄准放枪;或是岿然不动,专等敌人的步兵前进到我们射必中的距离内,然后瞄得准准的,把敌人一个一个都打死在那里。所以我说,敌人无论用什么手段来威吓我们,是不能使我们恐慌和动摇,假使我们能够"沉着应战"的话。反过来说,假使遇着敌人用炮火威吓我们时,我们便手忙脚乱的去乱打炮,乱打枪,乱投手榴弹——这样能够把敌人威吓住或把他威吓得溃退了吗?我敢武断地说一句"是不会的"。便是能够的话,我们也不能说就算打了胜仗,因为他一定还会从别的方面来二次进攻我们的。所以遇着了敌人必须硬打,并且必须瞄得准准的,直至将每一个炮弹、子弹、手榴弹都送在敌人的身上、头上,才能使他(敌人)认识了爷爷——中国军队的厉害。我常听见俘虏过来的敌人言:"我们日本人只要有两只眼、两只手在着,是不会后退,不会投降的。"由此看来,就是剩下最后一个敌人,我们也不要轻易放过。总要想法子把他打死,才算完事。要晓得把敌人打不死,终究是我们的祸害。或有受敌人威吓乱跑的,其实更要死得快。因为你们为了脱离危险,必须向后跑,你不是怕死吗?但是这时正好给敌人一个射击的目标。傅长官说"怕敌必死",就是这个意思。所以说无论步兵、炮兵、机枪手、掷弹手、甚至一个传达兵、炊事兵……一进入了战场,都要活跃起来,自动的、一致的想出种种方法去打击敌人。不管怎样打,必须把你看见能够打死的敌人,都要打死。直至每个敌人都死在你的面前,那时你才能无危险,才算是胜仗。傅长官说"打敌必胜",就是这个道理。究竟我们怎样才能打死敌人,和怎样才能得到胜仗呢?我们要计较下面这些条件:

1.要有打死敌人的把握

就拿一个步兵连来说,当然以全连每个人都有能打死敌人的把握最好,可是事实上往往不是这样的。所以必须预选若干在某些距离内能打死敌人的狙击手和掷弹手,然后再令他们在战场上施行他们那最有效、最有把握能杀伤的射击。姑且不必以一弹中一敌论,就以每五粒子弹打死一个敌人来计算,假定全连共有十五名狙击射手,每人打二十发子弹,每支枪可打倒四个敌人,十五支枪放三百粒子弹,便可打倒六十个敌人。在这时候此连当面敌人的兵力,如果也是一个连,可以说我已得到三分之二的胜利了。因为敌人的兵死伤二分之一，其精神方面，最少也要感受六分之一的打击。并且除这十五支步枪之外，还有重机枪和轻机枪的协力。所以打仗时，在这一个阶段，若连、排、班长能有了把握，这仗就好打了。何况你这全连里边教出来的射手，绝不止仅仅是这十五个人呢！那么这“胜仗”岂不是容易打的吗？若在训练上能用竞赛，到战时更可收到效果。

2.要把握住射击距离

战友们到了火线之后，能够把握住射击距离的很少。要是把握不住射击距离，即使瞄准放枪，也等于乱放枪。那样就越打得紧，越显得敌人多，无形中增加了敌人的志气；同时我们的子弹越感觉少，无形中我们射手的精神方面，也越感到恐慌。到了这个地步，我们还能打胜仗吗？反之，能把握住射击距离和确能沉住气的战友们，等到必能打死敌人的距离内，他才开枪，同时也显得火力很强大。所以打得越准，则敌人死伤得越多，因之敌人的志气也就越馁，而我们子弹的消耗感觉也不多，那么我们射击的精神方面，也就越觉得旺盛，到了这个时候，其胜仗还不是就在眼前吗?！这一点是不能不确切认识的。

3.使用狙击手的要领

（1）依敌情和地形的关系，分组使用，或单人使用，最好使用奇袭射击。连、排长亦各须掌握一、二名；

（2）不一定必须要他加入火线，只在火线附近，利用能打死敌人处，形成疏散的配置，但使用于火线上，有能影响一般散兵的杀敌兴趣，和增长志气的效用；

（3）可用于能超越我散兵射击敌人的地点；

（4）对敌人能施行斜射及侧射，尤其对敌人的机关枪；

（5）射杀敌人的指挥官和显露的目标；

（6）射杀敌人于我最有危害的敌人；

（7）封锁敌人的交通路，尤其是敌后方的交通路；

（8）封锁通敌方的路口；

（9）各狙击手发现好目标时，即可自动射杀之，不必专待官长指使；

（10）必要时两名以上之狙击手，可以同时瞄准、射击同一的目标；

(11)选拔优良轻机枪手,担任狙击任务,更能收得伟大的效果。

4.使用机炮的要领

(1)以我的炮打敌人的重机枪,有时制压敌炮火;

(2)以我的炮破坏敌人的工事;

(3)以我的炮打敌人的汽车群、骑兵群,和步兵密集部队,并阻止敌人增援;

(4)以我的步兵炮打敌人的重机枪、掷弹筒、汽车群、骑兵群、步兵密集部队或死角内的敌人;

(5)以我的重机枪和轻机枪打敌人的轻机枪,并打敌散兵;有时打敌之重机枪,或射击正运动的敌之密集部队;

(6)轻机枪有时对敌作奇袭之杀伤射击;

(7)炮兵及机枪有时须疏散配置,集中火力使用之;

(8)机炮尤其炮兵,除在本阵地,须自己详加观测外,尤须由最前线步兵指挥官亲自观测的结果,用电话通报炮兵指挥所,使其能够得到确实的修正,此效力非常之大;

(9)有时为诱致敌火,施行射击。

二、能"把握时间"、"顶得住"、"适机的使用兵器",就是胜仗

从来打仗打的就是时间,比方说,我们在白昼打仗,但有时又需要在夜间打的。又有打短时间,有打长时间的。例如倭寇侵华希望"速战速结",而我们抗战则采取"长期消耗"的战略。拿破仑说:"战争之胜败在最后之五分钟。"那么在打仗的时候,要"把握住时间"这句话是太重要了。同时"顶得住"和"适机的使用兵器",又是把握时间的先决条件,而且只有这样,才能把握住时间,才能是胜仗。

1.预期战斗时间的把握

我们希望在某一段时间内要使战斗结局,就应在这个时间内,采取积极的动作,把敌人解决了。否则时机一过,不是敌人增援到来,便是我们原定计划有所不许。所以说,能把握住时间就是胜利。

2.与敌人接触后时间的把握

我们在夜间和敌人接触之后假定要在白昼打该敌，那么在这白昼间的前夕,就需要能“顶得住”,方可以等到白昼;同样若在白昼和敌人接触之后,需等到夜间才打该敌,那么在夜间以前的白昼,也要能“顶得住”,方可等到夜间。换句话说,就是在履行任务未成功,拟待增援部队到来,预定某时间与敌人决战,或在某时间脱离战斗,这个当儿,其已在与敌人胶着的部队,必须要顶得住,万不可因敌人威吓或压迫而动摇。因为这时正是要咬紧牙关的时候,同时也正是我们胜败的关头,不然一切的计划都将成为泡影,还能找得到胜仗吗?并且,在这个时候,若要想脱离战斗,那是非常危险的。所以说,要把握住时间,必须要能顶得住。但是怎样才能做到“顶得住”呢?

(1)在已预定时间内打敌人,须把握住使用兵器的时机。

“协调”和“适时”是把握使用兵器时机的两个要领。在规定的第一个时期,我山炮与步兵炮如何协调;第二个时期,步机枪如何协调;第三个时期,步机枪和手掷弹如何协调,或者在某时期步机炮如何协调,以及手掷弹和手掷弹如何协调? 这些都是最紧要的事情。我们如能把这些兵器协调得适时、逐步使用,当可在预定的时间内,一鼓而歼敌,使战斗结局。但履行这个任务的部队,不可没有“万一不成功,还要能顶得住,并可支持到某一时间”的计划和决心。否则不徒消耗弹药,打不死敌人,反使敌人藉此得以察知我们的位置和企图,那是于我们很有危害的。

(2)在履行某任务未成功时,尤其需要顶得住,坚持到预定时间(此时尤要把握住使用各种兵器的时机和时间)。

各种兵器的弹药是有数的,假定这个时间内,不需要多放炮、多打枪、多投手掷弹;可是你偏偏要放、要打、要投,如此乱放炮、乱打枪,那还了得吗? 那就势必造成这样的后果:到了你需要炮弹、枪弹和手掷弹的时候,反而没有弹药了,甚至连一颗一粒一枚都没有了。当敌人知道我们弹药概数的时候,往往用诓骗我们的手段,来消耗我们的弹药,等到我们把炮弹、子弹和手掷弹一齐放完了,它才要打我们的,所以到了“千钧一发”的时候,切不可上了敌人的这个当!

就拿使用手掷弹来举例,假定我们和敌人尚在胶着状态中,我每个战友平均还带着两颗手掷弹，全连以一百人计共有二百颗手掷弹，此时敌伪不断向我冲锋，但我们为了要保持战果，除步枪随时协助毙敌不计外，我如用手掷弹投击向我冲来之敌，究能毙敌若干？并能顶若干时间？说到这里，必须先要知道手掷弹的威力。按手掷弹的威力圆半径为十三公尺，每颗可炸裂三百余片（均系晋造木柄手掷弹的实验），再依散兵群的散兵间隔距离为五步计算，那么在普通平坦开阔地，如果有一颗手掷弹，投到敌人散兵群中，行进间或站势，则在三十公尺的威力圈内，约可毙伤敌八、九名。又敌人每二十分钟来冲一次，每次来三十名乃至四十名，我们每次只投手掷弹四颗，使每个手掷弹的威力圈相互衔接起来，便可消灭掉三十个敌人。在一点钟内，我只消耗一二颗手掷弹便可消灭他约九十个敌人。这样继续战斗下去，当可支持十六点钟，约毙伤敌一千余名。再者，倘使敌人单兵单个向我前进，则无需再用手掷弹，仅用步枪狙击射手，便可将敌人各个消灭。至若敌人用密集部队向我冲击，这时不但我的手掷弹正好大显神威，而且我的轻、重机枪也得到了好目标。遇着这样好时机，要是不明白这“顶得住”的算法，当敌人冲锋上来，一接近便全线喊叫“手掷弹预备一、二、三”的一齐投去，最小限度在这一秒钟内，可以投出五十颗，那么敌人到离我五、六十公尺处，喊一阵“冲锋——杀——”，我们便投出五十颗；待二十分钟后，敌吹一次冲锋号，喊一次“杀——”，我们又投出手掷弹五十颗；再过二十分钟后，敌又吹一次冲锋号，喊一阵“捉活的”，我们又投出手掷弹五十颗，如此一点钟内已经把一百五十颗手掷弹消耗了，实际敌人还未上来。这时敌人估计我们的手掷弹快要投完了，他才真的冲来了，而我们乃真没有手掷弹了，没有办法了，还说是因为没有了手掷弹，所以“顶不住”了。在这里我要质问一句话，就是“消耗这一百五十颗手掷弹，究竟打死几个敌人呢？”“这够多么危险，这怎样能不败呢？”若能拿各种弹药数和时间的关系，同消耗敌人的数目作个计较，并适时适量运用，还能败吗？像我上述那个“顶得住”的例子，不消说顶十六个钟头，我以为能顶十点钟，就是我们得到胜利了。因为和日寇打仗，我们差不多总是在夜里活动，那么能把握住使用兵器的时机，能把握住弹药数量和时间关系，去消灭敌人，就可以成功；并且能顶过了白昼，待到了夜间，我们想打便打，不想打便脱离，这样能说不是我们胜利？所以说“能适时机的使用兵器”就能“顶得住”，就能打胜仗。更不要忘了，我们打仗，“只要常立在主动的地位，就是胜仗”这句话。

至于“顶得住”的要领，那就是：

甲、精神稳定；

乙、决心死拼；

丙、顽强支持，消磨敌人的时间；

丁、利用工事；

戊、抽兵转用；

己、适机使用兵器；

庚、与后方不失联系。

上面这几点，都是“顶得住”唯一无二的法门，尤其是适机使用兵器，我们每个战友都应明白，并且要确切的去执行。

三、会“瞄准”，会利用“地形”、“地物”，会“作工”，就会打胜仗

“打仗”这件事是有诀窍的，只看参加战斗的人员会打不会打。不会打仗的人，一进入了战场，便感到处处是苦恼，步步是危险，只知人打我，忘了我打人。所以越打越没办法，再加之他又不肯动脑筋，哪里还能有诀窍呢；会打仗的就不是那样了，他一步入战场，简直像演员登了舞台一般，表演得尽情尽致。他那活跃的动作、灵敏的智慧和那沉着的心思的运用，好像狸猫捕鼠般的使出他那应有尽有的伎俩，把敌人打得落花流水，显出了我们步步是胜利，感觉到处处得心应手。同时他知道不但我能打人，还能防住敌人，使他打不着我。所以会打仗的人，越打越能沉住气，越沉住气越会有办法，越有办法，就越会打胜仗。学会打仗不难，但须具备下面这些条件：

1.会瞄准

我们已经知道，打敌人，完全凭着我们所带的兵器。而这些兵器尤贵会用，并且要用得娴熟。比方说，拿着一支枪，若不会瞄准，哪怕你放一百粒子弹，也不会把你当面的敌人打死。如果离敌人越近，自己心里越张

皇，越张皇越不会瞄准，结果反而是要被敌人打死的。只有会瞄准，才能把子弹打在敌人的头上或身上。而其距敌人越近，越容易瞄准的。假定当面有一个敌人，经你一瞄准，不费多大的气力，只用一颗子弹，就把敌人消灭了，结果不但没有危险，反觉得到大安全。这不是会打胜仗吗？

2.会利用地形地物

利用地形地物就是利用周围环境来遮蔽敌眼、敌弹，或用为依托以便打敌人的意思。每个战斗员的运动和停止，都要时时注意用周围的地形地物掩蔽自己。因为我们的目的是要打死敌人，若不利用地形地物作为遮蔽去运动，怎样能接近敌人呢？怎样能打死敌人呢？且时有因暴露被敌人打伤的危险，还能谈到打敌人吗？这多么不上算！但是，不可为了取遮蔽，只知道利用地形地物藏身，而忘记了打敌人，或竟不打敌人。

可是地形地物究竟怎样利用呢？就是把地形地物的形状高低左右前后都细加侦察一遍，究应利用何处何方？同时还要注意到我应采取何种姿势，何种队形和如何才好运动，如何才能打得着敌人，而且还能遮蔽住了敌眼敌弹；在这种巧妙利用之下，必能增加敌人的死伤，减少我们的损伤。两相比较，这还能说是不会打胜仗吗？

3.会作工

作工就是改造地形地物，以求适合我们应用、运动或依托的意思。例如，当无地形地物可以利用，或有而不能适用时，我们为求接近敌人、打死敌人，就必须会作工。作工时第一要会选择作工位置；第二要会巧妙的修改地形地物。

选择作工位置，是很要紧而且很难的一件事。因为所选择之点，于作工后，必须要能打死敌人，还要能遮蔽住敌眼敌弹。遇到地形地物必须修改处，总要修改得巧妙，更要费力少而且收效大。所以选点适当，就是把握住胜仗的一部分。会作工，会修改地物的战斗员，往往在打死了许多的敌人，我们的战友都在那里鼓掌叫“好——”的时候，敌人还找不着他发射的位置。这就是由于他会作工，会改良地物。同时要知道，如果会作工和会改良地形地物，就可以少流很多血，其得到的结果，和会利用地形地物所收的效果是一样的，有时还能得到更大的利处。尤其在打阵地战时，能努力作工，会巧妙修改地形地物，更可减少敌炮火及飞机轰炸之危害。

谁能说这是不会打胜仗呢?

所以说,会“瞄准”,会利用“地形”、“地物”和会“作工”,就会打胜仗。

四、会帮助邻近战友和会支援邻接部队,就会打胜仗

打仗的总目的就是消灭敌人,使我们得到胜利。所以这敌人便是我们的共同目标。但是有些人,只求没有敌人打自己,哪里管在同一火线的战友被敌人打死呢;只需自己打胜仗,哪里还计较在同一火线的战友打败仗呢。甚而还有的看着别人打了败仗,他才出去打敌人,图邀上功;或竟骑墙观火,好像抗战与他没有关系似的。这些观念是再坏不过的,而且是极应纠正的。如果在同一战线的部队或战友,都能不分你我,同生死共患难,一齐携起手来朝着共同的目标——消灭敌人,向前迈进——奋斗。不分什么你的敌人,我的敌人,我把我当面的敌人消灭了,再帮助你消灭了你当面的敌人,就是你得到了胜利,同时也就是我胜利了;你把你当面的敌人消灭了,又帮助我消灭了我当面的敌人,这不是我得到了安全,你也安全了吗? 所以说大家都胜利,才是整个的胜利;大家都安全,才是整体的安全。而且只有全体得到胜利,才有个人的胜利;只有整个得到安全,才有个人安全。只求个人成功,不顾整体的失败,末了自己也一定失败;只求个人安全,不计整个的危害,末了自己也一定受到危害。所以官兵在战场内,发现有帮助邻接战友或邻接部队的好机会时,便可毅然出而援助。你援助了别人的成功,也就是你自己的成功;援助别人打胜仗而得了安全,也就和你自己打了胜仗而得到了安全一样。关于这一点,我们抗战军人,尤其是在同一战场内的官兵们,应彻底的了解它,认识它。

那么我们怎样帮助邻近战友和怎样支援邻接部队呢? 我们帮助邻近战友最经常的方法,当然是用自己的兵器,以斜射、侧射的手段打敌人了。至于支援邻接部队,就必须按当时敌情地形或以兵力支援,或以火力支援。这都能使敌人很快的崩溃,令我们得到胜利,最小限度也可以消灭一部分敌人,挫其锐气,而稳定我们战局的态势。俗语说:“明枪易躲,暗箭难防。”我们在战场内,援助邻近战友,支援邻接部队,就是要给敌人一支暗箭的。也就是乘着敌人不防的时候,我们要把他消灭了。并且我们要

知道，帮助邻近战友，等于我们用了两支枪或三支枪去打一个敌人；而支援邻接部队，则是增加了一部分的兵力或火力，去侧击敌人；这样最容易把敌人消灭。所以我说，会帮助邻近战友和会支援邻接部队，就会打胜仗，便是这个道理。

五、总结（去打仗时，能算得过这个账，就是胜仗）

总而言之，上面所说的那些都是我们打胜仗必须的条件，每当接到了命令，进入战场之后，无论任何一位官或兵都应根据上述各条，自己先作个“计较”，——究竟怎样去打，和怎样去攻……然后才能把敌人消灭了，才能打胜仗。或召集必要的战友，作个简单的讨论和协定。最要紧的就是根据“沉住气”、“较厉害”和“怎样做”三条件，于短时间内计较出个结论再好实行。果如此，一定能够打胜仗。孙子云：“多算胜，少算不胜，而况于无算乎？”那么我们既进入战场，还能没有谋算吗？只可惜我个人既不知廊庙之算，更不能多举出战场之算的例子贡献大家，这是我深以为憾的。也是我向大家抱歉的一点。

当年的印刷品

【编者按】

该回忆录完成于抗日战争胜利后的1947年，作者时任暂三军副军长。

该回忆录曾于当年刊印成册，本文即依此册转录。

在回忆录中，作者对抗日战争期间所参加的各次战役作了系统的回顾和总结，为研究和考证傅作义部在晋绥地区抗日战争的历史提供了真实可靠的依据。

抗战回忆录

民国三十六年九月

震于长官　傅公领导之下参加抗日战争，始于民国二十二年长城之役。继于二十五年冬曾败寇伪于绥东红格尔图，及克复百灵庙之役，迨二十六年七七事变后，初在大同与敌接触，继之忻口鏖战，与太原之苦守，二十七年率队袭击离石，克复绥南和林，继挺进归绥旗下营，以及清水河县大双墩之诱敌，晋北偏关县朔县神池县等处之激战，二十八年进攻包头，二十九年克复五原，三十二年两次安北袭敌，噫，自七七事变迄于胜利，几无日不在战斗与准备之中，每次战役，均赖我英勇健儿，发扬牺牲奋斗之精神，表现可歌可泣之壮举，兹谨就所堪回忆而足记述者，分述始末，借供抗日战史之资料。

要　目

在四二二团团长任内抗战之回顾

一、本团抗战前之态势

自二十五年冬绥东红格尔图之役击溃敌伪，旋于我军克复百灵庙后，本团即奉命进驻大庙，一边训练，一边构筑国防工事，无时不做杀敌之准备。迄二十六年七月七日卢沟桥事变，我军各部均行出动，当其克复商都后，本团始奉命开抵绥远集结，准备出动。于八月二十日离大庙，防务即为补充二团李佩膺营接替。

二、大同奉令之转进

张家口情势转变，阳高天镇相继失陷，本团开至大同后，即奉令在大同以西寨坡，磨儿岭，老爷庙之线赶筑工事，准备歼敌。于九月十一日本团派出的骑兵及便衣队，已与敌探在前方陈家庄以北接触。而是日夜间即奉令向阳方口转进。及抵阳方口，又奉命转广武，阳明堡，崞县，大营村。旋于我军长到平型关指挥军事，遂又开赴繁峙大营镇以北之红水南岸准备出击。不意茹越口阵地被敌突破，于九月三十日奉命即刻由现地出发，向东山底转进，占领石灰里互寺子山以北高地之线。及阵地占领，迄至东山底后，即将该处汽路完全破坏，山沟内之要道，尽行塞绝。经过三天之工作，虽在敌机轮流轰炸之下，终能完成其任务。而我之警戒部队已在桃园村北附近与敌接触矣。十月三日，复奉命向五台转进。五日到五台之槐荫村，当日由我军汽车接运，全部到忻县之麻会镇。

三、忻口战役之经过

忻口战役为事变后华北最激烈之战场。伊时，正面之敌，为板垣师团、第二师团、酒井师团、铃木师团、关东军守备队、第十五大队、独立第十一联队、十六联队、第三十二联队、正刚联队及伪满蒙军炮兵一旅团，均归板垣指挥。

我方部队为六十一军、十九军、第九军、十四集团军及炮兵二十三、二十四、二十五、二十八等团与我三十五军之二一八旅、二一一旅，各一部统归卫立煌总司令指挥。当敌于十月十三日猛攻我忻口阵地时，本团由麻会镇开至忻县二十里铺待命。十六日推进至泡池，十七日再进至忻口，归六十一军陈军长长捷指挥，奉令接替二十一师、六十三旅、一百二十六团之阵地(官村以南高地)后，每日战况均极激烈。白天时，敌机九架或十数架轮流轰炸，其时间有延长至六小时者，且以敌我相互炮击，投射不断，敌炮弹之散布竟遍及于我阵地，因之使我全阵地之战士，每在烟尘中常对面不能相见。战壕、坑道及掩蔽部时被摧毁倾塌。迄夜间，则照明、烧夷、信号各弹应时出，光耀战场，俨如白昼。

在此情况下，本团即采用近战，俟敌接近时，始集中火力，并用手掷弹，予以猛烈之痛击。抽暇修筑工事。敌经数日屡攻本团阵地.始终未能得手，且敌以其伤亡颇重，遂转向我右翼友军攻击。于廿一日我右翼友军四三二团及一〇五七团之孟营（陕军）忽被敌猛攻突破均纷纷退下，情势甚为危急，大有不可收拾之势。此时雷震虽欲不顾一切，对四三二团督战，但以鞭长莫及，该团竟转向我指挥所右侧高地退去，其所守之阵地已被敌占领,乃就近截堵一〇五七团之孟营,令其前进,幸该官兵尚能用命,不意促进约二百余公尺,方推至我团指挥所右侧之高地上,该营以受敌由高地之射击,不能支持,又向后退去,溃散无踪,在此紧急情况下,又不便再去截堵,唯念此际胜败,不仅与我团有莫大之影响,实与忻口全阵线及山西战局有极重大之关系。

斯时,我第二营营长郁传义,已率所部在我团指挥所附近占领阵地,掩护我团右侧。当由电话询问我安营阵地状况,据安春山营长声称:我阵地前之敌已被击退,现阵地甚安定等语。乃决心以本团预备队反击该敌,以维持战线之安全。当令郁传义营攻击前进,并抽调一部兵力由营长宋海潮指挥,准备支援郁营长之反攻。

先是在敌方高地有重机枪一挺,射击准确,火力甚炽。我团及友军先后被其扫射阵亡者,不下二三百人,实为我方攻击时最大之威胁。震乃令将炮推至第一线后,予以轰击而毁灭之。此后该处敌重机枪遂匿迹销声,寂然无闻。激战约五小时,始将该敌击退。是时,郁营长头部虽已受伤,然仍在阵地忍痛指挥,嗣以我右翼友军之阵地无人接替,该四三二团王团长来,亦一再表示不敢接收,遂由本团抽兵一部防守竟夜。至次日(二十二日)上午六时许,八十五师五〇六团开来,由雷震引导进入阵地,我团仍留一部协同该团在友军阵地戒备,未能一并换下。嗣该团经一日之猛烈战斗,受挫损失甚巨,又改由五〇五团接替。二十四日,敌又以步兵主力三四百名突破我右翼五〇五团阵地以右之友军七十二师四一六团之阵地,复牵动全线。为使我右翼之安全,并防危及全局计,遂与谷团长(五〇五团)商妥,令我郁传义营长率领所属由阵地抽下之一部,向五〇五团右翼增援。郁营长奋不顾身,各官兵亦均非常忠勇,与友军协同反攻后,敌死伤约一百多名,余皆拖尸乱窜。敌又以纵队来冲,同时并以炮火及飞机轰炸,战况尤形激烈。遂又令我宋海潮营长率一、三两连驰援我郁营,我安春山营长则沉着指挥,以猛烈火力向攻击五〇五团阵地之敌侧射。彼时我第一线战士竟有被敌炮弹炸起,身体离地两三丈高而旋落者。我宋营长二次负伤,仍忍痛指挥。自我郁营增援之后,激战约四小时,始将该方面之敌击退。我五〇五团及其以右阵地以从此稳定。

而我官兵伤亡甚重,忻口战役经此两次之动摇,固由本团自动抽兵支援得以稳定，而我安春山营长能坚守其本团之阵地亦殊与此有关。且我得延至十一月二日始奉命转进者，与此两次之支援亦微有力焉。

彼时观察当面之敌，日夜进犯，屡次受挫，二十一、二十四两日虽以主力突破我右翼友军阵地，但仍受重大之打击，而莫能逞。是知其确已成强弩之末，不意受娘子关不守之牵动，不得已始于十一月二日奉命向太原以北之既设阵地线（凤阁、阳曲湾、郭家窑）转进。总计，是役毙敌一千一百余名，我官兵伤亡四百二十一员名。

我全团官兵与凶恶之敌鏖战十七昼夜，迨与敌脱离战斗时，在每个人的体力上虽不无疲惫，而杀敌之精神仍极旺盛，抗战之意志仍极坚决。当由忻口阵地奉命转进之际，犹有许多官兵前来质问“本团打的是胜仗，正待出击杀敌，为什么撤退”者，彼岂知我娘子关已不守，而敌人将迫近太原耶。惟本团官兵为国牺牲奋斗之壮烈，仍印在人的脑海，官兵爱国义愤之豪语，还记在我的心头。

四、太原守城之苦战

十一月四日我团由忻口转进到达阳曲湾，奉命即开赴太原，归我傅总司令指挥守备太原城垣。是夜十二时进抵太原城内，即奉命在太原大东门至小东门之间占领阵地。由五日起开始构筑工事。而娘子关忻口之敌，亦竟于斯时均在太原东北两方面近郊出没，六日午后，城北郊已有枪声，七日上午我阵地前方之警戒部队已与敌骑兵部队接触，同时敌炮兵已向我试射。午后敌约二百余名向我攻击，旋被击退。八日晨敌又借炮火之掩护向我阵地猛攻，以攻我宋营小东门阵地不得逞，乃转向左翼邻接部队四一九团攻击。十时许，我左翼邻接部队阵地被敌突破，同时东山上敌炮兵亦开始射击，并联合城北炮兵，以集中火力向东北城角轰击，竟将我左翼邻接部队东北城角之阵地破坏一豁口。十一时敌人即由该处登城，并以炮轰击小东门城楼，敌机亦频低飞近地，在军校后操场内放下装物之麻袋十余个，旋即不见，随急令我安春山营长，指挥四一九团、四二一团及本团之各奋勇连，攻击由东北城角窜入之敌。同时，四二一团之张振基营（欠一连）亦归本团指挥，乃着控制于小东门内附近马路以南汽车厂之线，对通敌各路口严密戒备，阻敌南犯。至下午四时许，经我团姚志德连及郁营长率领之一部，协力将东北城角之敌击溃，并完全收复该四一九团既失之阵地。蒙傅总司令赏洋五万元。当我将东北城角窜入小东门内之同蒲铁路管理局之敌四五十名大部歼灭，正包围解决残留之敌时，而我右后方小校场营盘附近又发觉轻机枪声，乃派兵一部协助我旅部特务排攻击该敌，被我压迫向西退去，此时小东门城楼已被敌炮射之烧夷弹燃着而起火，而我团守备地区城垣下埋伏之炮垒队，均逃避一空。

我团一面须固守本阵地及东北城角之豁口，一面又须拼杀进入城内之敌。且此时本团已陷于被敌合围形势，然犹有待邻接部队之协同，而歼灭原由东北城角窜入城内军校及同蒲铁路管理局之敌之把握。不意正在对峙拼杀之际，敌复利用黄昏混战突袭，城内战况大乱。我总司令部之电话亦已不通，正拟请示旅长关于逆袭计划之时，适奉到旅长命令向晋祠转进。乃命令本团及临时归本团指挥之部队，按序分批连系转进，然以本团屡次作战，损伤过重，迨遇极混乱之状况下突围而出，已所余无几矣。

五、离石殉国之壮烈

本团出太原后，以损失惨重，即到石楼整编补充，继又至柳林应机训练。于二十七年二月十二日奉命出发进袭太原。方至娄烦镇，因情况变迁，又转水峪贯。旋以隰县不守，本团始又转至临县三交镇。三月十一日又出发，袭取离石。十四日夜十一时，我攻城部队李民济营，即到离石东关就攻城准备位置，我安春山营同时亦到达城东南二里许之龙山占领阵地。我四二一团之张进修营亦占领城东北三里许之凤山。我攻城部队于夜十二时即攻击开始。十五日上午一时，我预选之奋勇队即大部登城，并一部已下进城内，当即发生战斗。二时许，我李营全部登城，猛冲多次，与敌肉搏激战，杀声震天，毙敌二百余名，残敌仍凭险死守，而我李营亦已伤亡殆尽。

是晨，因敌由汾阳用汽车抢送步、炮兵来离石应援，致将我预备队牵制于东方汽路上对战，直至夜间始由东方抽下我郁传义营，俾得增援攻进城内之我部。迄十六日夜十一时，始奉命脱离战斗，向临县三交镇转进。此役经过一日夜之激战，虽未能竟袭击之全功，然我官兵奋斗牺牲之壮烈，实足以惊天地而泣鬼神。

六、和林及喇嘛盖之克复

在三交略事整顿，即奉令向绥远挺进。至四月二十五日即到达绥南和林县之大红城。我郁传义营（欠一连）向喇嘛盖前进，攻击其当面之敌，雷震率安春山营，及王德臣连山炮连，协同我四二一团进攻和林县城。二十六日上午拂晓前，到达和林附近。旋即开始攻击。激战至十时许，敌以受我两团之炮兵夹击，及步兵压迫，溃退至城西北石灰窑子山上，经我宋海潮营接续追击，向西北窜去。乃着一部进城内清理战利品，其余由雷震率领，支援攻喇嘛盖之郁营。

先是我郁营于二十六日上午一时与敌接触于樊家窑。激战约两小时，经我杨善庆连奋勇猛冲，始将该敌击退，并占领该村。同时，我阎沧连与杨善庆连之一部继向喇嘛盖之敌攻击，肉搏四五次未克攻下。同时敌机枪炮火亦甚猛烈，激战至天明，始知敌为蒙伪军骑兵第五师之全部，兵力强我十倍。此时我阎沧连长已阵亡。士兵伤亡颇重，而该营长仍能指挥少数部队，以牵制多数之敌人。嗣得我和林部队之策应，敌始退去。此役获敌之给养、械弹、文件甚多。敌死伤约一百余名，我官兵伤亡五十员名。

七、旗下营之挺进及与察圪洞之歼敌

本团克复和林后，我董师（一〇一师）经和林向归绥进发。本团奉命以一个营附山炮两门，在和林附近察圪洞备战。由雷震率两营附山炮一门，经凉城县以西之西沟门五道窊，向旗下营挺进。于四月二十九日我郁传义营进驻得胜窑子，我宋海潮营于三十日即到达旗下营南山上，一部已至厂合少村，均利用我团前在该地构筑之工事，掩护便衣队破坏铁路，焚烧桥梁，砍断电杆线，袭击车站之敌。当时有敌兵二名在车站厕所自缢身死，余敌退至车站以南之水磨村，又被我击溃。旋敌由东开来钢甲车一列，载兵约五、六百名，停止于旗下营以东地区。以一二百名不等，向斗金山我阵地攻击数次,均被击退,毙敌人约四五十名。平绥路经我宋营在旗下营截断后不能通车者约一星期。终以我董师在一间房莎尔沁与敌胶着,伤亡过重,向清水河转移,本团乃奉电开回清水河。

而我团官兵自占据旗下营一带阵地后,犹如回到故乡。迄五月三日奉命转进,多有依恋不舍之意,看绥远近在咫尺,未能到达,殊为遗憾。又当我董师在一间房莎尔沁与日寇胶着时,敌以岩田骑兵联队绕袭和林,于二十八日与我安营遇于察圪洞,歼敌甚多。次日敌又反攻,经我安营协同刘团长之迎击,该敌几被我全数歼灭,获洋马及战利品甚多。该营正面之敌死伤约一百余名,我官兵伤亡四十员名。

八、大双墩之诱敌

当我何柱国军骑兵正在韭菜庄与步骑炮混合约一旅之敌接触后,我新六旅旋即阻该敌于大双墩。激战竟日,嗣军命我旅增加,准备歼敌。不意同时敌已增兵约两团之众,致我未能歼灭之。五月三十日下午,奉令:以诱敌深入,施行歼灭之目的,着本团掩护全军向偏关转进。遂且退且战,诱敌深入,犹毙敌三、四十名。尤其我第五连中士史得功率领全班在敌猛袭我炮兵之情况下,尚能自动掩护该炮,使其得安全撤退,并击毙敌二、三十名,是役本团伤亡十九员名。

九、偏关之激战

本团于六月一日开抵偏关后,至四日敌果由老营、水泉营、桦石口分三路向我进犯。当桦石口窜入之敌进至偏关北马屉梁高地之线,与我新六旅接触时,我团尚在偏关城南之北窑头。于正午十二时奉命向该处增援,雷震即刻率全团跑步至马屉梁山下。正观察敌情地形之际,而我新六旅被敌压迫已逞动摇。情况危急下,我拉着王子修旅长的手,让他喊住他的官兵不要退,遂令我郁传义营急趋应援,旋以我新六旅屡次作战,伤亡过重,兵员不敷分配,始由我郁营接替其正面之阵地,右前方高地亦由我邱营完全接替。当敌借暴风骤雨之际,用密集部队向我中央突击,至我严密火网内，并经我手掷弹之轰击，歼敌甚伙，嗣又向我续冲数次，均遭惨败。敌以中央突击既不能成功，乃向我左右两翼迂回，亦均被我击溃。同时我中央部队乘机攻击前进，遂将马屉梁村占领。时已黄昏，正拟乘黑夜出击之际，适奉令撤至偏关以南山地内准备诱歼该敌。

不意，敌当晚进城，次早即窜去，致我未能达到歼敌之目的。是役由下午一时至九时间，以一至六时之战斗为最激烈。敌死伤约已三百余名，我官兵伤亡一百四十员名。

十、朔县马鞍山及双花岭战役

民国二十八年一月间，本团进至朔县西山。为欲利用地形歼灭盘踞朔县之敌人，曾由团派一个连于月之一日夜佯攻井坪堡。同时令第一营营长宋海潮，率所部在朔县与井坪堡间马鞍山附近，利用山地妥为部署，伏击由朔县增援井坪之敌。迄二日上午八时许，果有由朔县开来汽车二、三十辆，满载敌兵，至马鞍山附近，被我伏于公路两旁之战士迎头痛击，敌死伤颇多。有我一优良射手，即毙伤敌人约二十名，敌以受创甚巨，遂退回朔县，我并烧毁敌之汽车一辆。

至同月九日，敌复以步炮联合约三百余，向双花岭我第二营前哨阵地进袭。经我沉着抵抗，敌未得逞。嗣因敌陆续增援，我乃转移至台子梁山地占领阵地，嗣敌亦尾而来。我郁传义营长即指挥所部利用地形与敌展开激战。是时，敌犹乘天降大雪，向我冲杀数次，但均被我击退。敌以遭我阻击伤亡亦大，乃趁黑夜窜回朔县。是役我第五连连长王德臣颇为出力。

十一、神池九仁村战役

民国二十八年，敌感于我在神池外围之威胁，派步、炮联合之部队约五百人，于二月四日晨，先向九仁村西南高地之我三九三团进攻，继而向本团阵地猛扑，并有敌机两架，向我阵地肆炸扫射。当时本团驻神池城西北约二十里之九仁村，为予敌打击计，当派第一营营长宋海潮指挥所部进入南面山头既设之阵地，派第三营在左侧山头占领阵地。由团控制第二营作预备队，准备支援我一、三两营对敌反击。当敌开始向我第一营进攻时，我仍本近战之规定，敌在远距离我则一枪不发，待敌进至我重机枪有效距离三百公尺处，我始集中火力突予猛击。敌即溃退。因不甘心，虽向我反扑数次，均未得逞。旋另派一部向我第三营绕袭，亦为我击退。我正令第三营营长邱子麟指挥所部，向左翼出击，聚歼该敌，而敌之伤亡已重，拖尸向东溃窜。我以敌已窜入神池县城内，本团遂未再穷追。

新三十一师任副师长时抗日战争回顾

一、包头战役之经过

民国二十八年十二月二十日，我以秘密神速行动，由后套进兵包头城下，敌尚不知。当时我一〇一师解决崑都仑召敌人之后，即为总预备队。我新六旅在后口子截击由安北增援包头之敌。我三十二师在三和号以南地区待命。我游击军在后营子截击由固阳增援包头之敌。我师九十二团（欠一个营）在三和号担任戒备。我游击部队李兆兴、高振兴两部袭击包头火车站。我新三十一师受任攻城任务，指挥部设在黄草窊，由孙师长畹公指挥之。是时，雷震任新三十一师副师长，在刘柱窑子设前进指挥所，以便利攻城之指挥。其攻城部队，为本师所属九十一团、九十三团及九十二团之一个营，与五临警备旅第一团之一部，并附山炮两门。自上午三时开始攻击，于是日拂晓前即很顺利地由包头城西北门之西水道进入包头城内，占领西营盘储备仓之线。所有民众无不惊讶国军之突如其来，而欣然为之协助也。当日，即有伪军一百余名携械归来。雷震在刘柱窑子予以讲话后，遂派队送至到黄草窊师司令部。

而我攻进城内之部队即与敌展开激烈之巷战，而步步进展。敌有感于我攻势猛不可遏，乃发动其经商之妇女参加战斗。至二十三日，我军即已控制城内北部，约占全城之半。我之国旗一面面地飘扬在最高房脊之上。

同时，我郊外部队在后营子、三和号等处通固阳道上，截击由固阳增援包头之敌的汽车约二百多辆,载兵二千余名,尤为得手。除击溃敌兵,焚毁汽车外,并毙敌联队长二名,有既被击溃而窜至城北近郊之零散敌人,亦由我师预备队及前进指挥所之预备队分别予以各个歼灭,并在西北门外烧毁敌之弹药汽车十余辆。

迄二十三日上午有敌机两架,掩护骑兵约三百余人,附战车两辆,由刘柱窑子正东约八百公尺碉堡处,向我前进指挥所冲犯。雷震鉴于刘柱窑子为我通城内唯一无二之要道,如此处被敌攻占,则我攻进城内之部队即再无他路可以退出。乃商同刘团长景新指挥该团之两个连及附属之山炮、迫击炮,部署坚强据点,对来犯之敌作殊死战。嗣该敌冲犯达四次之多,均被我击退。未几,又绕至我背后(即刘柱窑子正北)大路上,向我冲来,复被我炮火击退。最后敌与我黄草窊部队接触未逞,仍退回包头城东之转龙藏。是晚,敌之增援部队由东开来,驻包头车站。

我师亦以歼敌之任务已完成,奉命向中滩集结待命。雷震乃召集城内营长以上主官或副主官,分别给予命令,并指示出城之顺序,运输、掩护、分进路线之规划,口令、记号之规定,实施开始之时间,与集合地点之指定。至二十四日凌晨三时,我军即完全出城。唯有我进至财神庙之一个班,以未及脱离战斗,即被敌包围,乃据守该庙与敌苦战,终以弹尽,均壮烈殉国。

二、代理军长之职指挥所部歼灭河套五原战之敌

民国二十九年三月,克复五原之役,深得国人及国府之赞许与好评。当时五原新城驻有敌人绥西警备总司令水川中将、特务机关长桑原中佐及警官指导官顾问等日寇二百七十余人,尚有由张家口来五原视察之日警官及指导官三百余人,与须藤部队、绥西自治联军总司令王英部,其驻旧城者为伪蒙军第四师二十三、二十八两个团,及第五师二十五、二十九两个团,统归蒙古军官学校校长脑门达赖(汉名高庆春)指挥。其次,新公中驻有伪蒙军第八师,在南牛犋扒子扑隆驻有伪自治军邬青云、陈秉义等部,统计敌伪共约五千余人。

我军主力为三十五军,另有绥远游击军、暂十师、暂十一师、骑四师及

五临警备旅等部，唯三十五军自经绥西战役后，仅余战斗兵二千余人。

当时战斗序列，我右侧支队暂十师向扒子扑隆之敌进攻，左侧支队暂十一师对万和长折桂乡之敌进攻。主攻部队新三十一师、三十二师、第一〇一师、绥远游击军、五临警备旅乘先遣支队三〇二团扫荡梅岭庙敌人之际，即通过梅岭庙以南地区向五原进攻。新三十二师附山炮一营攻击旧城。新三十一师五临警备旅附山炮一营，小炮两门攻击新城。一〇一师破坏贾粉房桥梁，并占领义和源渡口，截击增援之敌。我突击部队则乘机于主力部骑七师胡团、骑兵李纵队、骑四师攻击新公中、蛮可素、和合源、南牛椇等处敌人之际，通过和合源敌阵地空隙，直向五原进攻。

三月二十日下午十一时，我三十二师即开始向广盛西及五原旧城攻击，十二时冲入城内。五临警备旅亦于十一时许开始向五原新城攻击，十二时由新城西北冲入城内。同时均展开巷战。二十一日上午一时许，我突击队亦由新城东南攻入城内，展开巷战。

二十一日上午七时许，我三十二师占领旧城北部后，与负隅之敌激战之际，敌以山野炮十余门，集中火力向我猛击，并向我右翼逆袭。我九十四团苗营伤亡颇重，情形顿挫。我左翼部队亦曾一度顿挫，但官兵精神则均十分坚强，努力反复冲杀，毫无馁色。如我九十五团赵寿江营，经六次之冲杀后，虽仅余十三人，犹与敌冲杀格斗。加以我三十一师炮兵侧击支援与游击军之增援，卒于下午十二时，即将旧城完全克复。

二十一日上午一时许，我突击队进城后，即由便衣队将敌通信破坏，使敌各据点失去指挥联系之系统。当我五临警备旅及九十一团张进修营占领桥西后，敌炮兵虽不断向我射击，而我官兵仍浴血拼战，情绪至为奋昂。在敌机三、四架轮番轰炸之下，于上午十时警一团占白柜、黑头圪旦。张进修营亦占白柜以东地区，并向旧城之敌侧击。是时，合作社、实行小学、平市、屯垦办事处均有敌顽抗。至下午十二时许，我突击队攻下合作社。

同时，令三十一师王副师长（雷震）率九十一团准备扫荡桥东之残敌。是时以炮火支援旧城我三十二师成功之后，而新城西南刘四拉圪旦又发现敌三、四百名，向我右后抄袭，当被我九十二团击退，继由我骑兵团追击，将敌指挥官李根车俘虏。

迄二十二日上午二时许,我张进修营将城内礼拜寺巷之敌肃清,确实占领之后,我警二团亦将平市官钱局之敌击溃。正在扫荡中而敌施放大量毒气,我官兵中毒者颇多,致王英化装脱逃,平市得而复失。至六时三十分,平市及屯垦办事处之敌又向我反击,并施毒气。

九时许,傅副长官亲由电话指示王副师长(雷震),着亲率九十二郁传义团及曹子谦团,各一百人,附迫击炮、山炮、小炮各两门,士兵均戴防毒口罩,准备再攻,限两小时达成任务。

十一时,傅副长官又亲由电话指示王副师长,谓:"此次攻击,关系整个战役之成败,及本军过去奋斗牺牲光荣历史之延续,如攻不下,即将团长以下之官长尽杀于义和渠以东。并着于实施攻击之前,先向全体官兵讲话,传达斯意,并与突击安团长春山切取联络。"至十二时准备完了,下午一时攻克平市,旋即勘察炮兵阵地,规定步、炮联系,只是步兵进攻路线,及歼敌要领后乃以炮兵疏散配置,集中火力向屯垦办事处之敌射击,雷震亦跟随攻击部队,指挥进攻,虽在敌机四五架轮番轰炸之下,终以我部署周密,将士用命,于五时许即将屯垦办事处完全克复。当时有窜出日寇二十余名,携带自动步枪十余支,至民众教育馆顽强抵抗,全被我郁传义团用火烧死。又有一部蒙伪军窜至公安局内,亦被我张振基营完全缴械。内有日寇一名在交枪之际犹欲杀害我官长,当场被我击毙。

此役,五原之敌已被我歼灭已尽。并将敌水川中将及桑原特务机关长二名击毙。缴获敌汽车、枪炮、弹药及军用品甚多。是时五原新城始完全克复,而开反攻胜利之先声。

任暂十七师师长时抗日战争之回顾

袭击安北县南场之日军

自五原战役后,敌伪野心未敛,仍有西窥之企图。是时,雷震任暂十七师师长,驻军乌镇一带,与敌伪密迩毗连。当日为以攻代守,先发制敌计,于三十二年一月十八日,命我张进修团,潜行夜袭安北南场之敌伪军。我于夜十二时攻进城内，计毙伪警三十余名，及日寇指挥官顾问等三名。并缴获枪械、弹药、马匹及通信器材等战利品甚多，迨敌由安北方面开出援兵，而我亦以任务已达成，遂安全返回原防。

嗣又于同年三月二十五日，复命我张进修团派兵两营，用诱敌打援战术，向盘踞安北南场之敌伪进袭，以一营佯攻南场诱敌，以一营隐伏于南场北汽路旁之北山上，待敌来援，出其不意截击而歼灭之。迄我佯攻南场之际，敌果由安北派兵乘汽车前来增援，并图截我归路，被我隐伏北山之营，当即出而侧击，敌损伤颇重，狼狈退去。

此役，虽未收完全歼敌之效果，然经此前后两度之打击，而敌已从此再不敢对绥西有所觊觎思逞矣。

战地笔记

【编者按】

从作者留存的一些资料的叙述可知，此文是应当时作者所在单位（内蒙古自治区政府参事室）的要求而撰写的。作者在三十五军被歼十四周年之际，完成了这篇文稿，并于1963年1月15日呈交。随后，内部刊物《内蒙古文史资料》第三辑刊载了此文。

此文发表后，引起诸多关注，屡被转载引用。傅作义旧部一些有关人员对该文也有所评议。作者曾记录了王克俊先生就此文与其的一番谈话，一并保存在原文手稿之中。在此，特将该谈话记录稿作为本文附记，附于文后。

略述三十五军在新保安被歼始末

一九六二年十二月二十二日

要　目

一、三十五军在新保安被围前后对于当面解放军情况之了解

二、三十五军在新保安参战人员及部署概况

1.参战人员

2.部署情况

三、三十五军在新保安作战经过之概况

1.作战开始前

2.作战初期

3.作战中期

4.作战末期

5.作战期间三十五军官兵的战斗情绪

四、三十五军在新保安作战失败之根本原因

五、结束语

【附图】

附图一

附图二

附图三

【附记】

王克俊阅后谈记

略述三十五军在新保安被歼始末

中国人民解放军于一九四八年十二月间解放新保安的战役中，取得了辉煌的胜利。当时被围在新保安的国民党军队是一支兵员比较充足，配有美式装备的一般认为作战力量相当强的傅作义的嫡系部队，而且是傅的起家部队，被称为“王牌之王牌”的三十五军。战役的结果正是这个所谓“王牌之王牌”的军队，在新保安被全部歼灭。这一战役，不但摧毁了傅作义部队的核心力量，而且彻底打乱了傅作义“一字长蛇阵”的战略部署，它是整个平津张战役中重要环节之一。

我当时是三十五军副军长。虽然身染斑疹伤寒，病势很重，但在战事紧张的情况下，仍随军行动。新保安被围前后，概由军长郭景云亲自指挥作战。在我病势略轻的时候，也曾对作战参加过些意见，因此，有些情况还是比较了解的。

在学习了毛主席军事思想，首先是学习了毛主席指导平津战役歼灭三十五军的策略之后，我想就现在自己的回忆，略述当时三十五军在新保安被歼之始末，将三十五军的一些内部情况和战役过程中部队发生的变化，来说明毛主席军事思想和指导作战的英明正确。

一、三十五军在新保安被围前后对于当面解放军情况之了解

那时，三十五军是由张家口到北平的战备行军途中路过新保安的。行至鸡鸣驿附近，即受到道路西边解放军大约百余人的射击。到新保安后，接报告：“新保安以东之公路已被破坏。”显然此处已先有解放军部队，为了阻止三十五军返回北平，将要选择有利地形进行截击。当三十五军驻在新保安被包围之初，据了解当时的解放军仅有詹大南部及地方团队约三、四个师。旋又获悉，杨得志将军率领的六个纵队亦陆续赶到。最后又侦知，由东北进关的部队中抽调来一个炮兵旅参加了作战。这就可以看

出解放军欲就当前有利形势和依据新保安外围之有利地形,用绝对优势兵力包围三十五军,一举而歼灭之。因此,三十五军也就被阻滞在新保安,被迫进入防御战斗。战役自一九四八年十二月五日开始,至十二月二十二日止,前后进行了十八天。

二、三十五军在新保安参战人员及部署概况

1.参战人员:

军长:郭景云　　副军长:王雷震

参谋长:田士吉　　副参谋长:贾承祖

政治处长:张鸿恩　　第一〇一师师长:冯梓

第二六七师师长:温汉民

全军(欠十七师)附炮兵一个团及辎汽一团,汽车约近四百辆,共约15000余人。

2.部署情况:

以新保安南北门之线为界线,以西防守地区归第一〇一师,以东防守地区归第二六七师。炮兵阵地在城内西边第一〇一师防守区内。军部位置在鼓楼北之东北区内(参阅附图三)——本文原有三附图,本书彩页收入图二,编者注。

第一〇一师之部署:城西北区归第三〇三团,其前哨阵地在城外约一公里处之山涧地带。西南区归第三〇二团,前哨阵地在城外约一公里处之开阔地。第三〇一团为师预备队。

第二六七师之部署:城东北区归第八〇〇团,其前哨阵地在火车站附近。东南区归第八〇一团,其前哨阵地在城外约一公里处之开阔地。第七九九团为师预备队。

三、三十五军在新保安作战经过之概况

1.作战开始前

当第三十五军完成了它在张家口外围进攻万全县的解放军之任务后,即接到"速回北平,另有任务"的命令。在一九四八年十二月三日部队将要

出发之际，因傅作义飞来张垣召开会议研究当前形势，令郭景云参加，部队便暂缓出发。这就正好给了解放军以比较充裕的时间，以便从别处调动部队到平张之间的公路上来，阻截三十五军的移动，实行包围计划。

从当时三十五军的任务来看，返平时间既已改为十二月五日拂晓由张垣出发，照道理应按指定时间准时行动，以期早到北平。但是郭景云并没有重视这一点，竟为了装运本军在张垣的一个修械所的设备，一再迟延开车时间。本来部队一早就上了汽车，但一直等到中午十二时才离开张垣。这样就又延误了半天时间。当日行至下花园以东与新保安之间的鸡鸣驿附近时，又受到解放军大约百余人在公路西侧约一公里处的射击，而再次迟滞了全军的行程。（参见附图一）

既然三十五军之任务是“速回北平”，按理说在行军途中，纵然前卫遇到情况，亦应一面令前卫积极掩护，一面令本队迅速通过。郭却下令让全军停留在了公路上，他亲自指挥着第一〇一师所派出的一个营，对那少数的解放军追击了下去，以致队伍已经遭受牵掣不能前进，而他犹不自知。当时我因病在车上，觉得停车时间过久，又听得前边有机枪声，遂下车去看，始了解战情。还看见郭正在指手画脚地忙着指挥。我乃告诉他：“应命令第一〇一师指定一个团派队掩护本队前进，且不要离开公路过远，更不要恋战。只要能打退解放军，让本队通过，即着团改为后卫跟进，也就可以了。决不可让本队受其牵掣而停滞不前。”谈到这里，他这才下命令让大队继续前进。可是，就这样已经耽误了约一个小时。迨到了鸡鸣驿后，他因为天晚，又发生疑虑，不再前进，部队即在鸡鸣驿、下花园宿营。

十二月六日，部队到达新保安之后，得知前边公路已被破坏。是时太阳刚刚下山。我当时认为部队既已过来，在此情况下，即应尽量争取时间，想方设法排除障碍，或另选前进道路。因为，根据当时当地情况看：(1)解放军可能有后续的大部队到来；(2)新保安地形北靠大山，南临洋河，城堡如在锅底。在此狭隘地区，万一再发生情况，把道路两头堵住，势必进退无路，补给断绝，要求增援亦不易；(3)既奉令“速回北平，另有任务”，更无在此驻扎的必要。而且在当时尚非绝对走不出去。此时，天色不晚，如果马上行动，约需两个小时，当可越过怀来；(4)即使走不出去，也应进一步抢占较有利之地形（如怀来县城），以便应付。可是郭对以上情况，并未深加考虑，而竟然准备驻扎新保安。

此时，我在新保安东门外对他说："上路虽然破坏，下路还可通行。"并就地图上指出一条行进路线，即由新保安经东八里庄、沙城以南通怀来之大路，同他研究（参见附图二）。此路我过去走过一段，路还好走，并已有熟悉这条路的人作向导。我还指定了工兵连配属前卫，担任修路任务。他当时曾经同意了这一措施，并且下达了继续前进的命令。但是就在所有部队均已上车，汽车即将开动之际，他忽然又发出口令，高声喊："住下吧，待明天再走！"不知怎的他又变卦，决定不走了。对此，我以身在病中，行动不便，亦无可奈何。回忆我在一九四八年二月间回任三十五军副军长时，傅作义曾对我说："三十五军要你负责任。"到这时，我自己想，郭景云这样刚愎自用，怎肯听我的话呢？而三十五军就这样在当日的夜间，被解放军包围在新保安了。

2.作战初期

十二月六日夜间，在新保安城外，即不断有枪声。七日，解放军已占领了新保安周围的村庄，构成了包围三十五军之态势。记得郭景云曾派第二六七师的一个团出城邀击在新保安以西地区及水泉一带的解放军，取得一些进展之后，又派第一〇一师邀击新保安以东之八里的解放军。连攻三天，都因遭到反击，不得不退回城内。这才决定在新保安采取守势待援。从此，也就展开了攻守城堡的激烈战斗。解放军在外围，不但拥有更强大之兵力，而且控制了有利地形。城外解放军如果在北山坡上俯瞰新保安，城内的一人一马、一举一动，简直是即在眼前，可看得清清楚楚。而三十五军被包围在约近千户人家的小城堡内，也就成了釜中之鱼，瓮中之鳖了。

此后，副师长常效伟作战负伤，我的病也越加沉重了。有一天郭决定突围，指示部队把所有笨重东西都抛掉，烧毁汽车，全部轻装，突围而走，伤病兵亦不带，只为我和常效伟派出了担架队，一切都准备妥当，就在要出城时，忽然郭又变卦说："不走了，固守待援吧！"我对郭说："此地是死地，决不能守。"他不以为然地回答说："我已经布置好啦！你去休息吧！"看他丝毫听不进别人的意见，我一时间急火攻心，晕倒在地。

3.作战中期

包围新保安之解放军兵力，逐日增加，已大于守军数倍，并有绝对优势的炮火配合展开猛攻。而困守在新保安的三十五军，只好依城构筑防御工事，固守待援。有一次，参谋长田士吉来看我，我问及战况，他说只是缺少粮、弹。我接着告诉他说："速用我的名义给傅去电，请空投粮、弹。"我也相信，傅一定要派援兵来的。未几，傅果派飞机投来粮、弹。

后来得悉，为了从新保安接出三十五军，傅派安春山军（一〇四军）前来救援，但被解放军截阻到距新保安约十华里处，未能联系得上。我以病不能起床，乃找参谋长田士吉、政治处长张鸿恩、副参谋长贾承祖等前来，请他们转告郭："应大胆突围，只要把队伍甩出城外准备边打边走，交互掩护。一经冲击就可与安军拉上手。要知此地是死地，决不能等。"同时，还指给突围部署的要领和战斗方法。可是郭并没有采纳。此时，他既不去主动出城接应一〇四军，就只有更陷入重围了。

为了从新保安接出三十五军，傅作义又把一〇四军的主力摆在怀来，再次派队向沙城进击，到土木附近，即为解放军所阻。以后又着一〇四军的主力（两个师欠一个团）从怀来经贾家营、宋家营直抵进至新保安东南之马圈村（参看附图二）。在当时看来，这样的部署和行动，对三十五军来说还是十分有利的。其在最后决定的这条路线，也正是当日三十五军初到新保安时我向郭景云建议所选之行进路线。而且这时一〇四军的先头部队已到达了马圈，距新保安仅十里之遥，只要三十五军能冲出城，两方面一靠拢就可能联系得上。怎奈郭景云与安春山之间宿嫌很深，一到紧急关头，那劣根性就表现出来了。现在把他们彼此矛盾的情形，写在下面，作为作战中期的小结吧！

郭景云与安春山，在过去谁也瞧不起谁，此时碰在一起，真是"狭路相逢"。适傅又给安春山加了个"西部地区总指挥"的头衔，这就更把郭景云激怒了。郭曾公开对干部们说："我郭景云怎能受那安小个子的指挥呢？"这次安军来接援，攻打沙城与解放军接触时，郭并未从新保安向东打。而在安军失败之后，郭反而埋怨说："安军救援不力，迟滞不前，故意看我的笑话。"

及至安军到了马圈后，郭安二人在电话中仍是各持己见，争执不下。郭说："傅命令你来解救新保安的围，你的部队就应该打通道路，到新保安城下，来接三十五军。不然，我就不走。"安却说："我的部队来接三十五军，就只能到这里——马圈村。"甚至还互相破口大骂，郭骂道："安春山这小子！看我将来突围返回北平后，和你小子打官司！”

那时，郭景云还说过：“来的如果是自己的人，就一定是要到新保安城下来解三十五军的围。”这就表明了他认为安军不到新保安城下来解围，是因为安春山和他不睦，不是自己人的缘故。什么是“自己的人”呢？他从前对我流露过，在傅部队范围之内，他的势力已经是“三分天下有其二”。这显然是他自己在划小圈子，在树立自己的势力。当然也就对安更不能谅解了。

这些情况，也说明郭景云在与安春山就解新保安之围的问题上发生争执之后，他不奋力突围，还负气地向傅表示自己要死守新保安，不是没有原因的。

其实，安春山对于解新保安的围，的确不积极。我当初听到是安军前来增援，即认为当可接三十五军出围。及知安本人未前来，而是交由副军长王宪章指挥救援任务，我很是诧异。为什么像这样紧急重大的任务，安不亲自指挥呢？这一定与他和郭两人过去一向不睦有关。后来我向王宪章谈论此事，他说：“安那时对我说：‘是傅让你（指王宪章）担任解新保安之围的指挥任务。’而安带了一个团驻在怀来。”我想，解新保安之围的任务，对于当时傅的军队来说，是如何紧急而重大，一〇四军又是出动了主力，但为什么偏偏军长不来指挥，而让副军长来呢？看来，此中确是另有文章。后来还听安自己说过，那时傅作义给他打电话，让他去解新保安之围，他假装睡着了，不去接电话，而是让他的副军长去接。他还表示过，他就是不愿解三十五军的围，而是愿意三十五军败。由此更可以看出，在傅部的干部之间，早已存在着钩心斗角，互相猜忌、倾轧的矛盾。

更可笑的是，在作战之际，郭、安二人表现出形形色色的迷信色彩。据说安春山曾与其参谋长郝冠武（系一贯道）扶乩，求问胜败。有一次说什么孔明“临坛”还与安春山互道“山人”（安春山自号山人）。而郭景云也竟同安春山一样的迷信，日与其参谋占课打卦，卜问吉凶。并且讲一些迷信，如说新保安之“安”字可以保证平安之类，以此安定人心。

4.作战末期

在作战过程中，越打，解放军越多。十二月十一日夜，一〇四军由于受解放军强大力量之阻击，已不可能至新保安接出三十五军，遂从马圈村、宋家营等处撤退。此后三十五军更是难以突围了。郭又表示决心，要死守新保安,充当"好汉"。这样傅虽有电让他突围,他也不再考虑。这些在解放军看来都是非常清楚的。就是对郭景云之虽然智谋不足,但一定要拼命的情况也有充分估计。因此,遵照毛主席所指示的有计划有准备地选好有利地形,以绝对优势兵力运用围歼敌人的战术在此地搞掉三十五军,已是必然之势。

十二月二十二日解放军总攻击开始了。其战斗情况更为激烈。枪炮声整天不断,硝烟笼罩了全城。时当下午,我从病床上清醒过来,看见有几个负伤的战士在交头接耳,神色很紧张,好像有什么事不想让我知道似的。我想一定是情况紧急,遂着士兵扶我去到郭景云那里。这时他死气沉沉地待在那里。当我问到他打算怎么办,军预备队在哪里,有多少之后,才知他在此时,不但没有可控制的军预备队,而且也未靠近一个有力的师预备队,只带着十几名卫士和军部的几个参谋、副官人员在那里束手待毙,毫无办法。他只对我说:"你能来就更好。"随即回转头对着一个副官狠狠地说:"快把汽油桶推进来点着吧!"从此可以看出事已危急,他要周围的人和他同归于尽了。当时,我即先打电话询问第一〇一师当前的战况,据师长冯梓说:"此时战况尚不甚激烈。"又问了冯师长,知道他还控制有预备队二、三百人。乃同冯师长在电话中商妥,由他派一个连即刻来军部,把郭接到他那边去。接着我转向郭说:"已联系好,你们到第一〇一师那边去吧!第一〇一师是你自己带过的部队,对你行动比较便利。且不要管我,我病得这样,也走不动。"可是当我刚讲完这话,冯师长派的队伍尚未来到,我再要与其他部队联系时,各处的电话就都叫不通了。

半月来,解放军不断以激烈的炮火,对城中守军施行制压,以强大的兵力继续向城关阵地猛冲,三十五军已经鏖战了十八昼夜,如何能抵挡住越战越强的人民解放军的巨大攻势呢?到了这天下午三时许,解放军攻击新保安城东南防区李上九团阵地,突破城墙,打进城内。经过激烈的巷战,战斗渐渐移到三十五军军部了。在我电话打不通时,门外枪声越来越近。这时天已黄昏,我听到从郭所在方向发出枪声,枪弹从我的棉帽顶上擦过。我初疑是门外解放军打进来的。紧接听到第二响枪声,郭就倒在血泊中。随后解放军就占领了军部。

计自新保安开火之日起,各团每天都有伤亡,截止到解放之前一天,每团官兵伤亡均约在三四百人。在最后解放那天,战斗更为激烈,各团官兵伤亡数字较以前大得多。以此,全军官兵伤亡之确实数字,也就再无法统计了。其残余者亦都放下武器,举手投降。

5.作战期间三十五军官兵的战斗情绪

三十五军本来是一支战斗力较强的部队。但八年抗日战争以后,投入内战,士气就开始低落,出现厌战情绪,军官请长假,士兵要回家,都难以说服。就连我在新保安被俘之初,也深深以自己在抗日战争以后,没有断然"解甲归田",置身事外为憾。三十五军在新保安被围的形势下,起初尚有相当的战斗力量。后以有生力量消耗殆尽而士气大大低落。一般都认为没有什么希望了,迟早总会被歼灭的,中级以上官长也是如此。比如第七九九团团长王孝模差不多每天到第八〇一团团长李上九那里去,问是不是能脱险。后来李上九曾经回忆说:"我们听到解放军有位高级政工同志写信给冯梓师长,劝其战场起义的消息,就到冯师长那里和他座谈。见面后,我说:'你看咱们这次仗有什么希望,有没有前途呢?'冯说:'我看是没有希望了。'我又说:'如没有希望,咱们还打什么?'并说:'如果有什么行动的话咱们一起,我愿意跟你走。'还说:'我是二十六师的老团长,必要时那两个团我也可能控制住。'"可见当时部队战斗情绪动摇之严重。

四、三十五军在新保安作战失败之根本原因

从纯军事观点来看,战争之胜败,只在于一着之得失。一着胜则全局赢;一着败,则全盘输。三十五军在新保安作战之失败,从军事指挥艺术的观点上讲是由于指挥官缺乏军事素养,智谋不足,而又刚愎自用……他们在强大的人民解放军面前,还把自己的力量估计得特别高,把解放军的力量估计得很低,从而自欺欺人,以图苟延残喘。以致在此战役中连连失败,完全被动,最终造成了无可挽回的颓势。我最初就是如此的想法。后来通过不断学习,才认识到,三十五军失败之根本原因,是由于它完全站在反人民的立场上。

因为,战争并不是那样简单,而是由社会、政治、经济多方面因素来决定的。抗日战争以后,三十五军参加反人民的内战,为维护反动的统治阶

级服务。当全国人民觉醒起来，把革命进行到底，彻底推翻反动统治的时候，它怎能逃脱人民给予的惩罚呢？

三十五军既是反人民的反动军队，详查当时作战形势，它已陷入人民军队的罗网之中，在毛主席军事思想指导下，中国人民解放军早已造好了陷阱来歼灭它，可以说三十五军来新保安之日，即是它末日来临之时，即使郭景云智勇兼备，三头六臂，也绝对改变不了历史规律安排下的命运。

五、结束语

我以一个目睹战败的当事人，追述三十五军在新保安作战被歼灭之经过，也回忆了自己当时的一些想法。由于旧社会传统的军事教育，我那时只知自己是个职业军人，“兵随将转”，“以服从命令为天职”，实际上根本认识不到三十五军的反动性质。所以就在新保安被围之前后，还片面从军事指挥艺术角度看，以为在当时形势下，想办法突围还是可以的。又以为当时如果大胆突围，虽然难免有损失，但这总比被全歼强。后又思之，那时解放军在新保安外围的兵力越打越多，对三十五军包围得亦越来越严密，守军的粮弹补充，已经陷于困难，所盼援军又已经无能为力，其实是大势已去，无可挽回了。这才比较深刻地认清了当时整个形势，认识到在革命发展的形势下，三十五军之在新保安被歼灭可谓早已成了定局。当学习毛主席指挥平津之战的战略思想和关于指导作战的“善于捕捉战机，力求调动敌人，在运动中歼灭敌人，以及用绝对优势兵力，一举而歼灭之”等等英明指示之后，进一步认识到三十五军既被捉住，而它还思谋逃脱，那简直是梦想。从这里更认识到，即使我当时不病，在当时的新形势下，也不见得就能指挥三十五军逃出解放军在新保安所设置的罗网。即使侥幸一时突围，最终也只能是使这次战斗多延长些时间，使本军对人民多造些罪恶罢了。

事实上，正是由于党和毛主席的正确领导，中国人民解放军指战员们贯彻了毛泽东军事思想，在战略上藐视敌人，在战术上重视敌人，从而实现了用绝对优势兵力一举而歼灭了三十五军，保证了北平早日和平解放。

附图：本文原附图三幅——本书彩色页收录其二：

图一、三十五军在战备行军中与解放军在鸡鸣驿附近遭遇战斗略图，1949年12月5日下午4时；

图二、解放军在新保安包围三十五军战斗关系位置略图，1948年12月6日—12日；

图三、解放军与三十五军在新保安决战略图，1948年12月22日下午3时—8时。

【附记】王克俊阅后谈记

王克俊在看过《略述三十五军在新保安被歼始末》以后，于1963年8月11日，和我说：

"你们那里(指内蒙古自治区政府参事室)让你写新保安战役，你是三十五军副军长，就你当时所知道的，这样写是可以的，这些都是事实。再谈得远一点，你也就不知道了。

原来计划还要把九十二军(侯镜如)、十六军(郑挺锋)及暂三军(即一〇四军，安春山)三个军摆在南口、康庄至怀来间的沿路线上，这也就是为了接你们从张垣回北平的。

郭秀山(郭景云，字秀山)这个人，也是……(这句话没有完全说出来)。当初决定让他担任军长时，就是经过了多少次的考虑，这才将你调回三十五军。而他以为是军长，如何能听副军长的建议呢。这样了，倒也好。"

王雷震　记于一九六三年八月十一日灯下

[编者注]　王克俊(1908-1985)，山西临猗人。是傅作义的老部下，1936年参加绥远抗战，后任国民党第八战区副长官部机要室主任，第十二战区长官部、华北"剿总"司令部秘书长。1949年随傅作义起义。为第二至四届全国政协委员，第五、六届全国政协常委。

【编者按】

忻口战役是在 1937 年抗日战争全面爆发后，继平型关战役之后华北战场上又一大规模正面抗击日寇侵略的重大战役。作者根据其当年的阵中日记及所保留的历史资料撰写此文，反映了当时战斗的实际过程和惨烈实况。

此文是作者从 1961 年至 1964 年因患十二指肠溃疡及胆石症在京寓疗养期间断断续续地完成的，最终成稿于 1964 年。

此文当年曾交送有关部门，在作者逝世后，于 1984 年，在内部刊物《山西文史资料》第三十四辑中以《二一一旅四二二团忻口抗战纪实》为题发表（有删节、改编）。

此文及附表、附图，均为作者当年留存的底稿原貌。

忻口战役亲历记

一九六四年一月二十日

前　言

七七事变后，战火烧到山西。在著名的平型关战役之后不久，太原以北的忻口又进行了一次大兵团会战。

一九三七年十月十七日至十一月二日，四二二团曾参加了这次战役。当时四二二团所守阵地，正当敌人进犯之要冲。此处阵地之得失，对忻口阵地全线，有直接影响。因此，对于当面进犯之敌，就只有不惜任何牺牲地作坚决、顽强之抵抗和反击。为了有助于整个战线的稳定，我部曾尽力支援邻接阵地上的友军，进行反击，多次替友军收复其已失的阵地。

当时很多军队在忻口战场上对日寇作战。四二二团虽然和日寇交手打了几仗，并打退了当面敌人之进犯，但这也只是一个局部的情况而已。不过，通过这一局部战况，也可看到忻口会战中敌我形势的大概，与战斗情况之一斑。另一方面，当时与日寇打仗的一些事实，多多少少可为研究忻口战役战史提供一点参考资料。那时，我任团长职务，参与了此一战役。兹就尚残存的阵中日记、战报片段和回忆所及，写成这个记述。

要　　目

一、敌我态势

日寇侵占北平后,调集了相当大的兵力,向张家口、大同、绥远西进。这是敌人欲扶持内蒙古德王(锡林郭勒盟德王——德木楚克栋鲁布),实现其“蒙疆自治”之阴谋。进而由大同南犯,进窥太原。同时,为了确保其由河北继续南侵时右侧之安全,另由石家庄沿正太铁路西上,使进攻山西的北路之敌容易直下太原。这样,也可以掠夺山西资源,掌握太原兵工厂,俾有利于武器弹药之补充,进一步侵占整个华北。

从晋北大同入侵之敌,虽然极为凶恶,但在平型关遇到中国军队的英勇抵抗,攻势受挫。只是由于山西阎锡山军队系统的郭宗汾师将雁门关以东的茹越口放弃不守,平型关晋军亦撤退,敌人之大部即循繁峙、代县、阳明堡公路继续南侵。不久,晋军第十九军放弃崞县,姜玉珍旅所守之原平亦告失陷。于是敌之板垣师团乃直犯忻口。

那时忻口正面之敌为:板垣师团、第二师团、酒井师团、铃木师团、关东守备队第十五大队、独立第十一联队、十六联队、三十二联队、正冈联队及伪满蒙军炮兵一旅团，均归板垣指挥。守军部队为：六十一军、十九军、第九军、第十四集团军与炮兵第二十三、二十四、二十五、二十八等团，以及我们由绥远来的第三十五军之二一八旅（旅长董其武）、二一一旅（旅长孙兰峰），统归卫立煌（第二战区副司令长官兼忻口作战总指挥——原集团军总司令）指挥。

进犯忻口的敌人来势甚猛，而守军麇集，系统复杂，行动也很不一致。守军有的刚要计划出击，就受到敌人的打击（当时守军有军长郝梦龄，师长刘家祺正在计划准备出击，但当他们刚登上忻口山高峰，研究部署时，就被敌炮弹炸伤，同时牺牲）。这种急乱情况，影响着守军情绪。

敌人先后占据了忻口以北云中河北岸之旧河北和南怀花，及其以东玉新河北之线，并占领了南怀花附近高地迤东之线，与我军成对峙态势。

二、参加忻口会战的经过

（一）会战前部队的移动

四二二团，是隶属于第三十五军二一一旅建制的一个团，原是驻在绥远省北部的大庙（即内蒙古锡拉木楞庙）戍卫边防的。七七事变后，国共合作，共同抗日，全国人心振奋。我们接奉傅作义军长八月铣（十六日）戌（时）参战电及孙兰峰旅长同月皓（十九日）申（时）参战电："着即开往归绥集结，准备出动。"全体官兵的爱国心情十分激动，都在摩拳擦掌，准备杀敌。遂于八月二十日晨离开大庙（防务移交补充二团李佩膺营接替）。到归绥后，当即乘坐火车至山西大同。此后，奉命南下，继至崞县之大营村，又由此经繁峙之大营镇而至平型关，担任这里抗战军的预备队。这是我们配合平型关战役的情况。嗣因茹越口不守，我们复奉命在东山底——水磨村（位置在大营镇和平型关之间）掩护平型关方面的晋军撤退。及完成任务后，即经过五台县之台怀镇、槐荫村，改乘汽车至忻县之麻会镇。这时忻口战役已一触即发了。

（二）进入忻口阵地

忻口战役的二十多天中，我们自从进入阵地之日起，始终坚守自己的阵地，一直战斗了十七昼夜，迭次打退了侵犯之敌。当十月十三日，敌人大举进犯忻口时，我们正由忻县之麻会镇开至二十里铺，十六日推进至金山铺。十七日上午五时，奉命令："着即推进至忻口镇，归六十一军陈长捷军长指挥。"这样我们就开进忻口前线了。

当日上午七时到达忻口镇。我随同孙兰峰旅长见过了六十一军陈长捷军长，接上指挥系统的关系。旋即奉到命令："接替中央军二十一师六十三旅一二六团阵地（即南怀花附近高地的东南之高地，亦即官村以南之高地）。"上午十时，我们即向红沟战斗准备位置推进。午十二时，我和各营营长随同孙兰峰旅长到前线——六十三旅阵地，视察敌我阵地形势，并向友军了解情况，及应守阵地的作战区域和其两翼邻接友军阵地之界线与关系位置等，以便根据应守阵地地形，决定本团兵力部署之方案。

在视察阵地后，始悉正面敌人占据之南怀花附近高地与我们四二二团应守阵地，仅隔一条山沟（直射距离亦只隔五百多米）。有一小红山（参考附图一，即图中之甲高地——本文共附图7幅，本书前彩印图5，编者），是南怀花敌人阵地的制高点，对我方阵地甚为不利。

下午五时，回至红沟旅指挥所。此时，我们的部队已集结于红沟，即在红沟向各营下达了接收阵地，按计划分作战地区部署兵力，准备战斗之命令：

命令　十月十七日下午六时于忻口之红沟

1.敌人现占据南怀花及其附近高地迤东之线。

2.第一营接二十一师阵地左翼之一二六团阵地。本阵地左翼邻接独立第五旅（旅长高增级）阵地；右翼邻接二十一师六十三旅一二四团之张营阵地。

中校团副傅汝霖偕同第一营宋海潮营长先与六十三旅接洽。

进入阵地后，一面作好工事，一面准备歼敌。

3.第三营协助第一营构筑阵地工事。于必要时，支援宋营作战。

4.第二营担任赶挖通往后方之交通路。

5.裹伤所在团指挥所附近开设。……

6.我现在红沟，而后随第一营赴阵地视察后，即在本团阵地右翼后团指挥所。

至晚八时，部队进入接收的阵地。晚十时部署完毕（如附图一）。紧接着开设战斗，当即于团指挥所向孙旅长送出书面报告。

（三）在战斗中四次支援友军

在忻口十七天的战斗中，战友们作战都是很勇敢的。还有一点值得记述的，就是除坚守自己的阵地以外，曾经先后四次支援友军，稳定了邻接阵地；这些支持，又常常是和自己的战斗任务相连在一起。

敌人以十七、十八两日来屡次攻击我团阵地未能得逞，遂转向我团阵地以右之邻接友军阵地攻击。十月十八日下午，我团右翼邻接友军二十一师一二四团之张营，因其阵地前方之高地（参看附图二）被敌侵占，该营本阵地陷入动摇状态。经过我们阵地右翼第二连给予火力侧射支援，才稳定了下来。可是，我们第一线也由此受到敌人斜射的报复，战士亦有伤亡。这时我们为支援友军收复其被敌侵占的乙高地，曾继续分出兵力由我们第三连与二一七旅四三二团的一部，分由一二四团张营的两翼协同增援，最后收复了其阵地前方被敌方侵占之已高地（参看附图二）。这是我们第一次支援友军。

次日，一二四团以伤亡很重，无法支持，由四三二团及陕军一〇五七团——阎团之孟营接替其阵地。

当友军四三二团进入原来一二四团阵地之后，至二十日，又以遭到敌人炮击，终于放弃了其前方已高地，退守戊高地（参看附图三）之线，抗击进犯之敌。下午四时三十分，敌人约五、六百名又转攻我团阵地，我们当即以轻重机枪和炮兵相互协同之威力，迎头痛击。激战二小时，敌死伤一百余人，被迫后退。这时，又令我团第八连李民济连长率所部，反击占领己地向我们团阵地斜射之敌。后以敌退据该高地上之北棱线，而该高地以受甲高地之瞰制与侧射，使我反击部队站不住脚，遂又着李连退回原阵地。

次日与敌战斗暂停后，我团以第三连介仰推连长负伤，第二连刘子孝连长阵亡，第一营宋海潮营长也负伤，该营损伤亦较重，遂令第三营接替第一营所守之阵地。

连续几日来，忻口全线的激烈战斗，曾经给敌以有力的打击。据后来得悉，敌人在忻口之战，截至巧日（十八日），总攻六日，未能得手，甚为失望(见后文十月二十五日十时命令)。

于二十一日拂晓前,我团第三营接替了第一营阵地。及至约十一时,敌又在飞机轰炸、炮兵射击的相互配合下,继以步兵三百余名,猛攻我团阵地。激战约三小时,我们毙伤敌人五、六十名。是时,已近下午二时,敌以攻我团阵地未能得逞,又转向邻接阵地的友军进攻。这次是向我们右邻友军四三二团及一〇五七团孟营之阵地攻击。约至下午三时,当敌先以猛烈炮火轰击,继以步兵冲锋之后,四三二团阵地竟被突破,波及一〇五七团孟营,均纷纷撤退,阵地已陷入混乱动摇状态,情况危急,大有不可收拾之势。当时我们感到,如果友军阵地不守,不仅直接威胁到我们的阵地,而且也影响忻口整个战线。所以不顾一切,急向退下来的四三二团官兵联络截堵, 而四三二团竟已向我团指挥所右前方高地的东南退去。此时,戊高地线上的友军阵地已经被敌占领(参看附图三)。我们只好督促一〇五七团孟营进行反攻。当孟营官兵被我们堵住,促使前进了大约有一百多米之后,不意他们进至我的团指挥所右侧高地上时,以受敌人在戊高地之射击,仍没能站住脚,结果还是向后退下去了。至此。我们决心使用本团的预备队, 反击侵占四三二团及一〇五七团孟营阵地之敌人,并决心收复其阵地,以维持全战线之安全。

是时,我第二营营长郇传义已率该营在本团指挥所附近进入阵地,阻止敌人再进,并掩护本团阵地右侧之安全。我先由电话向本团安春山营长询问阵地情况,据报:“向我团阵地正面进攻之敌,已被击退。现在阵地很安定……”这样,我便一面主动地命令郇营向突入我们右翼友军阵地之敌攻击前进,并抽调一、三两连着由宋海潮营长指挥,准备增援郇营之反攻;一面将自己之决心及处置向孙兰峰旅长作了报告。

先是,小红山敌阵地甲上设有一处重机枪巢,经常以准确的射击和奇袭之火力限制我方阵地守兵之活动,特别是封锁了由火线通往忻口后方必经之路口。据报经过那里遭受该机枪而伤亡者,约有二三百人。此时,又感觉这一重机枪巢实为为我反击前进中之最大障碍。遂决心要搞掉它。

乃令本团所属炮兵营高斌营长推上来两门炮至本团第一线右后方附近,对敌之机枪巢定好方位、高低角和距离,并由前线指定专人观测弹着点,并用电话直接联系,修正偏差,期能以准确与出其不意之发射而摧毁之。结果,经过我炮击之后,在我团反攻前进中,那机枪巢的机枪果然成了哑巴。

此次在友军阵地上的反击战,从下午三时起,激战了约三小时,我们颇有伤亡。郁传义营长头部已经负伤,但仍在前线忍痛指挥。由于官兵努力奋战,终将侵入之敌击退,唯因力量关系,对于前方已高地之敌,未能继续再攻(参看附图三)。而所恢复之友军阵地,却无人接收。(该四三二团王团长和中校团附屡福生来,亦一再表示,他们已无力接替。)遂不得不由我们团抽兵一部,暂时代为防守,确保所恢复之阵地。

当即一面向旅长报告我们战斗经过,一面请速派部队接替我团代友军一〇五七团孟营及四三二团所守之阵地。(为友军代守竟夜,直至次日上午六时许,始有中央军八十五师的五〇六团来接替其阵地。当时,我就在阵地上向五〇六团团长糜藕池介绍了敌我态势及地形诸关系。)这是我们第二次支援友军。

糜团长在接收阵地之后,为了准备出击,收复其阵地前方之已高地,曾向我团要求暂留些部队,协助他们加强阵地戒备;以此,我一部兵力——约一个连,即未抽换下来。遂当即将上述情况报告给孙兰峰旅长。

至下午,糜团长将要出击,我适接到孙兰峰旅长的电话说:“为了援助友军,虽有若何之牺牲,旅长决不埋怨你,你援助吧!”此刻,糜藕池又亲来要求我们协助反攻已高地,乃再次同他至前线观察了一番,决定由本团少校团副秦文博率领第二营之第五、六两连,由糜团长左翼协助攻击。本来希望能协同糜团夺回为敌侵占之已高地,可惜糜团在攻击实施中,其中央攻击部队受挫,仅由两翼的攻击部队占领了已高地之一半(参看附图四)未完全达到目的。不过,当时还准备要继续反攻的。(在这次战斗中,我们两个团都有伤亡。只是糜团损伤太重,是日下午七时许,又由五〇五团团长谷熹接替了他们的阵地)。这是我们第三次支援友军。

二十四日,敌以上午零时、拂晓时、午十二时,前后三次从三处向我团阵地进攻,但均未得逞。

先是,是日上午零时三十分,敌以炮火轰击我团阵地左翼,同时以步兵三十余名攻击我团阵地右翼(当时判断可能是佯攻),被击退。未几,又以步兵二三百名向我阵地正面反复攻击(当时判断是主攻),连冲了六次之多,战斗约四小时,均遭到我团之痛击。敌人死伤一百余名,旋即退去。

至拂晓时,敌增加兵力约至三四百名,又转向我阵地右邻友军五〇五团之阵地攻击。

经与五〇五团谷熹团长协商,将己高地之我们守兵撤回,固守本军阵地戊高地之线;另由我团第二营派兵一部在己高地西南高地的北棱线上占领阵地,俾将掩护我团之右侧,并增强五〇五团之侧方火力。这时,乙、丙两高地之敌炮已对我团阵地射击。很明显,这是想要用炮火压制住这一方面,不让我们去支援那边。但是,我们依然继续支持了友军,我团阵地右翼连队仍是以火力侧射向五〇五团阵地正面进攻之敌。同时为了加强火力,我曾命令炮兵高斌营长,并请求旅命令野炮营,一同对乙、丙两高地之敌施行反压制。经我们炮击后,敌炮兵果然停止发射。其攻击五〇五团阵地之敌步兵,亦受重创,狼狈退去(参看附图五)。

至上午十时许,敌又组织步炮空联合攻击我团及五〇五团之阵地。先是以飞机轰炸,继之以炮火压制,尤其是以多门炮集中火力,向我团阵地从右翼至左翼,作反复之扫射;还施放大量烟幕弹、烧夷弹;直至中午十二时,使我团阵地上官兵在烟尘中对面不能相互看见者约两个小时余。即于此际,敌又以步兵约三四百人,攻击我团右邻五〇五团阵地以右之友军七十二师四一六团阵地。

四一六团未能抵挡住敌人之进攻,其阵地被敌突破,他们竟撤退下来,因而又牵动了全阵线。可见敌人是想要以更大的炮火烟雾压住我团,然后再以步兵主力进攻我团以右邻接之友军。当此紧急时刻,为了我团阵地右翼之安全,为了防止危及全局,我又同谷熹团长协商,一同督战。适我们郁传义营长刚从后方裹伤后回到火线上来,遂着郁营长再率领该第二营全部,增加于五〇五团之右翼,协同五〇五团共同拒敌。是时近下午一时,由于郁传义营长和战士们与五〇五团新派出之部队,并肩奋战反击,以及五〇五团阵地火力之协调,终于抵挡住了向四一六团阵地突入之敌,并收复了该友军四一六团之阵地(参看附图五)。计毙伤敌人约一百余名。余敌拖尸窜去。

继而敌人使用飞机肆炸、炮火轰击,继以步兵纵队向我郁传义营刚收复的友军阵地来冲。这时的战况较前更为紧张。为了使我郁传义营能保持新恢复友军阵地，复着宋海潮营长率该营一、三两连急为驰援。同时，还将此情况由电话告知我团阵地上安春山营长，并嘱坚守我团阵地，以减少在指挥上顾此失彼之顾虑；至此，乃以我团之预备队尽力支援友军。这时。我们阵地右翼守兵又能不失时机地以猛烈之火力侧射攻击我右邻友军五〇五团阵地之敌。

在我们宋营增援郁营前进中，敌仍以猛烈之炮火来阻止我部队增援。战斗又是十分惨烈，我们的伤亡很重。宋海潮营长也再一次负伤。在战地上，他不但忍痛指挥作战，还注意大家的安全，不断地招呼我应在行动中注意避敌炮弹。

我团这次增援友军，与敌激战约四小时，始将该方面二次进犯之敌人完全击退(参看附图五)。这不但使友军五〇五团及其右侧之友军阵地，均得以恢复稳定，即忻口全战线亦从此也较为稳定得多了。(五〇五团亦以伤亡极重，已无力继续作战，至下午七时许，又改由五〇九团及五〇一团接替了他们及其右为我团与谷团共同所收复之友军阵地。)这是我们第四次支援友军。

后来过了没有几天，我们右翼邻接友军五一〇团又以损失过大，调后方休整。在三十日下午六时许，其阵地另由陕军四十二师二五二团(团长扆久哉)接替了。

在忻口战场上，我们经历过惨烈的战斗。仅就我团在邻接地一隅而言，从我们参加作战的那天算起，十七天中那里就换了八个团之多。其中有七个团是因牺牲很重，无法支持，撤退下去了。还记得有一个团(五〇六团)，在早晨上了火线，打了还不到一天，至当日下午，一千余人就只剩下一二百人了，退出火线时，就连伤亡战士所遗留的武器也无法拿走。就在这种激烈的战斗形势下，我们团在确保自己阵地的同时，毅然抽出兵力来支援毗邻友军。战士们在配合友军协同作战上，尤能义无反顾，奋勇杀敌，很多人为抗击日寇，稳定战局，甚至牺牲了宝贵的生命。

本来，我们自奉命出动后，就有配合友军作战的思想准备。前面提到，当时我们觉得这次抗战，决不是单枪匹马的事，在抗日的战场上，有各自任务，也有共同任务。而能随时作出有利于共同任务的措施(如协助毗邻友军)，也就有利于完成各自任务。故迄进入忻口战场，始终是不分畛域，从战事大局出发，援助友军，没有以非本守备范围的事而袖手旁观。同时感觉到，在战场上争取时间，控制空间，是作战制胜的先决条件，因此，总是以救兵如救火的态度，刻不容缓地去支援。在忻口阵地上，几次遇到友邻阵地发生危急的情况，我们团在照顾自己阵地的基础上，尽最大的努力，援助友军，并没有想到什么分内分外，只知道打了胜仗，可与友军同全，如果“各自打扫门前雪”，其结果是要同归失败的。

不过，在当时军队里搞派系、计私利的习气下，在战场上作战部队之间，总免不了计较利害，规避任务。遇毗邻部队在战斗中失利，一般谁也不愿多事去援助别人，除非上级有命令，或由于失利者友军之请求，才肯支援。就在忻口这个争取民族自由斗争的战场上，此习气亦带来不利之影响。十月二十四日下午七时许，五〇九团及五一〇团来接替阵地时，他们只接替五〇五团阵地，而对于由我们四二二团第一营在五〇五团右翼代守之友军阵地，则不愿接替，说：“那段阵地是晋军所守之阵地。”我大费唇舌，仍无结果。最后我要求同他们三位团长给上级去电话，报告此事，复经五〇五团谷熹团长出面说明了该段阵地收复经过，并申明该阵地存亡对己方阵地安危之影响，五〇九团团长才勉强同意派出兵力接替了我团一营代为守卫的那段防区（参看附图六）。

从忻口战场总的形势看，当时阎锡山是第二战区司令长官，朱德、杨爱源、卫立煌是副司令长官。当时，山西军队云集，同时也有不少外省军队，还有八路军。这样的合作指挥，一致抗日局面，应当说是体现了团结抗日的大好形势。十月二十四日夜十二时，我们曾奉孙兰峰旅长转奉陈长捷副总指挥十月二十四日晚十时命令以递奉卫立煌副司令长官兼总指挥的关于与友军协同作战的命令，也说明了这一点。兹附抄该命令全文如次：

（1）据报当面之敌，向我六次攻击，总未成功，伤亡在八千以上。其后方受我第八路军截扰，粮秣汽油俱绝，深知陷溺。查士气异常颓丧，下至官兵厌战心理，充分表露。

（2）我第八路军，今晚起，以林师三团，贺师主力，由原平东西及南三泉一带，向平地泉、永兴村线以南，深入敌方，袭敌侧背，参加本军原平以南之会战。

(3)军继续围困、伺机决行歼灭该敌之目的,即日起,与一部与第八路军协同攻围。主力就现阵地保持攻势防御姿态。

(4)右地区应以一小部分占据东西蓉花,向南北郭下及其西北地区,充分活动,与第八路军联系,扰击平地泉以南之敌侧背。

(5)我中央地区,除对突入之敌,拼力抗争,相机力图恢复原阵地外,应以小部队轮向敌阵地昼夜扰击。

(6)左地区应予郭师马旅抽编有力部队,联系贺师向南庄头、永兴村线孟师、彭师,各以一部向安家庄、永兴村线实行夜袭。

(7)各地区战斗地境,右、中两地区,为玉会村、三家店、板市、小官道、小原平相连之线。中、左两地区,为井沟、南怀花、旧河北、中泥河、小原平相连之线。线属于右方地区。

(8)各地区袭击部队,若与第八路军取得联系,或查知邻接部队,已与敌接触时,即应勇猛向敌出击,以求扩张战果,振掀敌阵。

(9)各地区均于"敬"夜,开始动作。如发现当面之敌动摇,及有利状态时,应断然行有力之出击。

仰即遵照实施,并于派队出击时,以保原阵地为先决条件。此令

次日(二十五日)晚十时,我们又曾奉六十一军陈长捷军长转奉第二战区司令长官部命令,鼓励所属部队继续努力抗战。此命令是:

(1)黑龙江混乱,义勇军蜂起。由秦皇岛来人云:日军开出关外者不少。冀东保安队东开两大队。据塘沽来人云:已出国者二十余列车。

(2)据北宁路局消息:日军部已要车三十列,均系出国。

(3)大阪每日新闻载:满洲境内共党活动有数十处,人数在数万以上。该报并称,忻口之战,截至巧日,日军陆续总攻六日,我军顽强,阵地无变化,甚为失望。

希饬属继续努力抗战,以收最后胜利。云云。

这里也可看到,如果各地抗日军队能很好地配合,努力抗战,日本侵略军不是不能打败的。

(四)脱离忻口战场

本来十月二十五日以后,阵地已经比较稳定了下来,战士们的战斗情

绪更加高涨，准备迎接反攻。可是，丝毫没有想到，敌人会从晋东娘子关侵入，忻口战场受到影响，不仅前所述之准备合同出击的命令未能实现，最后竟不得已全线撤退，我团亦于十一月二日从忻口向太原以北之既设阵地线（凤阁梁、阳曲湾、郭家窑）转移。

十一月二日下午七时，我团奉到旅的转进命令："下午八时开始动作，九时三十分到忻口，十时三十分到金山铺集合后，向上佐村出发。"当即召集各营长下达转进命令，着依照规定时间和部队行动顺序，开始动作，离开阵地。并依时到达指定集合地点，听命向目的地转移。

我们团在忻口作战，前后总计十七天。参加作战官兵共为一千二百七十三名，毙伤敌人一千一百余名，我官兵伤亡四百二十一员名。

三、战地随感

（一）战士们的爱国热情和抗日决心

三十五军是一支旧的部队，本身固然带其缺点和局限性，不过抗日战争一起，部队中那种爱国热情普遍地高涨起来。这种现象的出现也不是偶然的。自九一八事变后，绥蒙就处在抗日前线，作为地方部队的三十五军，以受着日伪侵略的威胁，部队曾进行了爱国精神的"素养教育"。七七事变以前，全国人民要求抗日声浪高入云霄，三十五军即先后参加了长城抗日（怀柔）、绥远抗日(红格尔图、百灵庙、大庙)等抗日战役。战士们对抗日救国，逐渐有了些认识。特别是百灵庙之役，打击了日寇侵略者的气焰，当时这一战役受到全国各界的关注，甚至把它看成是抗战的开始。当时很多来自全国各地知名人士和海外华侨专程到绥远参观慰劳，都给予三十五军官兵极大的鼓舞。尤其是"一二九"运动前后，在全国学生爱国运动的高潮中，上海、天津、北平的进步学生纷纷组织慰问，来到绥远，还深入部队开展爱国宣传，更给部队带来了活力。如义勇军进行曲等抗日救亡歌曲，七七事变前夕就已在我们团流行传唱。这些抗日宣传教育，激发着官兵的爱国热情，部队的精神面貌也就起了一些变化。

七七事变以后，三十五军出兵至孔家庄、戴家庄（察哈尔省与晋、绥交界处），虽然对日寇堵挡了一阵，但在阎锡山的调动下，终于离开绥远，向山西转移了。我们团参加忻口战斗，已是七七事变发生三个月之后，像前面提到的，这时战士们辗转行军数千里，可说是盘马弯弓，久待一战了。所以一旦与敌接触，仇人相见，格外眼红，就奋不顾身地投入战斗，要作一番殊死争战。

当进入忻口战场之初，就听到很多人说：不知怎的，大家都感到这次打仗，与过去的看法和想法有所不同。普遍的感觉是，自己是中国人，就有保卫国土之责。要同仇敌忾，戮力抗战，痛歼敌人。除此之外，别无杂念，思想上觉得纯净了许多。这样，在忻口战场上，不管友邻部队是何派何系，也不管别人说什道甚，我们总能始终如一地予以支援，以共同维持阵地安全。能做到这一点，和战士们高尚的爱国热情也是分不开的。

由于爱国心的驱使，在战场上，战士们表现了令人钦敬的纪律精神。十七天的战斗中，负伤不下火线的事例举不胜举。到后方经过裹伤，马上又返回参加战斗者，也大有人在。特别是像机枪连下士孟廷献，因两腿受了重伤，腿骨都断了，抬到团指挥所裹伤时，适另一受伤战士亦至，伤势也很严重，以致在被抬动时喊出声来。孟廷献对那个战士说："忍着点痛吧，喊叫甚！咱们不是孬种，不要给咱们丢人。"我看他们伤重，拿出自己随身带的云南白药给他们两人吃。孟廷献高声对我说："报告团长，我们的阵地没有丢！"我顿时热泪盈眶，含泪安慰他说："你下去好好养伤，有我们替你报仇！"周围的人也受到极大的感动。随即，孟廷献的名字和他的豪言壮语就传到了阵地上，传遍了全团。只是，由于他的伤势过重，流血过多，在被抬到忻口车站时，就遽然牺牲了。消息传来，全团上下无不痛惜。

（二）顽强抗敌，实战练兵

我们团进入忻口战场以后，对自己阵地当面之敌的多次进犯，曾经给予有力的回击。但敌人还是迭次反扑，而且是用他们先进的装备，以多种武器配合的战术组织有力进攻，妄图一逞。其炮火之猛烈，场面之宏大，战况之多变，都是本团官兵以往未曾遭遇过的。

如，十月二十五日，从早到晚，敌人仅对我团阵地施行轮番炮击。而到夜晚十一时，又以步炮结合向我团夜攻。那时炮击刚停止，敌又发射出烧夷弹、照明弹、信号弹，接着就有敌步兵急进猛冲，波浪式攻击。我们的战士使用了当时所有的各种武器进行反击,激战达两小时之久。

除夜战外,敌人还多次组织步炮空联合攻击,而且轰击极为猛烈,简直要把我们的阵地炸翻了。而结果当然仍未能越过我团阵地一步。

经过最初几次实战以后,战士们对于敌人的一些伎俩也就看惯了。官兵们把敌人作为我们实弹射击训练的隐显活动靶,把战斗当做我们阵地战的实兵演练,在实战中琢磨战术,想法子对付敌人。

如,为了预防敌人乘烟幕飞尘向我冲击,战士们在阵地火网前缘埋设手掷弹制作的土地雷,预先标定好距离和方位,静待敌人步兵来。一听到手掷弹爆炸,知道是敌人上来了,就依据预定的距离方位进行射击。

为了应付敌人的步炮空联合进攻,我们随时都注意防御工事的修复和加强,并时刻准备迎击突袭之敌。在敌人的连续轰击下,修建工事很困难。当时,在白天,敌机或增加至每次九架甚至十数架,轮班盘旋于我团阵地上空侦察轰炸,有一次天空敌机不断者达四个小时之久。敌炮弹有时亦竟遍及我团阵地全线,所有散兵壕、掩蔽部及交通壕,屡屡被炸毁倾塌,我们的战士有的甚至被埋在土里。但战士们始终保持工事的完整,随毁随修,毫不懈怠。

为了在近战中歼灭敌人,我们灵活地组织了各种火器,互相协同动作,以我集中炮火,对敌之个别炮;以我个别火炮,对敌之机关枪;以我之迫击炮,对敌之掷弹筒,并作我炮兵射击之辅助;以我各种机关枪的交叉火力,对敌之步兵攻击;以我之"步枪射击组",对敌之步枪狙击手。它用波浪式攻击,我们则以"火力组"的集火或分火,沉着应战,先射杀其指挥官和离我最近而且于我最有危害的目标。敌人作短促战斗,肉搏战,我们即用格斗刺杀,飞弹射击,以及手掷弹之轰击,等等。

在忻口战役中,战士们的勇敢精神是十分感人的。不少人在与敌人的肉搏中壮烈牺牲。有一次,在支援友军反攻己高地时,我们战士即与敌人在山头打了交手仗。我团第二营六连中士于得胜,在与敌人肉搏格斗中虽头部已被敌击伤,但仍紧抱敌人,毫不放松,最后连同敌人一并坠崖而死。

(三)战士们在作战中遵守纪律的精神

在作战中,战士们的纪律表现,也是令人难忘的。在进入忻口战场前的调动中，大家对于同老乡们建立感情，就非常注意，也曾有些比较好的表现。如九月二十六日，在崞县大营村，全团战士争先恐后地帮助老乡们秋收，还以一个营的兵力扑灭了村民家的失火。

战士们在实战中能坚决地贯彻执行命令，大大减少了人员的伤亡。例如，为加强我们第一线阵地的工事，曾命令："要在战斗中射杀敌人，我们必须会利用地形、地物，会构筑工事。还要懂得宁可被工事的土压伤，决不可因为没有掩体而被敌炮弹炸伤。希望大家得空就修补和加强阵地工事。须知在战斗中，有空即作业，虽然是一时的辛苦，却是既安全而又能依托杀伤敌人的保证。"这个命令一直传达至士兵。官兵们能贯彻执行作工命令的精神，这就是我团在忻口作战十几天中能较友军减少损伤的一个重要因素。在二十八日上午四时许，六十一军陈长捷军长还曾派一〇一师二〇一旅的参谋贾某和团副王绶等数人前来，参观我们团的阵地工事。其实，真正保证了工事完好有效的，是前线的士兵，是官兵们有令必行的，坚持贯彻到底，严守纪律的精神。

我团战士的纪律，在战场上也曾得到人们的称道。本来，照旧军队的规矩，战场军纪，是要靠所谓"执法"机构来维持的。大司令部有"执法处"，小司令部有"执法队"，在打仗时，对那些没有命令自行脱离火线的，要以"军法"从事。在忻口战役中，各要路口也同样设了执法机构，架着机关枪，两边排列大刀队，来维持战场纪律。凡是有官兵下火线，均要有团部以上证明。

当初，在进入忻口战场之前，为了与友军在同一战场作战时，便于识别本团官兵，我们团就制作了臂章，要求全体官兵统一佩戴。所谓臂章，实际就是一块三寸见方的白布，上面印了一个黄颜色的"王"字。开战以后不久，本团便因此被称为"黄王团"。而且，此臂章居然成为了我团官兵在各关口通行证。只要见是佩戴此臂章者，也不要求出示证明，一律畅行无阻。

此事令我团战士颇为自豪，战士们说："就连那些执法队，对咱们黄王团的兵，也不敢小看。"宋海潮营长从后方疗伤回来，告诉我们说："在转送伤员到后方医院时，沿途抬担架的老乡们，总是争先抬送黄王团的。"

在忻口战场上，我们感受到战士们的英勇精神，也感受到战士们崇高的爱国情感。当十一月二日我们奉命撤离战场时,我团的官兵对此行动大惑不解,接二连三地到本团指挥所,以焦急迫切的心情探问究竟。他们甚至噙着眼泪问:“咱们团打的是胜仗,正待出击,为何现在撤退?”

他们并不知道,晋东娘子关已然失守,敌人正迫近太原,我们正面临一场更为艰苦的抗击日本侵略者的战斗。

【附录】

附表一:

四二二团忻口参战前后行动表
1937 年 8 月 19 日至 11 月 5 日

行动	日期	经　　过
最初行动	8.19	四二二团在大庙(锡拉木楞庙)奉到出动抗日电令
	8.20	部队离开大庙
	8.25	到归绥
	8.27	到丰镇
	9.9	到大同
	9.26	经由崞县大营村,繁峙县大营镇到达平型关附近之红水南北岸
	9.30	依照命令到东山底掩护平型关方面之晋军撤退
	10.5	到忻县麻会镇
	10.14	推进至二十里铺准备参战
		是日上午 7 时部队推进至忻口镇奉参战命令
参战期间	10.17–11.2	上午 8 时进入阵地,11 时部署完毕,即开始对敌作战。一直鏖战了 17 天。
	11.2	下午 7 时奉撤退命令
奉令撤退	11.2–11.5	下午 8:30 分开始脱离战斗,9:30分退出忻口战场,向阳曲湾转移,旋又奉命守太原。于 11 月 5 日夜全部到达省城太原。
备考		

附表二：

四二二团忻口战役参战人员表

1937 年 10 月 17 日

<table>
<tr><th></th><th>员职别</th><th>姓名</th><th>人数</th><th>附记</th></tr>
<tr><td rowspan="7">主要人员</td><td>上校团长</td><td>王雷震</td><td></td><td rowspan="8">全团人数
不包括
炮兵团</td></tr>
<tr><td>中校团附</td><td>傅汝霖</td><td></td></tr>
<tr><td>少校团附</td><td>秦文博</td><td></td></tr>
<tr><td>少校军医</td><td>武效尧</td><td></td></tr>
<tr><td>第一营少校营长</td><td>宋海潮</td><td></td></tr>
<tr><td>第二营少校营长</td><td>郁传义</td><td></td></tr>
<tr><td>第三营少校营长</td><td>安春山</td><td></td></tr>
<tr><td></td><td>全团官兵</td><td></td><td>1273 员名</td></tr>
</table>

附表三：

四二二团在忻口战役中所属指挥关系及作战日期表

1937 年 10 月 17 日– 11 月 2 日

<table>
<tr><th>指挥关系</th><th>部队番号</th><th>主官姓名</th><th>归属指挥的日期</th><th>在忻口作战的天数</th></tr>
<tr><td>原建制</td><td>三十五军
二一一旅</td><td>军长傅作义
旅长孙兰峰</td><td></td><td rowspan="3">1.1937 年 10 月 17 日上午 7 时部队到达忻口镇接受战斗任务；
2. 自 10 月 17 日午 12 时就横沟战斗准备位置，下午 8 时进入阵地，开始战斗。
直至 11 月 2 日下午 7 时奉旅命令：“向阳曲湾既设阵地转移。”下午 9:30 分退出忻口战场止，共为 17 天。
（实计为 16.5 天）</td></tr>
<tr><td>在忻口战役中的指挥者</td><td>六十一军
二一一旅</td><td>军长陈长捷
旅长孙兰峰</td><td>10 月 17 日上午 5:30 分，在金山铺奉旅命令：“着即推进至忻口镇，归六十一军陈长捷军长指挥。”</td></tr>
<tr><td>在忻口战役中归本团指挥的部队</td><td>炮兵
二十四团
第三营</td><td>营长高斌</td><td>10 月 17 日</td></tr>
</table>

附表四：

四二二团忻口战役敌我阵地关系位置及比邻友军守备部队交换情形表

1937年10月17日－11月2日

		敌	我	左邻友军	右邻友军	友军部队交换原因
阵地关系位置		敌阵地为附图高地之甲、乙、丙、丁、己各点	四二二团阵地如附图高地之甲点东南之高地	四二二团左邻接友军阵地如附图高地之甲点正南高地	四二二团右邻接友军阵地如附图高地之戊点及其以东之线	
部队番号及指挥官		板垣师团指挥官板垣	总指挥卫立煌，副总指挥陈长捷			
我军守备部队队号及交接变动日时	10.17		四二二团于下午8时接替了六十三旅一二六团这段阵地	独立第五旅	六十三旅一二四团	原一二六团阵地移交给四二二团
	10.18		四二二团		下午7时由四二二团第三连及四三二团之一部将己高地夺回后，交给一二四团之张营。	以下午2时许敌人侵占了一二四团张营所守之己高地，5时许由四二二团和四三二团共同反击夺回。
	10.19				下午10时由四三二团接替了一二四团之阵地。	以一二四团伤亡太重。
	10.20				下午约9时由一〇五七团孟营接替了四三二团左翼阵地的一段空隙。	以四三二团接防后却遗留下一段空隙，正在与我团阵地以右的结合部之位置。我团发现后先派兵代守的。
	10.21				自下午5时起四二二团第二营暂代守四三二团及一〇五七团孟营的阵地。	四三二团阵地被敌突破，撤退。致一〇五七团孟营亦退下来。经我团抽兵力反击并收复其阵地后，暂为代守，以待接替之部队。
	10.22				上午6时许，我团始将代守之四三二团及一〇五七团孟营的阵地交给五〇六团接替	上午6时许，五〇六团来接替了我团代守之阵地。
					下午7时许又由五〇五团接替了五〇六团阵地。	以五〇六团在本日作战伤亡殆尽
	10.24				下午7时许由我团和五〇五团将共同代四一六团暂守之阵地交给五〇九团接替，并由五一〇团接替了五〇五团之阵地。	当五〇五团和我团协同击退了侵入四一六团阵地之敌，以四一六团已撤退，只好暂为代守，等待接替之部队。
	10.30				二五二团接替了五一〇团之阵地	以五一〇团几日来作战伤亡甚大（计：以伤亡大而被替换者共为八个团。）
	11.2		下午8:30分开始动作撤离现阵地	本晚撤离现阵地	本晚撤离现阵地	因忻口全线守军均奉命令于今夜开始动作，转移阵地。

附表五：　　四二二团在忻口战役支援友军作战情况表

1937年10月

月日	友军情况	关系位置	支援部队	支援情况
10.18	下午2时一二四团张营所守之己高地被敌侵占	在我团右邻接阵地戊高地前方，在我团阵地右前方	我团第三连及四三二团之一部	下午5时许我团第三连协同四三二团之一部分别从一二四团张营阵地戊高地左右两翼进行反击己高地之敌。7时夺回。仍交给一二四团张营守之。
10.21	下午1时敌进犯我团，激战约2小时余，未能得逞，又转攻我团右邻友军四三二团，其阵地被突破，部队撤退影响了一〇五七团孟营阵地，其守兵亦退下来。	我团阵地右翼的戊高地之线	我团第二营及第一营之一部	下午3时许，由本阵地抽兵支援四三二团及一〇五七团孟营，激战约4小时，始将侵入之敌击退，收复其阵地。当时已无人接替，直代守至次日早晨，才交给接替部队五〇六团。
10.22	五〇六团准备攻击己高地，请求我团援助。	在戊高地之正前方，在我团阵地右前方	我团第二营之一部	当时协商决定，我团之援助部队在该五〇六团的攻击部队的左翼。于下午一时开始进攻。只因其中央攻击部队受阻，仅左右两翼攻击部队达成任务。收复了己高地之一半。还准备继续再攻。
10.24	从是日零时至12时，敌以攻我团及五〇五团阵地受挫后，约至下午1时，又转攻五〇五团右翼友军四一六团阵地。四一六团守兵不支，撤退。敌即侵占其阵地。	在戊高地以东之高地	五〇五团一部，及我团第二营和第一营之一部	下午1时许，我团与五〇五团各以一部协同反击从四一六团阵地侵入之敌。激战至五时许，始将该敌击退，并回复其阵地。当时以找不到其负责部队，只好由五〇五团和我团所派之部队共同暂为代守，以待接替之部队。至下午七时许，接替部队的五〇九团、五一〇团来，始交给他们接手之。

附图：分时作战图共七张。（编者注：本书彩页刊发图5）

图1.四二二团忻口战役防御战斗配备要图

图2.四二二团协同友军反击（乙）高地之敌战斗经过要图

图3.四二二团支援友军反击其突进之敌战斗经过要图

图4.四二二团协助友军反击（乙）高地之敌战斗经过要图

图5.四二二团协同五〇五团支援友军反击其突进之敌战斗经过要图

图6.四二二团忻口防御战斗经过要图

图7.傅作义部三十五军所属二一八旅四二二团忻口战役作战示意图

【编者按】

该文完成于“文化大革命”期间，作者当时面对各方面的审查、外调，要准确无误地提供相关人员在不同历史阶段的真实情况，遂在认真回忆和反复查证的基础上，完成了此材料（包括其附件《抗战期间傅作义在河套所指挥的其他部队》）的整理和编写。

该材料保存于作者的文稿、笔记之中，未曾发表。

傅作义部第三十五军沿革

一九六八年二月二十八日

傅作义部第三十五军自一九三一年在绥远成立后，经过了多次整编，直至一九四八年末，在察哈尔省新保安被歼。关于各阶段的整编情况，编制变更，和相关主要人员姓名等，就我所能记忆的，分述如次：

一、三十五军的产生

一九三〇年，阎锡山与冯玉祥联合反蒋介石失败后，傅部退到绥远，仍是山西陆军第十军军长傅作义所部的三个师，即

28 师师长　金中和

29 师师长　叶启杰

30 师师长　卢呈瑞

一九三一年，蒋介石令张学良以陆海空军副司令名义改编晋绥军为四个军，即：32 军（军长商震）；33 军（军长徐永昌）；34 军（军长杨爱源）；35 军（军长傅作义）。军属师、旅、团为二二制。

新组建的 35 军建制为：

35 军军长　傅作义

副军长　袁庆曾

参谋长　杨炳谦

参谋处长　张濯清

副官长　　赵恩绶

军属之两个师为：

72 师：师长　李生达，部队在山西省正太线驻防，不归傅指挥。

73 师：师长　由傅军长兼，参谋长 苗玉田，参谋处长 李英夫；部队驻绥远。

73 师属两个旅，各旅属两个团：

210 旅：旅长　叶启杰，参谋长 李荣骅；所属两个团：

419 团：团长　张成义

420 团：团长　卢成瑞

211 旅：旅长　金中和，参谋长 傅汝霖；所属两个团为：

421 团：团长　孙兰峰

422 团：团长　董其武

35 军军部当时编制只设有特务连、通信队，队长李平吉，后为祁寿山。

二、一九三二年的改编

一九三二年，阎锡山重新整编晋绥两省部队，35 军的每师增加了一个旅。即：

72 师：师长　李生达

属 3 个旅，每旅属两团：

208 旅旅长　陈长捷

209 旅旅长　霍原璧

217 旅旅长　段树华

（该师所属部队仍驻山西，直接归阎锡山指挥）

73 师：师长　傅作义（兼）

参谋长　苗玉田

参谋处长　李英夫

副官长　王雷震

所属三个旅，每旅属两团：

210 旅旅长　叶启杰，所属两个团：

419团团长　张成义

420团团长　薄　鑫

211旅旅长　金中和，所属两个团：

421团团长　孙兰峰

422团团长　马逢辰

218旅旅长　曾延毅，所属两个团：

435团团长　苏开元

436团团长　董其武

三、一九三六年的调整

一九三六年，阎对晋绥部队又有调动。35军军长傅作义晋任二级上将军长。曾延毅任35军中将副军长；陈炳谦任中将参谋长。只是傅所兼的73师和210旅的番号均被阎锡山要去，归山西部队编制占用。所留下的211旅和218旅及原所属的六个团并未调去，当时即调整为：

211旅：旅长　孙兰峰，参谋长 孟昭第；属三个团：

419团：团长　袁庆荣

421团：团长　刘景新

422团：团长　王雷震

218旅：旅长　董其武，参谋长 张晋咸；属三个团：

420团：团长　李思温

435团：团长　许书庭

436团：团长　李作栋

四、一九三七年的整编补充

一九三七年秋，傅作义率所部两个旅，由绥远出动抗日，转战于平绥铁路线之孔家庄，晋北平型关、忻口，及太原守城等各战役后，所部伤亡很大。是年冬，到晋西北石楼县，又转至柳林镇，进行补充、整顿。

在抗战开始后，傅作义任第七集团军总司令，后又兼任山西北路军总司令，仍兼任35军军长。副军长陈炳谦、参谋长张濯清、参谋长袁庆曾。军所属部队为：

101师：师长　董其武，参谋长 张晋咸；属两个旅：

218旅：旅长　姚骊祥；属两个团：

420团：团长　李思温

436团：团长　郭景云

213旅：旅长　阎应喜；属两个团：

425团：团长　李作栋

426团：团长　郑海楼

73师：师长　刘奉滨，参谋长 刘万春，属两个旅：

197旅：旅长　王思田，参谋长 续志仁；属两个团：

393团：团长　王熙明

394团：团长　王赞臣

211旅：旅长　孙兰峰，参谋长 孟昭第，属两个团：

421团：团长　刘景新

422团：团长　王雷震

五、一九三八年河曲整编

一九三八年秋，在晋西北河曲县整编，取消了各师所属旅的番号，恢复师属三团制；惟211旅的番号未取消，亦为三团制。各师、旅、团拨编情形如下：

73师：师长　刘奉滨，所属团：

393团：团长　王熙明

422团：团长　王雷震

426团：团长　郑海楼

101师：师长　董其武，所属团：

395团：团长　王赞臣

425团：团长　李作栋

436团：团长　郭景云

211 旅(独立旅)：旅长 孙兰峰，所属团：

421 团：团长　刘景新

420 团：团长　安春山

新 10 团：团长　杨新钊

六、一九三九年河套整编

一九三九年春，傅作义被任命为第八战区副司令长官兼 35 军军长，率其部 101 师、211 旅(独立团)由晋西北开赴绥远河套。当时把 73 师所属的 393 团和 426 团都留在晋西北，担任防务，只有王雷震的 422 团全部随同到河套。后来王赞臣、郑海楼两团长个人也来到河套。

初在五原组成第八战区副司令长官部，旋移到陕坝。同时整编 35 军部队。一九三八年部队驻河曲时，曾将一部分政工人员(简称政工员)派在师部及团部者均称主任，在营、连者均称为指导员，均不定阶级(军衔)，每月薪饷均为 20 元，亦未设政治机构。至此时，才添设了军政治部，任周钧为 35 军政治部主任。师、团、营、连的政工人员也定了级。

是年夏，35 军在河套整编部队情形为：

军属三个师，每师各属三个团

101 师：师长 董其武，副师长 吉文蔚(后为杨维垣)，参谋长 张晋咸，政治部主任 康保安；属三个团：

301 团：团长 王建业(后为卫景林)

302 团：团长 刘玉廷(后为郭景云)

303 团：团长 王赞臣(后为宋海潮)

新 31 师：师长 孙兰峰，副师长 王雷震，参谋长 孟昭第，政治部主任 张耀华；属三个团：

91 团：团长 刘景新(后为韩天春)

92 团：团长 郁传义

93 团：团长 安春山

新 32 师：师长 袁庆荣，副师长 李作栋，参谋长 王赞臣(后为朱大纯)，政治部主任 彭光祖；属三个团：

94 团:团长 杨新钊

95 团:团长 张世珍(后为张惠源)

96 团:团长 黄子岗

七、一九四〇年的变动

一九四〇年春,收复五原战役之后,再整编部队,新整编了暂3军和暂4军,分别调孙兰峰和董其武任军长(详见附件:抗战期间傅作义在河套所指挥的其他部队)。35军亦作了调整,傅作义仍兼任军长,副军长张濯清,参谋长李铭鼎;所属三个师建制如次:

101 师:师长 郭景云,副师长 王赞臣,参谋长 张晋贤(后为关海山,再后为韩伯琴);属三个团:

301 团:团长 王建业

302 团:团长 刘玉廷(后为冯梓)

303 团:团长 宋海潮

新31师:师长安春山,副师长 曹子谦(后为王建业),参谋长 李敬(后为李子玉);属三个团:

91 团:团长 韩天春

92 团:团长 郁传义(后为靳书科)

93 团:团长 成於念(后为赵晓峰)

新32师:师长 袁庆荣,副师长 李作栋,参谋长 朱大纯;属三个团:

94 团:团长 杨新钊(后为鲁乐山)

95 团:团长 张世珍(后为张惠源)

96 团:团长 黄子岗

八、抗战胜利前后的变化

一九四三年,傅不再兼任35军军长,调董其武任之。

一九四四年,董其武调任副长官部政治部主任,又以参谋长鲁英麐为35军军长,王宪章为副军长兼政治部主任。

一九四六年,王宪章与暂3军副军长王雷震对调职务,后,王雷震调任绥远干训团教育长。

所属各师中,32师师长袁庆荣调暂3军后,由李铭鼎接任该师师长。

九、一九四八年内两位军长自杀

一九四八年一月,莱水之战,傅部35军之32师被歼,师长李铭鼎阵亡,军长鲁英麐自杀。

其后,傅以郭景云任35军军长,并于一九四八年二月调王雷震回35军副军长复原职。参谋长为田士吉,参谋处长贾承祖;政治部改组为政治处,处长刁克成(后为张鸿恩)。

35军所属师亦有调动。在安春山接任暂3军军长时,带去了新31师;袁庆荣任暂4军军长时,把新32师带去。遂以新26师及暂17师拨归35军建制。以此,35军的建制变更为:

101师:师长　冯梓,副师长 常效伟,参谋长 樊金槐,政治主任 崔维岳;属三个团:

301团:团长　王和卿

302团:团长　牛玉礼

303团:团长　梁　兴

新26师:师长 温汉民,副师长 张振基,政治主任 林泽生;属三个团:

799团:团长　王孝模

800团:团长　孙绍先

801团:团长　李上九

暂17师:师长　朱大纯,副师长成於念,所属3个团:

一团:团长　卫　栋

二团:团长　毛铨印

三团:团长　慕介福。

此时,军师部编制的直属部队和团编制的概略人数如下:

军部直属部队是:特务营、通信营、工兵营,各一;

师部直属部队是:特务连、通信连、工兵连,各一;

部队编制人数，以团为单位计算，每个团官兵人数约 1500 人。

一九四八年冬，35 军(欠暂 17 师)包括配属部队炮兵团、辎汽一团自张家口驰返北平时，于新保安全部被歼。此役，军长郭景云自杀，副军长王雷震、101 师师长冯梓、267 师师长温汉民及所属部队官兵均被俘。

十、尾声

在 35 军于新保安被歼时，惟朱大纯的暂 17 师时在北平，得以幸免。后听说，在北平曾以暂 17 师为基干，重建 35 军；一九四九年一月，傅作义起义，北平和平解放，该军亦被和平改编。

【附】抗战期间傅作义在河套所指挥的其他部队

傅作义在河套所指挥的部队，除 35 军外，经他历次编成或改编，隶属于第八战区副长官部者为：

暂 4 军：军长 董其武，副军长 吕汝骥，参谋长 张晋咸；所属：

新 5 旅：旅长 安华亭

新骑 4 师：师长 石玉山，参谋长 王宪章

五临警备旅：旅长 徐希儒，(后改编为 203 旅，旅长 于霖瑞)

暂 3 军军长 孙兰峰，副军长 梁立柱(后为王雷震)，参谋长 贾璜；参谋处长 王韵琴；所属：

新骑 3 师：师长 井得泉(后为梁立柱、刘万春)

暂 11 师(由新六旅改编)：师长 王子修(后为杨维垣、刘景新)，参谋长 王金铭(新堂)

暂 17 师(由游击军改编)：师长 王雷震(后为刘万春、朱大纯)，副师长 杨维垣，参谋长 刘建义(后为成於念)；所属三个团：

第一团团长 张进修

第二团团长 许书庭

第三团团长 李吉祥

此后，新骑 3 师、新骑 4 师合并为骑 4 师，师长刘万春，副师长刘春芳，后刘春

芳接任该师师长，部队仍编属暂 4 军。不久，骑 4 师改归副长官部直接指挥。

新 5 旅与 203 旅合编为暂 10 师，师长于霖瑞（后为张惠源），副师长王崇仁，参谋长任双齐；即编属暂 3 军。

在克复五原之后，骑 7 师门炳岳部亦驻河套，当门炳岳个人离开河套，其骑兵一部亦开到甘肃之固原，只留副师长朱钜林率胡逢泰旅留河套，归傅直接指挥。此时，新 26 师师长何文鼎率所部由后方来河套，即接替了 203 旅在西山嘴的防务。

除骑 4 师及胡逢泰骑兵旅驻河套归副长官部直接指挥外，还有骑兵 12 旅鄂友三部，及乔汉魁骑兵旅，均于归绥至包头铁路沿线附近活动，打击日寇，亦由副长官部直接指挥。

上述暂 3 军、暂 4 军及所属各师均于一九四〇年夏改编而成。

另有察哈尔省主席张砺生带有一个骑兵旅，旅长冀家珍，也驻在河套。至一九四四年，他们奉蒋介石指示，又成立了一个步兵旅，调杨维垣任该旅旅长，统归傅的战斗序列。还有驻陕北榆林之邓宝珊总司令所属之 22 军，及东北挺进军马占山所部，和驻河套之中央新 26 师何文鼎部，亦归傅部战斗序列。

一九四五年日本投降前，蒋介石发表了任冯钦哉为察哈尔省主席。此时，张砺生所属的骑兵旅即拨补入傅的骑兵部队，步兵旅亦拨补入傅的 35 军部队，并取消了其原番号。

一九三七年，绥远成立国民兵团，划防共区，袁庆曾为国民兵团司令，李大超为副司令，李敬为参谋长，张成义为丰集区区司令，指挥丰镇马逢辰团、集宁王赞臣团。

后又成立了 4 个团，共 6 个团：

第一团：团长　马逢辰；第二团：团长　王赞臣；

第三团：团长　李吉祥；第四团：团长　曹子谦；

第五团：团长　范步高；第六团：团长　柴致堂。

其中，第二、三、四、五这四个国民兵团是由袁庆曾率领由绥到太原，范步高又返回包头。

七七事变后，袁庆曾带一部分国民兵和省府人员离绥到山西，傅亦在山西抗日未归。李大超带留绥之国民兵移驻包头，即以国民兵团为基础，成立了绥远游击军，自己任游击军司令，仍以李敬为参谋长，继而李英夫由山西返绥，遂编组游击军如下：

第一旅：旅长　马逢辰；

第一团：团长　柴致堂；

第二团：团长　黄文斌；

第二旅：旅长　李英夫；

第三团：团长　侯志仁；

第四团：团长　徐有富。

一九三八年，傅作义率部到晋西北河曲，先派马秉任带一部分干部去绥西河套，接替游击军，重行整编。带去的主要干部是：李荣骅、刘万春、李思温、许书庭、李吉祥、曾子谦、郄莘田、柴致堂等。整编后，游击军司令马秉仁、参谋长李荣骅、政治部主任崔载之，所属两个旅，每旅3个团：

第一旅：旅长　刘万春；

第一团：团长　李思温；

第二团：团长　许书庭；

第三团：团长　李吉祥；

第二旅：旅长　马逢辰；

第四团：团长　曾子谦；

第五团：团长　柴致堂；

第六团：团长　郄莘田。

1940年3月，绥西战役结束。10月，游击军改编为暂17师，游击军从此结束。

又，在抗战时，在绥远敌占区的地方，群众组织的绥远自卫军和地方游击部队有：

刘效先部；王有功部；赵炽昌部；高理亭部；苟子臣部；

李根车部；郭长青部；陈玉甲部；邬青云部；

绥远自卫军总司令 张钦，副总司令 于存灏，参谋长 鄂友三（骑兵旅旅长兼）。

以上自卫军所属各部以及各游击部队，亦均编入傅指挥的战斗序列。

【编者按】

1939年，作者曾将傅作义部第三十五军四二二团战士在抗日战争中涌现的英勇事迹汇集成册，傅作义为其题名《小英雄》。当其晚年，他又用毛笔将此册全文以工整的小楷誊抄整理，从1976年开始到1981年完成，历时达六年之久。在抄录开始和结束时，作者特意写了《誊抄＜小英雄＞记》和《后记》，随后，又选录了友人及身边儿女读《小英雄》后的感言，加批注予以保存。

这里刊载的，即是此“二记”及作者原附录（与注）。

誊抄《小英雄》记

一九七六年七月

傅作义先生素怀爱国主义思想，自一九三一年九一八事变之后，日本帝国主义侵华野心日炽，由关外而关内，步步进犯。当此民族存亡危机紧迫之际，中国共产党高擎抗日救国大旗，以号召国人；而傅先生于日寇铁蹄肆虐猖狂之时，于一九三三年挺进华北抗日前线，浴血奋战，力挫凶顽。及抗日战争全面展开之后，更率所部转战数省，在人民协助之下，伸爱国之壮志，扬中华之雄威，为抗战胜利作出贡献，为民族解放立下功勋。

一九七四年傅作义先生去世，我们敬爱的周恩来总理主持了追悼会，军委副主席叶剑英同志致了悼词，悼词中讲到：

“傅作义先生在一九三三年和一九三六年，曾率部参加长城和绥远抗战。一九三七年参加抗战，反对日本帝国主义侵略中国。傅作义先生于一九四九年一月率部起义，对北平和绥远的和平解放，作出重大贡献。”

这是党和人民对傅作义先生的高度评价，也是党的一贯的统战政策的体现。对于傅先生这段历史的肯定评价，也使我们这些曾跟随傅先生抗战和起义的人们万分感激。

按傅先生率部抗战，始于一九三三年的长城（自怀柔南牛栏山亘石岭子高地、齐家庄至四渡河之线的）战役，当时傅先生为华北第七集团军总司令。我任第五十九军上校副官长，奉令指挥战时通讯事宜。嗣于一九三六年，我在傅部第三十五军七十三师任四二二团团长。参加绥东红格尔图抗战，及至绥北百灵庙、大庙（锡拉木楞庙）抗战后，奉傅军长命令，率所部移驻大庙戍守。迄七七事变后，复奉傅电令出师，继续抗日，即在傅作义军长直接指挥下，参加了以下抗日各战役：

一九三七年　山西省大同、平型关和忻口抗战。

同　　　年　太原守城抗战

一九三八年　山西省离石县抗战

同　　　年　绥南挺进——克复和林县和喇嘛盖抗战

同　　　年　绥东旗下营及和林县察圪洞抗战

同　　　年　清水河县大双墩抗战

同　　　年　山西省偏关县马屉梁抗战

一九三九年　山西省朔县马鞍山，双花岭，台子梁及神池县九仁村抗战

同　　　年　由绥西五原县进攻包头抗战

进攻包头和克复绥西五原战役之前，我已离开四二二团团长职，是时，以任新三十一师副师长，均担任前进指挥作战。

一九四三年我任暂十七师师长时，以递奉傅作义副司令长官指示，着袭击安北之南场日伪军。当即于一月十八日及三月二十五日，分别下达命令，着我师张进修团由五原县之乌镇两次出击安北县南场之日伪军。

一九四四年任暂三军副军长，在代军长驻伊盟东胜县时，指挥本军所属暂十一师的一个团（王子余团）袭击萨县鄂尔格逊之日伪军。

在这些抗日战役中，广大战士为保卫祖国和人民，其不畏艰苦，英勇奋战的情景，直至今日还是记忆犹新难以忘怀。那些为了抗击侵略者，浴血奋战，负伤残废，甚至献出了自己生命的战友们，是应该得到赞颂和纪念的，他们的民族气节与爱国主义精神永垂不朽！

凡是爱国志士，积极参加抗战的各阶层，中国共产党始终抱着团结的态度，予以鼓励和支持，对于傅先生率部抗战，在党和人民也一直是支持，肯定和赞扬的。记得我们由太原抗战转移到晋西北时，部队损伤甚巨，经由岢岚续范亭同志和兴县贺龙同志曾给傅作义部三十五军拨补了新战士三千人。还记得一九三七年，我四二二团的一个战友（王玉珊）在守太原城抗战中，被敌炮弹炸伤臂腿，旋又被敌人用马刀砍伤头部和脖

项。迄负伤脱险后，至汾河西，幸有我友军八路军七一五团一营二连收容给予抢救治疗。直至创伤治愈，仍让其返回原部队。当我们乍见他伤愈归来又惊又喜，由于八路军之对他照顾治疗，我们殊深感激，并写了致谢信。又有一个战友（姚德增）于一九三九年，从绥西河套进攻包头抗击日寇，因负伤致残。后来于一九六九年经人民政府批示，按革命残废军人待遇。这都体现了党和人民对他们的支持，肯定和关怀。今天党领导全国人民已经赶走了外来侵略者，建立了独立自主，繁荣昌盛的人民国家。为此牺牲了的烈士们已实现了他们为爱国献身的理想，也得到了应有的评价，他们可以瞑目了。所有曾为民族独立，奋勇抗战，流过汗和鲜血的爱国者，亦无不以受到党的关怀而深为感动。尤其得以跟着党，在统战政策下，能和人民一道生活于社会主义光明幸福的新时代，从事建设新中国，更感到无上荣幸。

此时，对于那些在战火纷飞的岁月中浴血奋战，英勇抗击日寇侵略，不惜牺牲生命的战士，我尤为怀念和哀悼。他们崇高的爱国爱民的精神，忠义奋勇的英雄气概，至今已五十余载，犹萦回心怀，激励我将他们的事迹集录成册。

翻检旧日之阵中日记、书简，有四二二团抗日战士英勇事迹小册子一本，编印于一九三九年，题为《小英雄》。其中人选、战绩，均为当时他们所在连队的战友们民主评议而提供的。当年傅作义先生曾题此册为《四二二团小英雄》。于今稍加整理，恭敬誊抄，盖欲借以纪念这些为抗战流血牺牲的英勇战士，并作为史料留存，永志不忘，让英烈们流芳百世。

谨录：

——毛泽东主席题　人民英雄纪念碑碑文：

“为了反对内外敌人，争取民族独立和人民自由幸福，在历次斗争中牺牲的人民英雄们永垂不朽！”

（载《毛泽东选集》第五卷第十一页。）

一九七六年夏　初稿于内蒙古呼和浩特　王雷震

后 记

早欲将这本小册子整理出来，但以宿病缠身，力不从心，断断续续抄录了六年，于今方申夙愿。遗憾的是，当年曾为《三十五军四二二团战士抗战纪实》作序的赵钟琦先生于前不久刚刚去世，不得再为斧正了。

历史是人民写成的，抗日战争胜利，是人民战争的胜利，人民英雄永垂不朽！

王雷震

手稿写成于北京

一九八一年十二月

【附录】

读后赘言

敬爱的周总理曾说过："只有忠实于事实，才能忠实于真理。"读了雨辰兄所写的"纪实"，不禁联想起四十二年前的情景，自日寇沿平绥线西进到孔家庄、郭磊庄曾经发生过一次战斗，后来便长驱直入，如入无人之境。晋北的军政官员，望风披靡。日寇如同疯狂的野兽，每到一地便进行焚烧屠杀，尤其是天镇、左云两县，遭到大规模的血腥屠杀，以屠杀手段来威慑我军民抵抗之心。敌酋板垣、喜多、东条等麇集大同，策划进攻方略，调集精锐以优势兵力希望以雷霆万钧之势，一举打开雁门关直捣太原，不给中国军队留喘息的余地。分兵进攻平型、茹越等关口，敌攻破茹越口，使我军后路被遮断，放弃三关集结忻口设防。当时，一般人均认为雄伟险要的天然屏障尚不能固守，一个土丘矮山何能凭借拒守，但是事实出于意料，忻口竟然坚守了二十余天。敌以步、炮配合空军轮流轰击猛扑，昼夜不停日达数次。我军虽然伤亡惨重，但阵地岿然不动，从而转变了人们的悲观情绪，开始有了日本鬼子不可怕的思想。忻口战役是八年抗日战争初绝无仅有的一次阵地相持战役，它不仅坚定了全国人民抗日必胜的信心，而且也坚定了当时执政者的决心，鼓励了民心，激励了各战场的士气。在忻口战役中，士气之旺盛，补给之充足，军民相爱，以及友军互相协作，均臻达高峰，尤其是战士们卫国献身的英勇事迹可以说是惊天地、泣鬼神了！有肢体重伤咬紧牙关不呻吟并让其他伤员不要呼叫、不要给我们军人丢人的英雄，有与敌人肉搏抱住敌人不松手直至精疲力竭，同敌人滚入崖下山涧粉身碎骨的英雄，还有……这些英勇伟大的抗日烈士是我们中华民族的伟大形象，是我们中华民族的骄傲！他们的光辉业绩不容长期湮没无闻。读完这篇战记，我当事人尚且感伤动情，何况雨辰是他们的直接长官，他们全部受过雨辰的培养教育和亲手抚摩，他们的热血洒落在忻口战场上，雨辰上又以他的心血和着眼泪一字一句写在纸上，我认为这才算是一篇尊重事实，尊重真理，如实叙述历史的真实记录。也是很有价值和意义的珍贵文献。

王　漳

一九七八年八月七日

注：在整理过程中，亦曾有好友见到此册《小英雄》，索借阅读，并提供了一些意见。

读“纪实”有感

“纪实”把我们引入到四十多年前战火纷飞的斗争年月……

日寇侵略的铁蹄践踏着我们可爱祖国的每一寸土地，全国人民陷入了无比痛苦的深渊，那炮声轰鸣硝烟弥漫的战场；那妻离子散流离失所的逃难人群；以及那奸掠烧杀悲惨痛苦的呻吟……

是人民，是我们中华民族的优秀儿女，为了捍卫自己祖国的神圣领土，他们怀着必胜的信念，毅然奋起抗击日寇，在战场上他们英勇无畏舍生取义，在枪林弹雨之中冲锋陷阵阻击敌人，是他们用自己的鲜血和生命谱写了最壮丽的历史篇章，最后以艰苦卓绝的斗争赢得八年抗日战争的伟大胜利，这是我们中华民族的骄傲，是我们人民的骄傲。当我们沉浸在欢乐幸福之中时，怎可忘了他们。

这些死难的烈士们为国捐躯，和我们永别了，但他们的光辉业绩和悲壮的英勇斗争精神，将浩气长存，铭刻史册，永垂不朽！他们的业绩将永远激励着我们前进，让我们在中国共产党的英明领导下继承先烈的遗志，为了中华民族的繁荣富强而艰苦奋斗，在祖国四化的建设中以实际行动悼念英灵！

若磐　刘江　文中

于一九八二年十二月

注：整理誊抄过程中，在身边协助铺纸研墨的儿孙们是《小英雄》的第一读者，他们亦深受这些战士们爱国主义思想的感染，并将读后的感慨和体会记录在了自己的作文和日记之中。

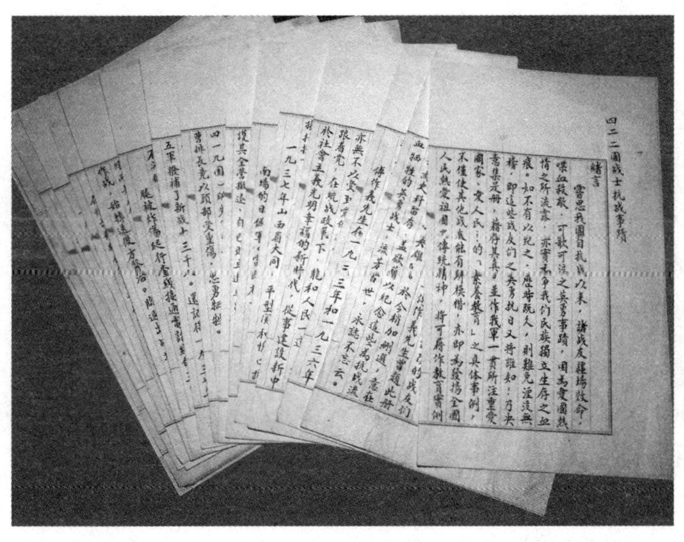

作者手稿

【编者按】

该文写于北平和平起义三十周年临近之时，是应北京市民革之邀而撰写的对台宣传稿。成文后即交付约稿者，此后曾借助何种媒介传播，乃至是否曾传播，均未得实证。此为作者留存的底稿全文。

得民心者昌　失民心者亡

——北平和平解放三十年有感并寄台湾蒋军官兵

一九七八年十月二十二日

北平和平解放三十年之际，我正在北京养病，抚今忆昔，不由得想起一句老话，曰："得民心者昌，失民心者亡。"

这句老话，足可以为三十年前的解放战争所充分证明。在短短的时间里，全副美式装备的八百万蒋军，却被小米加步枪的人民解放军打得落花流水；而狂妄地扬言要"在六个月内消灭共军"的蒋介石本人，也被赶到台湾，最终困死在这弹丸之地。何以至此？就是因为共产党得人心，蒋介石失人心。共产党要把中国变成独立、自主、繁荣富强的人民的国家，所以人民拥护。蒋介石要把中国卖给帝国主义作殖民地，要搞官僚地主阶级的法西斯独裁，所以人民反对。

凡是三十年前亲历战争的，当有深刻体会。我自己参加平津之战，起义前后，身在两种不同性质的军队，对比之下，感触尤深。记得起义前，我在国民党军队中时，行军所到之村庄中，连一口铁锅、一只水桶都寻找不到，更不用说找老百姓当向导。军队之内呢，不说其逃兵不断，就是官长中也有很多人认为这是不义之战，兵不好带，仗不好打。

而在起义之后，共产党不念我之旧恶，给以立功赎罪之机，让我在人民解放军中担任领导职务，此时，我和解放军所有指战员一样，到处受到人民的欢迎，真感到是军民一家。部队中也是官兵一致，同心同德，亲如手足。对比之下，蒋军何得不败，解放军怎能不胜！

瞬间三十年了。三十年来，我眼看着祖国的社会主义建设蒸蒸日上，尤其是亲身感受到共产党、毛主席统战政策的温暖。像我们这样有罪于人民的人，一旦放下武器，共产党便不咎既往，还给予为人民服务的机会，并且各方面尽可能地照顾。现在我和老伴生活得很幸福。我的三个儿子，一个在大学毕业后当了国家干部，一个正在上大学，一个当了工人。是共产党为我安排了这样美满的晚年生活。唯有全心全意为人民服务的共产党，才能有这样广阔的胸怀和宽大的政策。我常常鼓励我的孩子们，要努力学习，努力工作，把毕生的精力贡献给人民，作个有益于人民的人。

人民是历史的主人，三十年来，我深深地体会到了这一点。两年前"四人帮"的被粉碎，也说明了这个道理。"四人帮"是不得人心的，他们被人民，被共产党像扫垃圾一样扫干净了。毛主席选定的接班人代表了人民的意愿，发出了向四个现代化进军的新长征的号令，我有幸看到了这万马奔腾的新时代，为我是新中国人民中的一分子而感到自豪。

在北平和平解放三十年时，我也想对台湾的旧袍泽说几句心里话。三十年了，你们的苦头还吃不够吗？如果说，由于老蒋、小蒋的消息封锁使你们不清楚大陆革命建设的伟大胜利，那么，联合国里中国的合法席位得到确认，中日建交，中美联络，直到前不久签订了中日和平友好条约，邓小平副总理访日的盛况，等等，等等，你们总不至于不知道吧！这说明了什么呢？世界上越来越多的人认识到了，中国是中国人民的，而盘踞在台湾的蒋家小朝廷，早已日落西山，气息奄奄了。你们其实也很清楚这一点，有不少国民党高级官员不是已经把财产、家室移往国外了吗？而那样除了飘零异地，老死他乡外，又有什么好结果呢？不能再执迷不悟了。我诚恳地希望你们走北平、绥远解放的道路，早日投到人民的怀抱。你们已经到了山穷水尽的地步，但是北平、绥远的路，还是走得通的。我们这些年过古稀的人，做梦都想着祖国的统一，这是早晚定能实现的，我们希望早一天实现它。台湾一定要解放，台湾人民将同全国人民一起，为祖国的繁荣昌盛而并肩奋斗。我们的祖国将成为一个具有现代化工业、现代化农业、现代化国防和现代化科学文化的社会主义强国。这是全国各族人民，也包括台湾人民的民心所向，是任何力量也阻挡不了的。我奉劝在台湾的蒋军旧袍泽们，再体味“得民心者昌，失民心者亡”这一句老话。

附诗：

奉劝台湾当局
响应叶剑英委员长统一祖国的号召及早归来

久盼台湾通大陆，一统炎黄心所祝。
肯来对等搁诚谈，皆望抒怀虚若谷。
行事顺情弃旧嫌，策谋瞻远修新睦。
协力兴国振中华，共为人民造幸福。

【编者按】

该文写于北平和平解放三十周年之际，是为参加中国国民党革命委员会北京市委员会举办的“纪念北京和平解放三十周年座谈会”而准备的发言稿。

就在座谈会召开前不久，作者竟因胃溃疡宿疾发作而吐血，再次卧病，但他仍支撑病体，按时参加了这次座谈会。

该文未曾正式发表，全文录自作者留存的发言稿底稿。

忆傅先生二三事

——纪念北平和平解放三十周年

一九七九年

任何事物的发生和发展都存在着内因和外因两方面的因素，但内因是起着决定作用的。北平之所以能和平解放也是如此。就以傅作义部与解放军双方的实力对比而言，傅还是有一定抗御能力的。倘若傅坚持负隅顽抗，尽管最终难逃被歼灭之命运，但总还可以支撑一段时间。毕竟他还有五十多万装备精良的部队。然而就在双方对峙的关键时刻，傅毅然选择了和谈途径，愿放下武器率部起义，其中是有许多内在因素的。兹就我所了解的一些情况，略作叙述。

一、傅所属部队与八路军素有相契之宿因

1.傅先生所属部队在许多年的训练中一直是以爱国思想为主导，以“为国家，为民族，为集体，为成功”这一基本原则为内容进行政治教育的

当日本侵略中国，进而占据东北后，全国抗日呼声高涨。傅先生更以实际行动表明了“守土有责”的爱国思想。

一九三三年，傅率所部在河北怀柔进行了长城抗日之战；

一九三六年，傅又率所部在绥东的红格尔图、土木尔台和绥北的百灵

庙、大庙展开抗日战役，并取得辉煌战果。尤其百灵庙大捷，更是鼓舞了全国军民的抗战决心。为祝贺百灵庙的胜利，中共毛泽东主席派南汉宸同志率领代表团到绥远慰劳，并代表毛主席向傅先生赠送了锦旗。傅先生对于中国共产党提出的建立抗日民族统一战线的主张是赞同的，此次中共派代表团来慰问，也让傅受到极大的鼓舞。

2.七七事变爆发后，日寇发动全面侵华战争。傅率所部与八路军并肩抗战，唇齿相依

傅率所部由绥远出师后，先于张家口、郭磊庄、大同一线阻击日寇，随即参加了平型关战役，与八路军共同抗击进入雁门关之敌。后在忻口与日寇激战十八昼夜后，退守太原。当时，朱德总司令兼任第二战区副司令长官，傅部官兵从战斗通报上经常看到八路军英勇抗战和民众积极支援前线的感人事迹。此期间，傅部与八路军在战事上相互配合，在斗志上相互鼓舞，傅部的一些负伤战士向后方医院转送时，更是多次得到八路军驻地部队的收容和悉心治疗。

一九三七年十一月二日，阎锡山在太原召开军事会议研究守城部署。当时各部队经过多日战斗，均急需休整。从熟悉太原实际情况角度看，当以第六集团军杨爱源直接指挥其所属部队较为有利。但会议进行了一整天，直到深夜，由谁来守城的问题仍未解决。傅当时十分激愤，拍案而起，说："好了，不要再讨论了，弃土莫如守土光荣，太原城，我守！"于是守城部署的事只作了仓促讨论便散会了。当时中共代表周恩来也参加了这次会议，他对傅先生毅然承担守城任务表示钦佩，赞扬傅是民族英雄，并在会后对傅说："我愿代表中国共产党和全民族，诚恳地对你说一句话，抗日战争胜利的基础在于广大人民群众之深厚的伟大力量。请你保重！"傅先生回去后，让王克俊把周恩来的话记录下来。

3.一九三八年前后，傅部得到八路军方面的兵员和政工人员支持，仿照八路军的方法，在部队中开展政治工作

当时部队驻扎在神池、偏关、河曲一带。由于长时间连续作战，傅部兵员损失很严重，驻在岢岚县的续范亭司令员和兴县的贺龙同志十分关注，给予了大力协助，为傅部拨补了新兵两三千人。后来彭德怀同志经过河曲，与傅先生会晤，促膝而谈，傅还请他给干部们讲话，激励大家坚决

抗击日寇。

一九三八年傅部整编，第一次在三十五军设立了政治部，并在其下由师、团到连都专设了政工人员编制。傅还通过南汉宸的关系，在自己部队安排了由延安派来的一百多位政工人员；另从西安招收了知识青年三百余人，路过延安学习两星期后，分派到各部队中。

三十五军的老传统加上新的政治工作方法，使得部队面貌焕然一新。以此，阎锡山将傅的部队称为“七路半”，谓其已快变成八路了。

4.一九三九年傅部回到绥远，直到抗战胜利前，傅部与八路军一直关系融洽，接触频繁

一九三九年，傅率所部回到绥西后套。两方面的联系很密切。是年进攻包头，我当时任三十一师副师长，在进军途中还接到八路军方面有关在对日寇作战中加强联系的信件，是大青山某大队政委姜文华写来的。

一九四〇年日寇侵犯后套，在阻击敌人进攻时，就有干部说：“如果咱们不能收复后套，就向延安靠拢，合力抗日。”以此，傅部官兵将延安视为己方后盾的心情，可见一斑。

一九四二年，中共中央曾秘密派遣卫树屏携带中共中央和贺龙的信函从陕北来绥远，与傅先生联系。卫树屏在绥西陕坝住了很久，至其回陕北时，我还特意送他一匹马代步。

二、厌恶内战，渴望和平

1.傅先生对同八路军打仗感到内疚

一九四五年日寇投降后，傅率所部从后套推进到包头、归绥时，绝没有想到竟会和八路军打了一仗。刚打完日本人，却又来打自己人，大家都觉得格外不是滋味。战事结束，傅先生心感愧疚。

一九四六年三月间，傅去重庆开会，当时中共代表周恩来在冠生园宴请他。据说，傅在宴会后回到住所时喜形于色，对身边的人说：“我问中共代表周恩来：‘国民党的人那么多，你们全不打，为什么单独先打我呢？’周回答说：‘我们共产党要碰就碰强硬的嘛！’”显然，能得到周恩来的器重，是傅感到很高兴的。

2.明确表示不愿再参加内战，并向蒋介石提出过辞呈

一九四六年三月下旬，傅从重庆开会回来。据说，他在途经北平的那天晚上，曾和他年青时的好友侯少白、王子才等人有过一次深入的交谈。傅在交谈中表露了对和平建国的企望以及对内战的担心和厌恶，认为不应该刚刚取得抗战的胜利，紧接着就枪口对内开战厮杀。却又无可奈何。因为在傅看来，作为军人，就要服从命令，南京政府命令他打，他不得不打。当时众人都认为蒋介石靠不住。侯少白还感慨地列举了辛亥革命后多年内战的惨痛教训，认为傅不应该再卷入祸国殃民的内战漩涡，他建议傅解甲归田，出国到欧美看看，把眼界放大，以利将来干利国利民的事。

据知，傅先生的确多次向蒋介石提出过辞职，表示愿解甲归田，但未被允许。

3.厌恶内战，不愿中国人自相拼杀

傅在绥包战役后，曾坦诚表示不愿再参加内战。

在集宁战役后，傅曾发表过一个给毛泽东的公开电，该电文依照当时国民党南京政府宣传的口径，是指责共产党发动了内战，但字里行间还是表露了他对内战的厌恶，提到曾流泪掩埋战役中阵亡的解放军战士，还坦言他对中共坚决抗日的主张和艰苦奋斗精神很钦佩，希望毛率中共参加政府，并说可由贺龙接替其职位，他自己愿在毛泽东部下当一个最低级的职员，而且绝对忠实地服从。我们这些跟随傅多年的老部下能够感觉到，电文中的有些话，确实是傅发自内心的。

厌倦内战的情绪在傅的部下中也很普遍。当时，我也有解甲归田的强烈愿望，都实在不愿意再打内战。

三、最后的抉择

1.“战”、“走”还是“和”，傅明显倾向于后者，难以抉择的是“和”的时机和方式

后来，傅先生在其北平和平解放“四一”通电中说过：“两年半的内战，我个人内心和行动，主观和客观，是在极端矛盾中痛苦的斗争着。北平和平的实现，就是由认识到行动，自我痛苦斗争的结果。”以傅先生的为人，

使他痛苦斗争的，主要的并非其个人得失，而是他意识到如再为内战多放一枪，多打死一人，就多增加一份罪恶，是他苦于寻找一个两全之策，以确保百万人民生命财产，确保北平千年文化古迹，又确保其五十万部下有稳妥出路。

2.为求和，傅先生曾主动与毛泽东联系

早在北平和谈之前，大约是一九四八年十月间，刘垕同曾向傅建议说："按全国现在的形势，应立即向共产党靠拢。"刘垕同敢于这样明确提出建议，不仅因为他资格老，曾参加过辛亥革命，又是傅的老师，更因为他对傅的内心思想是很了解的。随后，傅确实给毛主席去过电报，提出请求，表明不愿打内战，为了国家和平统一，请求谈判。这次发电联系是秘密进行的，傅周围的人多数都不知晓。当时北平有蒋介石派来的监控傅部的其嫡系部队，如李文的第六兵团、石觉的第十三兵团等，特务活动也很猖獗，甚至渗透到傅的部队中，傅的言行不得不很谨慎。

3.傅先生没有按蒋介石的命令准备撤往南方，而是曾打算撤向绥远

一九四八年十一月上旬，蒋介石召开军事会议，会上蒋要求傅把四十四个师集中到唐山、塘沽和平津地区，以便当时局不利时从海上将部队运往南方。但会后傅并未按蒋的要求部署，只是把蒋的嫡系部队部署在平、津、唐，而将自己的部队布于北平、张家口一线。

后来，中共的华东、华中野战军在淮海战役中将刘峙集团重重包围，平、津处于孤立无援的境地。蒋介石急派军令部长徐永昌和郑介民、蒋纬国先后飞北平传达意图，想把傅所部由海路和空运南调。傅表示，华北暂不可丢掉，并回答："还有办法。"事后傅虽然把一些部队家属送到天津，表面作出准备海运南下之态给蒋看，其实还是想往西找退路，以谋求更有利的和谈条件。

稍后，美国太平洋海军司令白吉尔到北平，曾对傅说美国愿意直接支援傅七万多支新式卡宾枪和两亿多发枪炮子弹，还说所有装备可由海上运送补充。傅当即拒绝说："我们是一个国家，你们要援助，可以到南京政府说。我是地方负责人，不能直接接受。"

4.北平和平起义大势所趋，而又一波三折

十一月二十九日，就在傅先生发出请求和谈，等待中共方面回复消息

的时候,解放军东北野战军主力已于十一月下旬秘密入关。傅主力三十五军奉急令从张家口回防北平途中,即被解放军包围在新保安。

这时,傅得到了中共同意和谈的消息,并立即派崔载之前去会谈。随后,由于中共发布了战犯名单,傅先生名列其中,谈判一度中断。

十二月二十二日,解放军攻克新保安,全歼三十五军;二十四日,解放军又在张家口歼灭傅部一〇五军。傅部西撤道路被完全切断,平津两地陷入包围。

在多方争取之后,傅先生又先后派周北峰、邓宝珊等为代表与中共联系,终于在一九四九年一月十四日进行了正式会谈。

谈判期间,林彪交给邓宝珊一封信,托邓转交傅先生。邓见信的内容是要与傅先生算旧账的清单,怕激怒傅而影响谈判,遂隐藏未露,打算若签字顺利,便将此信暗自销毁,如若谈判破裂,再转交也不迟。不料,协议签字之后,解放军进城不久,在二月一日的《人民日报》上竟发表了林彪致傅先生的这封信。傅曾为此事有一段时间很难过,对信中的一些内容想不通,便写了一封题为"战犯要求指定监狱自行投案"的信,还要求面见毛主席汇报和谈协议中尚未谈及的事情。

后来,傅先生同我们一起吃饭时说:"我已经见过毛主席,毛主席对我说:'你们那些被俘的人,我让他们都回去,你可以接见他们。国民党说共产党杀人放火,共产共妻,你问他们是不是呢?绥远还没有解放,可让他们回绥远去,现身说法,再起义吧!'"傅先生又说:"过去的事情,那是我的责任,我都担负起来。"说这些话时,他的心情是很沉重的。

四、功德圆满,善莫大焉

关于北平和平解放,毛主席曾说:"四十万人齐解甲",把敌对力量转化为解放全中国的一部分力量,旧部队的武器、装备、弹药、通信器材、运输工具、仓库、物资、银行公款以及公营企业都完整无损地交回到人民手中。这是中国人民力量的胜利。

显然,北平得以兵不血刃,和平解放,也多亏傅先生关键时刻作出明智抉择。尽管他早有与中共和谈的打算,并一直寻求机会,甚至打算实在不行就先避开战火，将部队拉回绥远再寻求和谈之路，然而随着形势发展，在西撤无望，陷于被动，面临危机的关头，他能毅然放下武器，还是不容易的。傅先生努力避免了一场战争，使古都得以完整保存，减少了人民的损失，总算是为人民做了一件好事。

北平和平解放后，傅先生又促成绥远的和平解放，尽可能为其旧部妥善安排出路，鼓励这些人跟共产党走，为人民服务。作为多年跟随傅先生的老部下，我们敬仰傅先生的爱国精神和忠厚人品，对傅先生是深深感怀的。

【编者按】

该文乃于1979年绥远“九·一九”起义三十周年之际，应董其武之嘱而作。

据作者日记记载，该文曾于1979年7月寄交内蒙古革委会文史资料委员会，后于1982年发表于内部发行的《内蒙古文史资料》第八辑《绥远“九·一九”起义史料专辑》中。

回忆绥远“九·一九”起义

一九七九年六月二十五日

在纪念绥远“九·一九”起义三十周年时，自然会联想到在中国共产党和毛主席伟大战略思想指导下解放战争的伟大胜利，以及和平解放北平与绥远起义的关系。与此同时，也联想到傅作义所部在抗日战争中与中国共产党和八路军发生过的联系和影响，也终于在一定条件下促使傅部起义投向人民。缅怀既往，这都是个人追随傅作义先生走过的路，曷胜感念系之。

一、北平和平解放对绥远的影响

傅作义先生过去在绥远省主持军政多年，影响很深。北平虽然已经和平解放，但在绥远还有过去受他指挥的旧军队、地方行政人员和多年共同相处的人民群众。这些，在他说来是决不能置诸脑后毫不顾及的。他积极地、义不容辞地推动和协助绥远举行了起义。

北平和平解放的这股巨大洪流，涉及全中国，当然更是激荡着绥远地区，使绥远军政各界人士在思想领域中掀起了轩然大波。主要有这样几种表现：一是，想着步北平解放方式之后，不用武力，不再流血，使绥远获得解放，走向新生；二是，犹豫观望，看一看全国各地解放战争的进行情况，然后决定何去何从；三是，少数人坚持顽固立场，企图负隅抗拒，继续追随蒋介石的反动道路走下去。

具有第一类思想的人，大多数是跟傅征战多年的人，以傅先生的“马首是瞻”，都能够聚拢在董其武主席为领导的一边。地方人士中的张钦、于存灏、荣祥、胡风山等，也一直赞助董先生进行一切有关和平解放绥远的工作。

具有第二类思想的人，除了一部分老官吏、旧政府工作人员外，其余绝大部分是地方人士。比如：一九四九年过春节（二月间）时，绥东解放军和绥远旧军队在旗下营发生冲突，潘秀仁、张遐民、苏挺等都跑了。后来，傅作义把曾参与北平和平解放的张濯清、王克俊派回绥远，协助董推动绥远的和平解放工作，未几，陈炳谦、李居义也来了。从此，具有第二类思想的人，就明显地出现了分化：明智的人都赞同了傅先生的思想，跟随董走向起义；少数人，受着蒋介石特务分子的欺骗和煽动，执迷不悟，如苏寿余、王华灼、郭长青等等，最后得到的只有“灭顶”的下场。

二、傅作义先生积极促进绥远的和平解放

一九四九年八月末，傅先生衔毛主席党中央之命赴绥，促使绥远起义。当时，在绥远尚有原华北“剿总”归绥指挥所主任、国民党绥远省主席董其武、第九兵团司令官孙兰峰，这些都是傅先生的旧部，促使他们起义原是没有问题的。何况董先生早已有心起义，积极准备多时，做了大量组织动员工作，绥远起义已成为水到渠成之势。但是所顾虑者有二：一是须注意绥远的一些地方部队，倘搞不好，就有可能四分五裂，骚扰地方。其次是要注意绥蒙盟旗各王公及一些地方人士。这些方面，有的需要进行沟通思想和说服教育工作。总之，许多问题在关键时刻还有待傅先生亲临处理。傅于八月末到达绥远后，电召我由北平来绥，并令我以驻绥指挥所畀以高参名义，参加了促进绥远和平解放的工作。

傅先生到绥远后，即连续在归绥、美岱召、包头等处，慰问部队，并向官兵发放了慰问金。在各处也传见了军政干部，及盟旗各族各界等地方代表人士，如当时绥远省的参议会议长副议长，少数民族代表，土默特旗总管，东四旗代表，乌兰察布盟、伊克昭盟的代表，以及回族代表等等。

我到了绥远后，董主席派我到包头协助包头警备司令陈玉甲，登记在

包头市的国民党特务和电台,均送到归绥。

三、毛主席和平解放绥远的伟大战略

先是,一九四六年傅先生率领其主力部队东去之后,遗留在绥远的旧部队,虽然还有数万人,但大部分是新兵,战斗力弱。时至一九四八年末,东北解放军入关之后,实际上绥远已是处于解放军重重包围之下,尽管强为支撑,但已处于孤立境地,不过是强弩之末而已。尤其是绥远地方广大农村多为解放军所控制,城市物资缺乏,补充困难,而反动派兰州兵站分监部对绥远部队早已停发补给。记得那时干部月资二十元,士兵两元,战士冬季棉衣絮的是旧套花。绥远旧部队处在这种困境之下,在军队是兵心不安,士气低落;在社会是人心浮动,惊慌失措。此种虚弱情况,实已早为毛主席、周总理所洞悉。如果解放军以武力解放绥远,易如探囊取物。然而,毛主席却命令驻绥解放军,对于绥远旧部队,只可就双方划定的界线对阵以待,但"不要打"。这是为什么呢?这是毛主席对解放绥远的伟大策略,即给以时间,转化矛盾,留待绥远自行起义。

我后来学习《毛泽东选集》第四卷后,才知道指导平津战役的军事路线,即运用截断敌人部队之间的联系,分割包围,"围而不打"的策略。回想起来,很明显,对于绥远问题,就是有待于由傅先生赴绥,传达毛主席、周总理和平解放绥远的政策,使绥远各将领有所醒悟,举起义旗,投向人民怀抱,走上光明道路。必须如此,才可以避免打仗蹂躏地方,伤害人民的生命财产。毛主席和平解放绥远的伟大策略,不仅是体恤绥远人民群众免遭苦难,更主要的是要把人民从千百年来封建统治压迫剥削下解放出来。

为此,傅先生在北平和平解放之后和准备赴绥之前,先让张濯清带了许多革命书籍,如《中国革命与中国共产党》、《目前形势与我们的任务》、《当前国内外的形势》、《论联合政府》等等,使干部阅读后,在思想上受到一定影响,因而对起义更易于接受。及傅将赴绥时,又让王克俊到绥远传达了毛主席对傅先生讲话的精神,并具体帮助董其武主席进行有关起义工作。

四、热诚欢迎傅作义先生来绥促进起义

傅先生这次衔命来绥，促进起义，在绥远方面绝大多数人是欢迎的。大家把和平解放绥远的愿望，寄托在傅先生身上。董其武主席亦早已筹划起义，当一九四九年一月二十日北平和平解放条款签字之后(二十一日傅先生召集各将领开会，宣布了和谈条款，二十二日见于北平各报)，即匆忙乘飞机到北平见傅，傅向他谈了当时形势，使他对绥远的起义在思想上有了准备。董先生返回绥远，即着手集训军政干部，使大家重视和了解共产党的政策。还亲自到各部队讲话，宣讲北平起义情况，以及其他一系列有意识的准备工作。也就是以决意要跟着傅先生继北平和平解放之后进行绥远起义。当时，在绥远对时局有影响的，还有孙兰峰先生。尽管孙兰峰先生的第九兵团司令官，是蒋介石想在绥远搞分化瓦解，于北平起义后委派的，到最后他还是跟着傅先生走起义道路，使蒋的阴谋与毒计没有得逞。

五、绥远起义过程中战胜了重重困难

傅作义先生到绥远促进起义，尽管干部中有一定的思想准备，但此前工作的实际情况，并不是完全一帆风顺的，也还是战胜了不少困难的。

和谈初期，共产党曾派代表到绥远。工作组的王士鑫同志，系集宁铁路局工会秘书，在归绥新旧城之间纯一善社附近马路旁，竟被特务煽动士兵用手榴弹炸伤，并因伤重牺牲。这个情况给当时和谈造成很坏的影响。继而双方规定的军事分界线，又被张家口解放后流窜到绥远的原察哈尔省某专员兼旅长李维业股匪有意破坏，竟越界滋扰，甚而活埋了共产党一位地方工作的同志。尽管董主席下令镇压了李维业，但对和谈造成了困难。尤以国民党特务头子张庆恩在包头多方破坏起义，气焰嚣张，企图阻挠和破坏起义。当时，傅先生到达包头，为克服这些困难和阻力尽了很大努力。这里应提及的是，不论绥远起义、还是北平起义，邓宝珊先生都极为关注，热情奔走，做出了积极的贡献。

虽然，那时绥远起义已是人心所向，但对干部还应做艰巨的思想工作。即如地方部队中的干部，甚至在傅先生到绥远后，起义大局已定的情况下，同他们谈及起义，还是有人当面表示反对，有的认为“起义就是投降”，是“不义气”，“决不干”，等等。我们只能耐心地向他们分析对比，在过去替军阀卖命，虐害人民，是与人民为敌；如今能幡然悔悟，就像晋朝的周处那样改恶从善，回到人民群众自己的队伍中来。这正是深明大义，怎么能说起义是投降、是不义气呢？

也有些人问我，你看能打么？我向他们分析说明，不打有出路，打没有好结果。因为当时有些干部由于受特务的蛊惑宣传，他们在思想上是比较混乱的。有的说，“可以打游击”，“可以把队伍拉到西边去嘛！”我对他们说，绥远中部虽有大青山，但也非游击战的可立足之地。在抗日战争时期，游击队利用该山区做游击活动，也都须从山外补给。现在与人民为敌，带着大部队进大青山活动，行吗？我问鄂友三，你带着一个骑兵师，在大青山内，不靠山外的粮食物资供应，能待得住吗？即使能把队伍拉到后套去，虽说那是“老营”，能有吃的，又有西山嘴、乌不浪口两处可以作为防守的要隘，但在解放大军优势兵力的歼击下，也很难得到保全的，同时也是不堪一击的。更不能设想出后套去宁夏。应认清部队中的士兵，原来多数是从后套抓的壮丁。后套有个歌谣说：“三石糜子两丈布，老婆交给保队副。”这是人所共知的。那么，一旦打起仗来，纷纷回家去了，谁还肯再跟着国民党军队去打内战呢？势必各自走散。因此说，起义是民心所向的光明之路，有良心的人早该悔悟了。——从这些干部和我的谈话中，暴露出他们的内心活动：大多数人，在董主席的工作下，有了起义的思想准备；但也有一部分人，在抉择两条道路的关键时刻，是有激烈的思想斗争的。到最后他们还是在傅先生的感召下，投入了人民的怀抱。

至于地方人士，如教育厅厅长苏挺、建设厅厅长潘秀仁等，是坚决反对起义的。财政厅厅长张遐民也是反对起义的，在和潘秀仁一起跑了之后又跑回来，最后还是和张庆恩等一同逃离了绥远。这些人把持了绥远的国民党党部，利用蒋介石派驻绥远的军统和中统，网罗党羽，壮大自己的势力，早在抗战期间，他们就一直与绥远省军政当局唱对台戏，施展种种卑鄙手段，要官要权。此时他们离心离德反对起义，也是预料之中的。

六、最后的时刻，徐永昌飞绥

九月中旬，蒋介石得知傅作义到绥远，遂派军令部部长徐永昌飞包头和傅见面，妄想阻止绥远起义，怂恿继续反动。傅对此则断然拒绝。徐永昌于九月十九日由包头回南京，临走前向别人说："我是来说服傅宜生（傅作义，字宜生）来啦，不但没有说服了他，反倒被他把我说服了。"在临上飞机时却对送他的人说："三年后再见吧！"

在徐永昌离绥后，绥远起义的电报发出了。傅作义先生及在他领导下的董其武将军等起义的领导者，由于坚定地执行了毛主席的决策，果断的行动与坚定的立场，终于促使绥远起义工作的任务得以圆满完成。这也证明绥远起义是符合历史发展要求的，正义的行动是任何力量也不能破坏或阻挠的。

七、起义后的新绥远

起义通电发出后，很快地奉到毛主席、朱总司令的复电指示："你们已经率部起义，脱离了反动派，站在人民方面了。希望你们团结一致，力求进步，改革旧制度，实行新政策，为建设人民的新绥远而奋斗。"一九四九年十二月二十七日，绥远军政委员会宣布成立。接着，绥远省人民政府、绥远省军区，相继成立。在党中央的领导下，开展了地方解放区化、军队解放军化的工作。不论城市、农村和牧区，到处呈现一派新的气象。

傅作义先生完成了所负的任务，他当时对干部讲了话，主要说："我过去把你们领错了道路，今天才把你们引导到光明道路上了，我也对得起大家。愿你们今后跟着中国共产党，各自努力前进吧！"他的这次讲话使干部们颇为感动。每一个起义干部也都感到是走上了一条新路，有光明的前途。

新绥远当局遵照毛主席指示，为贯彻党的革命传统精神和党的方针政策，使干部有机会学习毛主席著作，做到理论与实线相结合，改造个人世界观，乃成立了学习团和政干校。我也和曹善初等参与了政干校的筹备工作。这是按照“对新绥远现职军政人员进行教育、改造、使用”的方针施行集训的。同时,为了贯彻党的起义政策,还成立了绥远省无职军政干部招待所。招待所设在归绥乌苏图召(我担任该所主任,周钧为副主任),负责收容在河北、天津、北平、察哈尔省张家口、绥远省等处回来的人。凡是曾经跟随过傅作义先生做过事的无职军政干部都接收。同时在包头(由张进修负责)、五原(由李作栋、郁传义负责)、陕坝(由杨维垣负责)各处,也都设了招待所,收容当地的无职军政干部。

随着招待所的成立,在审查收容了约有六七百人时,傅先生曾到乌苏图召召集已收容的干部讲话,说明党的政策,勉励大家努力学习,改造世界观,为人民服务,劝导备至(后来,绥远省军区司令部调我任中国人民解放军包头军分区司令员;周俊亦调任专员,招待所主任职务由王赞臣接替)。无职军政干部招待所前后共收容了两千余人,其中有部分不适于工作的,即资遣回原籍;大部分送到学习团学习,俾接受党的教育、改造,以备录用。所有收容的干部,参加了学习团学习结业的,不论安置工作与否,一律发给证明,以起义人员待遇,不咎既往。这是党的“给予出路”的政策的具体体现,也表明了党和毛主席对傅作义部属的关怀和照顾。当时,凡是参与这项工作的人以及被收容的人员,无不深感党的恩情和统一战线政策的伟大。

【编者按】

自 1933 年长城战役至 1945 年胜利，傅作义率所部在晋、察、绥一带坚持抗击日寇侵略，作者亲身参与了这 12 年抗战的全过程。

在作者晚年，自 70 年代末起，他便开始系统地整理其所了解的这段时期历次战事的史料。本文是其中的第一部分，成稿于 1980 年底，在 1981 年初分别誊送民革和内蒙古政协。

长城抗战和绥远抗战

——七七事变前，傅作义率部参加抗日纪实

一九八〇年十二月

傅作义将军在一九三三年率部参加长城抗战，时我任第五十九军上校副官长，奉令指挥战时通信事宜，对于自怀柔南牛栏山亘石岭子高地、齐家庄至四渡河之线的一系列战斗略有了解。后，于一九三六年，傅将军又指挥了绥远抗战，时我在第三十五军七十三师任四二二团团长，亲身参加了绥东红格尔图、绥北百灵庙和大庙等处的战役。现将这两段战事的大致情况汇总如下，以补充我所了解的在“九一八”事变后，至七七事变前，傅作义将军率领所部参加抗战的史料。

一、三十五军、华北第五十九军长城抗日战役

一九三一年“九一八”东北事变之后，日寇悍然侵占了我国的东北，接着成立傀儡满洲国，进而侵犯热河省，入长城，犯古北口，又组成以殷汝耕为傀儡的冀东自治政府，用蚕食之手段，得寸进尺，觊觎华北，还将进一步实行其蒙满计划，欲鲸吞全中国。此际，凡是中国人，有良心，知爱国者，无不愤慨。时任绥远省主席、三十五军军长之傅作义将军素抱爱国热忱，对此局势，自不能坐视无睹，遂于一九三三年一月毅然由绥远率领所

部五十九军(即三十五军所属之七十三师由国民党南京政府给予之番号扩编的)主力部队——叶启杰二一〇旅、金中和二一一旅、曾延毅二一八旅及三十五军所属之李柏庆炮兵二十一团,参加长城抗日。是时南京中央政府还任命傅作义为华北第七集团军总司令。

这时,我是五十九军的副官长,随军出动,负责指挥战时通信。初,部队出发至张家口,傅即命令二一八旅推进到多伦,防日寇由热河省西犯,其余部队则在张家口及其以北要点构筑防御工事。后以日寇有从古北口南犯态势,傅为堵击日寇入侵,乃于四月中,再移军进驻河北省昌平县及怀柔以西地区,构筑防御工事。敌机则不断侦查,并向我构筑工事的士兵投弹轰炸。

当傅由绥远率所部出动抗日时,除五十九军主力部队外,还有预备参战的傅部三十五军所原属之李生达七十二师,及临时归傅指挥的李服膺六十八师。

迄傅部推进至河北昌平后, 阎锡山已命令七十二师由山西进驻平汉线之石家庄,着六十八师在平绥线张家口以西柴沟堡集结,准备支援五十九军的长城抗日之战。

从五月二十日以来, 我军之便衣战斗小组在怀柔县城以东已与敌斥候、汉奸接触。

二十一日拂晓,在怀柔县平古公路要冲的石岭子高地至石户之间,作纵深配置的我二一八旅之董其武四三六团,与其左翼齐家庄、杨家庄的我二一〇旅之薄鑫四二〇团,即先后遭日寇步炮联合进攻。当时,董团右翼之我二一一旅旅长金中和在怀柔县城西南之某村庄,亦命令该旅之孙兰峰四二一团推进至牛栏山以东,迎击由平谷公路来犯之敌(此命令系由孙团差遣联络员王韵琴传达的)。

二十一日上午,四二一团在牛栏山以东占领阵地,对敌展开激战。敌人则用步、炮、空联合战术,并用步兵向我第一线阵地猛攻。其飞机又在我阵地上空及阵地后方投弹轰炸和机枪扫射,而我阵地官兵都能沉着应战。尽管敌步兵在其炮火掩护下,多次地向我作波浪式攻击,但仍均被我英勇战士击退。

敌向我正面攻击莫能得逞,伤亡尤惨重,乃从我四二〇团左翼,绕经四渡河高地，袭击四二〇团后方之白河村，再于此发生激烈战斗。

时至下午，正当酣战之际，北平军分会主任何应钦要傅接电话，通过有线电话，他亲自向傅说："现在正谈判塘沽协定，请即停战，你即来北平接受命令。"傅回答说："现在战斗情况激烈，我正在前方指挥作战，不能前去。"于是，何又让傅派参谋长来平接受命令。当时，我在侧，傅命我去叫苗玉田参谋长来，随后即派苗参谋长前往北平军分会接受停战命令。

当日下午领回命令："双方停战，向后撤。"乃依照军分会命令，转令前方作战部队，着即停战。至五月二十三日，始将阵地上的部队完全撤退下来。就在这一天，中方代表何应钦、日方代表梅津美治郎在天津签订了《塘沽停战协定》这一卖国条约。

这次战役中，日寇死伤甚巨。我军亦伤亡连排长及官长十六名，士兵四百三十六名。七月中，傅部回师绥远。此后，傅作义将军即着由军需处长张德于归绥城北大青山麓筹建抗日烈士陵园，选定地址在归绥旧城北。即于铁路以北，公主府以南，电灯公司西侧，购买民地一顷，做陵园基地。继将阵亡将士的灵柩由河北省怀柔运至归绥，即于此地安葬了烈士忠骨。

傅又令我鸠工集材，监督经营，于此年秋开工。设计格局为：前边是公园，有正殿五间，东西配房各三间，建烈士纪念碑一座；后边是抗日阵亡将士公墓。烈士纪念碑正面刻文为："华北军第五十九军抗日阵亡将士公墓，傅作义敬建，中华民国二十二年十月。"背面碑文乃由胡适撰文，钱玄同书丹。正殿门上悬挂"浩气长存"匾额。烈士墓前亦均镌立了石碑。

一九三四年秋，陵园竣工。绥远省军民追悼华北第五十九军抗日阵亡将士大会，即于陵园举行。

二、三十五军绥远抗战

1.绥东红格尔图之战

因倭寇阴谋侵华，欲实行其满蒙政策，即利用内蒙古锡林郭勒盟德王德穆楚克栋鲁普为傀儡，以李守信、王英为羽翼，于侵占察北之后，继潜入绥远境内红格尔图、土城子间，与察哈尔省商都之日伪军互相呼应，准备进犯绥东，并计划与百灵庙之日伪军互相策应，进窥绥垣，准备于一九三六年举动。

当日寇积极策划，蠢蠢欲动之际，我军亦侦悉其阴谋，决定先扑灭红格尔图、土城子之日伪军，以确保绥东之安全。

此时，我任三十五军二一一旅四二二团团长，于一九三六年十一月十八日奉傅作义军长命令，着我团临时归董其武旅长、骑二旅彭毓斌旅长指挥，于是日夜间用汽车运送至红格尔图作战开进地，到达后，即协同李作栋四三六团与骑二旅骑兵兄弟部队一同进攻红格尔图、土城子间的日寇及李守信、王英的蒙伪军。

当我部队到达目的地，展开进攻之后，该敌毫未抵抗，即向北山鼠窜无踪。李守信、王英亦均逃跑，受日寇煽惑胁迫的正黄旗总管达密凌苏龙亦逃跑，本团是以无所斩获。不过就当时形势而言，从此绥东边防已稍为巩固矣。

次日（十一月十九日）上午约八时，我团部队即撤退下来。至九时许，有我军之增援部队六十八师的李钟颐团，以步行向红格尔图前进中，在将要到达目的地之时，因部队是以密集行列行进，被日寇飞机发现，投弹轰炸，致死伤百余人，而前方战事都已经结束了。李钟颐团遭受了这个不应该有的损失，是非常可惜的。

2.绥北百灵庙战役

早于一九三三年，锡林郭勒盟德穆楚克栋鲁普就叫嚷要蒙古自治，为解决这个问题，南京中央政府于是年冬派内政部部长黄绍竑来到绥远，在与傅作义商谈之后，乃赴百灵庙同德王会谈，中央蒙藏委员会委员赵芷青亦来参加会议。傅为黄部长、赵委员派了一连警卫部队，由薄鑫团长带领，并派我同往，以取联系。开了三天会，其问题仍未解决。后经多次研究，由南京中央政府提出意见方案："德王可在蒙古东部成立蒙古地方自治政务委员会；绥远境内的蒙古西部，可成立绥境地方蒙政委员会。"经德王和绥远双方同意，由南京政府公布后，绥远省地方即照规定召集内蒙西部各蒙旗王公开会，从此成立了绥境地方蒙政委员会，推选出伊克昭盟盟长沙克都尔扎布为该委员会委员长。

一九三六年，德王仍在日寇的教唆策动下在绥远境内挑衅，搞叛国卖国勾当。日寇先唆使伪军在红格尔图挟制达总管叛变，及被我军粉碎之后，又积极调动察哈尔省蒙伪军，使驻在大庙一带。以百灵庙之所谓“蒙古地方自治委员会”名义建立伪政权。当时，百灵庙驻有蒙伪军一个骑兵师，统由日寇策划指挥，准备进犯归绥、包头。

就在是年十一月二十三日，傅军长命令驻武川县之二一一旅旅长孙兰峰为总指挥，率该团刘景新四二一团、张成义四一九团及七十师之刘效曾团，协同以骑一旅旅长孙长胜为副指挥，率领其骑兵一部，进攻百灵庙日伪军。同时，傅命令二一八旅之李思温四二〇团于夜间由归绥用汽车运送至乌兰花，截断百灵庙日寇与大庙（百灵庙东）间伪军步骑部队的联络，并相机截击西犯之敌伪军，以利我军迅速克复百灵庙，从而粉碎日伪指挥伪蒙军进犯绥、包之阴谋策划。

百灵庙在绥北，位于九个山口的山峦环抱中，南面山口宽，地势开阔平坦，概无遮蔽。日寇住在大殿东边的各房院内。日寇在此隐蔽已久，这里驻的是蒙师八师，师长木克登堡。另有喇嘛和蒙民各两千余人，设防亦极严密。由庙南面到庙的大殿还有相当长的距离，欲进攻盘踞在庙东边房院之敌，很难迅速接近。

因此，我军采用汽车载部队快速接近和攻击，即首先以汽车载四二一团之张振基连为突击先锋队，由山的南口外，一直向庙的大殿东边驶入，在进攻前进中，汽车司机张仰贤虽臂部被敌弹击伤，但仍坚持继续驶至敌人占据地点附近，使我突击先锋队得以利用地形、地物展开强攻。我后续部队亦即顺利到达，于十一月二十四日夜十一时，先锋队攻敌巢穴开火，二十五日拂晓，我攻击部队全部攻进庙里，占领了各据点。由于战士勇敢，在骑兵配合围攻之下，除蒙骑兵八师部分逃窜外，其余日伪军大部被歼。迄收复百灵庙，结束了战斗之后，始知有日寇名胜岛者，潜伏在百灵庙喇嘛中做间谍工作已有十余年。据说，当胜岛逃跑时靴子亦未及穿着，便与木克登堡狼狈同逃。

当我军胜利地于二十五日完全克复百灵庙之际，四二〇团在乌兰花也已侦知南油房、哈拉以力更至大庙（即锡拉木楞庙）间，驻有步骑日伪军，遂即先向南油房之敌展开攻击。敌不支，往北逃窜。四二〇团即占领了南油房。因我军已克复了百灵庙，驻哈拉以力更、大庙之伪蒙军，亦派人来接洽,愿向我军投诚,及谈议成,安华亭、王子修、金宪章、井得泉、石玉山等各自把日寇指挥官杀掉,率部反正(金宪章、井得泉反正时间稍晚),嗣经傅予改编为正规军:新骑三师井得泉、新骑四师石玉山、暂五旅安华亭、暂六旅王子修,随即傅指定了各部驻地,并予慰问。只有金宪章在大庙反正,经改编为暂二旅后,由阎锡山调到山西去了。于是,四二〇团遂进驻大庙防守。

百灵庙一战,不仅粉碎了日寇指挥伪蒙军进犯绥、包之阴谋策划,而且也极大地鼓舞了全国军民的爱国精神。

一九三七年(民国二十五年)二月,农历腊月中,四二二团奉傅军长命令开赴绥北大庙,接替了四二〇团任务,戍卫绥北门户,一面戒备,随时准备与日伪作战,一面构筑国防工事。

至此时,绥远境内基本上已经肃清了日寇傀儡德王的羽翼之潜伏活动,消除了他对绥远境内地方治安之威胁。日寇阴谋挑唆德王再在绥远境内另搞“蒙古地方自治委员会”的诡计,亦由此破产。当时,虽然根据“塘沽协定”,日寇特务机关长羽山得以公开住在归绥,但已经是起不到什么作用了。

一九三七年春,绥远军民举行庆祝收复百灵庙胜利大会,各党各派及学者、知名人士、文艺工作者相继前来参加,当时执政的国民党派中常委汪兆铭、委员褚民谊、太原绥靖主任阎锡山,中共中央派南汉宸前来参加,学者傅增湘、傅斯年、刘半农等前来参加,上海闻人虞洽卿,文艺界崔嵬、陈波儿,等等,亦前来参加。此时,在绥远的晋绥军由骑兵军长赵承绶指挥,于归绥小教场举行了阅兵仪式,汪、阎、褚等还曾赴烈士陵园向长城、百灵庙抗日两战役牺牲的烈士致祭。

回忆一九三三年,在长城一线抗击日寇,使敌酋知道吞噬华北不能如在东北一夜之间巧取那样容易。以后虽又改变策略,利用蒙族王公、地主武装策划绥东独立,从此,直至一九三六年,先是在红格尔图骚扰,接着增加日寇,大举进犯,继而侵入百灵庙建立伪政权,绥远军民群情激奋,均认为“是可忍,孰不可忍”。在傅作义主席守土有责思想的支配下,绥远军民无不敌忾同仇。傅作义将军毅然决然指挥所部,于一九三六年十一月十九日扫平了红格尔图日伪军骚扰之后，又于同月二十五日收复了百灵庙。这次胜利捷报传出，不但使全国同胞和海外华侨舒畅了窒息多时郁结于胸中的闷气，而且也使爱国军民增强了收复国土的信心，特别是激发了抗敌的勇气。“不愿做奴隶……”和“打回老家去……”的歌声唱到哪里，哪里的军民的热血便沸腾起来。进入陕西的东北军和驻秦陇的西北军，尤其东北籍的青年军官“横戈立马，不欲久待”的要求，促成了举行“兵谏”的“西安事变”。不难看出，百灵庙的收复，可能也促发了西安事变这根导火线的点燃，因为就在百灵庙收复后的十八天，“西安事变”即突然爆发了。这一系列重大的历史性事件，表现了中国军民的抗战决心。日本军国主义者亦深恐中国抗日民族统一战线的形成，将使其侵华策略得不到实现，遂迫不及待地决定全面发动侵华战争。在某种程度上可以说，百灵庙大捷揭开了八年抗战之序幕。

五十九军抗战烈士纪念碑

【编者按】

1937年傅部守太原时，作者任傅作义部四二二团团长。本文是作者依据自己的阵中日记整理归纳而成，未曾发表。在作者后来撰写《三十五军抗战纪实》等资料时，本文是其重要依据之一。

另外，在作者留存的文稿中，还有一篇未发表过的短文，题为《忆太原突围，汾河夜渡》。此短文记述了作者在太原守城突围后的经历，时间上与本文紧密衔接。故尽管这两篇文章体例、风格都不尽相同，仍有必要将此短文作为本文附记，一并呈现给读者。

太原守城日记

一九八〇年

第一部分　战斗开始前（十一月四日至六日）

一九三七年（民国二十六年）十一月四日　晴

当前的态势：

以敌人已突破我娘子关防线，节节前进。我忻口守军亦已转移阵地。认为对此强敌作战，自非有坚忍不拔之力，在不可能之中求其可能，不足以转换大局，激励人心。尤须考虑到退却之损失，当数倍于战斗之损耗，且敌已深入，气焰嚣张，我们更宜抱绝大之牺牲精神，作强烈抵抗，使其知中国的寸土亦决不能拱手让人侵占。我总司令傅作义不顾一切决心率所部坚守太原城。

日前（十一月二日），我团（三十五军四二二团）奉令由忻口转进。于三日晚刚到阳曲湾，又得知即将开回太原，归还建制，归傅作义总司令领导指挥，守备太原城垣。

四日上午十时，旅长孙兰峰面谕：旅即开回太原，归我总司令指挥，归还建制，着即迅速整顿集结。当即传知各部，迅速整顿，于下午五时集结完毕，六时由阳曲湾出发。

下午十一时，本团到达太原，暂住小东门内军校休息。随即将到达时间及驻地报告旅部。

十一时三十分，奉召到小校场营盘旅部会议，着本团自大东门至小东门之间的城外附近构筑防御工事。回团后，即带各营长至小东门视察地形，准备明天（五日）作工开始。

十一月五日　晴

上午二时，奉旅长代电如次："奉总司令电，命令，奉司令长官阎令，委袁庆曾为太原城关防守指挥官。

上午五时，协同各营长赴小东门至大东门之间侦查阵地。并将各营作工地区分妥，同时指导工事位置，决定后，令各营即时开始作工。

下午五时，奉旅命令如次：

1.旅为东城守备队，拟即占领阵地抗拒敌人。

2.第四二一团（附卫生队一排）即在东城墙南端第一突出部（不含）亘大东门（含）地区占领阵地，并在城外选定据点，迅速构筑工事。

3.第四二二团（欠第三营，附卫生队一排）即在大东门（不含）亘小东门（含）地区占领阵地，并在城外选定据点，迅速构筑工事。

4.第四一九团（附卫生队一排）即在小东门（不含）亘北城东部第一突出部（含）地区占领阵地，并在城外选定据点，迅速构筑工事。

5.各团战斗地境如下：

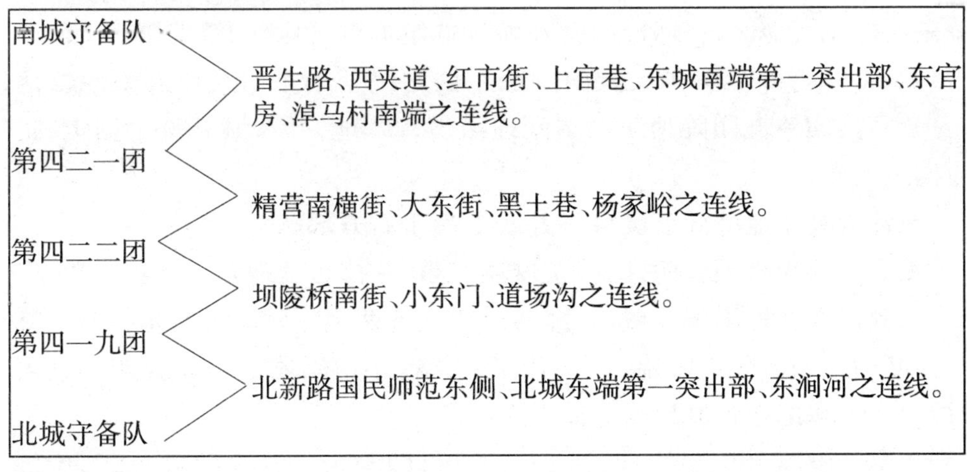

线上属右方守备部队。

6.炮二十一团第三营即在大小东门附近及东北城角上占领阵地，迅速构筑工事，准备协力各团战斗。

7.炮垒大队之一部（炮十六门）即占领既设阵地，迅速加强工事，准备协力各团战斗。

8.第四二二团第三营为预备队，位置于大教场附近。

9.旅及各团炮兵营、炮垒队、通信排、班，以大教场西端工程处为基点，旅向军、各团营队向旅，构成通信网。

10.枪弹纵列在大教场炮二十二团营房间设弹药交付所。

11.大接济及粮秣纵列在大教场炮二十二团营房停止。

12.余在大教场西端工程处。

右令

第四二二团王团长

旅长　孙兰峰

是日下午，补给各营之命令如次：

命令：

1.旅为东城守备队，拟即占领阵地，抗拒敌人。

2.四二二团（欠第三营）附卫生队一排，即在大东门（不含）至小东门（含）地区，占领阵地，守备城垣。并在城外选定据点，迅速构筑工事。

3.第二营即从大东门（不含）接四二一团阵地之左翼至美国义园南围墙东西之线间地区占领阵地，并在城外选定据点，迅速构筑工事。

4. 第一营即从美国义园南围墙东西之线至小东门及城外太原饭店（含），左接四一九团阵地之右翼间地区占领阵地，并在城外选定据点，迅速构筑工事。

5.各营战斗地境同上区分。并线上属于右方部队。

6.第三营为旅预备队，即构筑城墙工事，并修筑交通路。

7.各营之城外工事完成后，即各以一连或两连占领城外阵地据点。其余在城内就城墙既设阵地，第一营派一排在小东门城楼与左翼四一九团时取联系，掌握守备城垣。

8.第一营城外工事完成，进入城内后，即着第三连为团预备队，位置于小东门内南端团指挥所附近。

9.骑兵连、大小接济驮骡在南华门东端附近。

10.裹伤所在小东门内南端汽车房附近开设。

11.余在小东门内南端第一掩蔽部。右令

第一、二、三营

传达法:笔记送达

团长 王雷震

本日晚十时,将本团在小东门阵地配备情形报告旅如次:

1.我团在大东门(不含)至小东门(含)间地区及城外各据点已当地指导各营构筑工事,第二营占据城外阵地,第一营占小东门太原饭店之阵地,第三营卫旅预备队,除以一部协助第一营作工外,其余修理城墙工事及交通路。

2.各营现正在加紧构筑工事中。敬呈

旅长孙

四二二团团长王雷震

本日敌机数架在小东门外我阵地上投弹,我受伤士兵二名。

十一月六日 晴

一、本团各营连日来星夜构筑工事,加强阵地,并以麻袋堵塞小东门瓮城以作依城战斗之据点,配置各种火器,构成严密之火网,以期完全消灭接近我阵地之敌。

二、是日下午,据我派出于黑土巷之便探报称:有从距城东关约十四五里处逃来的老乡云,到该处之乘马的敌人有数十名。已转报旅。并令作工部队赶筑工事,严加戒备。

三、时日午后,闻北郊已有枪声。

旋据报告,敌于是日下午已到兵工厂北沙河附近,与我城北部警戒部队接触。同时,据报告,北营、鸣李等村,亦已发现敌人小部队。

四、本日我士兵在小东门外阵地作工时,被敌机投弹炸伤三名。

第二部分　战斗过程(十一月七日至九日)

十一月七日　晴

一、是日,本团官兵仍继续加紧作工,敌机虽在阵地上空不断肆炸,而我作工部队则更形紧张,愈加努力。

二、下午三时许,我派出之便探报告,距小东门十余里处,发现日敌之骑兵三四十名,仍在休息中。除报告旅部外,并着我作工部队严加戒备。至下午六时,我阵地前潜伏的斥候已在美国义园以东地区与敌骑探四五名接触,被我斥候击退。

旋又据报敌骑约百余名, 步兵二三百名已至距小东门约五六里之陈家峪。随即转报旅部,并将所得情况传知各部队严加戒备。

三、下午六时许,敌炮已在敦化坊东北高地黄家坟占领阵地,向我团阵地及小东门内进行试射。当即报告旅部。

四、下午八时许,城郊情况紧急。傅总司令乘车来我团守备地区视察,并携带各种慰劳物品,赏给各官兵,士气更为振奋。

是夜城北郊枪声异常激烈。小东门城外我团阵地工事已完成十分之六,仍一面加紧作工,一面严阵以待。

五、本日,我受伤官长一员(营附张楚汀),士兵十二名,阵亡士兵一名。

六、我北城守备队派到的兵工厂之部队(属二一八旅),于是夜已退回城内本阵地,守备城垣。

十一月八日　晴

一、晨六时至七时许,敌开始向太原城进攻,先以飞机数架向城内我军各阵地大肆轰炸,同时,敌炮兵亦向我团阵地猛射。唯我守兵仍均能沉住气,各自努力作工,加强阵地。

二、上午八时起,我团当面之敌借其炮火掩护,向我阵地强攻,其战况如次:

1.于上午八时许,敌先以其位于黄家坟高地之炮兵开始向我团阵地及我左翼四一九团阵地轰击，继以步兵约二三百名，借其炮火之掩护，向我团宋营小东门阵地攻击；同时，敌另以一部攻击我第二营阵地，经我小东门外太原饭店据点阵地之轻重机枪火力协助，我第二营对敌猛烈射击，加以有汽路之外壕之阻挡，迟滞了敌人进迫。敌被我击毙二三十人，对我小东门之进犯未能得逞，乃转向我左翼四一九团第三营阵地攻击。十时许，该团第三营阵地方面战斗激烈。同时，东山上的敌炮兵有继续射击并联合城北炮兵，以集中炮火，向东北城角轰击，竟将我左翼四一九团守备的东北城角之阵地上的城墙轰破一豁口，其阵地亦被敌突破。至十一时，敌即由该处登城。这时敌又以火炮轰击小东门城楼，城楼柱子亦已燃烧起火。迄与四一九团取得联络后，遂令我第一营并增派一排协同我城楼守兵防、截、堵由豁口登上东北城角南犯之敌。另以一部在小东门内城下附近对由此通往向北之各路口均严密防堵，阻敌南窜。并令城外太原饭店之第一连褚保国连长固守该据点，确保与小东门内之电话联络。

十二时，我第二营之部队因受敌步骑炮联合进攻之压迫，除以一部固守城外据点，其大部即由东门撤回城内，占领既设工事，守备城垣，并令确实掌握待命。这时，四一九团团长袁庆荣亦已负伤下去了。我当即向孙兰峰旅长请示，拟将作为旅预备队的我第三营集结于小东门内附近，准备进击由东北城角突入之敌。

2.孙旅长面谕："着四二一团之第一营和四二二团之第三营并四一九团之一部，均归王雷震团长指挥，进击由东北城角窜入之敌。"适，王代师长(思田)来，携款悬赏。孙旅长即从赏款中拿出三千元交给我，嘱由四一九团、四二一团、四二二团各选奋勇战士一连，每连先赏洋一千元，着即时进击。并谓："如逆袭成功，收复东北城角后，总司令另赏洋五万元。"我乃将已领到之赏洋三千元，即在小东门附近分给各该团的营长，令其转发给各奋勇连战士。

3.随即令我安春山营长率领四一九团、四二一团之各奋勇连，及该营的一个连，攻击由东北城角窜入之敌。

此时，有一股敌人已窜入同蒲铁路管理局，又有一股已窜入国民师范。我安营长除以一部占领军校内东北角之老虎山，一部封锁了东北城角内城根附近通往敌方之道路外，另着排长吕米先率本排歼灭同蒲铁路管理局内之敌。

第七连姚志德连长，率本连(欠一排)沿着城内城根底，攻击东北城角城上之敌，同时，我令郁传义营长率四、五两连之各一部，准备支援第三营。令以四二一团张振基营(欠一连)及四一九团之一部控制于小东门内附近马路以南汽车厂之线，对通前方各路口严密戒备，防敌南窜。

至下午四时许，我吕米先排即将同蒲铁路管理局大部夺回，尚有残余敌人已被我包围，正在歼灭中。同时我第七连在郁营支援下向东北城角之城上敌人进攻，该连之曹学成排长身先士卒，击溃城上之敌，拔掉了日本膏药旗，并击毙敌大尉中队长一名。至此，东北城角亦已被该第七连完全收复。

即向旅长报告如次：

①我第七连姚连长所部在郁传义营之一部支援下，已于下午四时许将东北城角完全收复，击溃了城上之敌，并拔掉了日本膏药旗，并击毙敌大尉中队长一名。

②我第九连亦将同蒲铁路管理局内之残余敌人包围，正解决中。谨呈

旅长孙

第四二二团团长王雷震呈

同时，将以上情况由电话报告总司令。

4.下午五时许，小教场营盘西北端陆军监狱附近已有敌之轻机枪及步枪声，疑是向营盘旅指挥所射击。敌隐伏城内之汉奸亦四处活动，电话线随修随断，情况不很明了。在闻得枪声之后，我急赴旅指挥所联系，始知旅部通信传达兵已有负伤者。斯时，旅长已到四二一团。我乃着旅部之史清选副官长指挥旅部特务排长孔庆升严密戒备。又为保障本团右后方之安全和卫护旅部，我即与史副官长商妥，以本团预备队一个排协助旅特务排，歼灭小教场营盘西北之敌。至下午六时，该方面之敌被我完全击退后，向西窜去。且正拟请示旅长关于夜间逆袭歼敌之计划，适旅部派传骑传送来转进命令。

三、我军英勇歼敌，有突出事迹如次：

1.于日敌占据东北城角之后，又有向小东门我团阵地侵扰之态势，情势甚急之时，领命向东北城角城上之敌攻击的排长曹学成身先士卒，有

进无退，在敌炮火下敏捷指挥，猛冲至城上，率部击毙敌人二三十名，并击毙敌大尉中队长一名，拔掉了敌人的膏药旗，遂完全收复了我邻接部队四一九团之东北城角阵地而占据之。此时，曹排长竟以头部重伤，忠勇殉国。

2.窜入太原城内之一股日寇占据我同蒲铁路管理局后，排长吕米先奉命率领所部以迅雷不及掩耳之行动，将管理局包围，以手掷弹消灭敌人，连续攻占两个院落，将敌人大部消灭，并救出我四一九团徒手兵十余名。正当歼灭盘踞在后一院落之敌时，吕排长左腿负伤，但仍忍痛不退，奋勇指挥。只以伤势过重，不能站立，始为其战友强行扶下。临行之际，仍再三嘱告战友，要坚决完成任务，肃清残留的敌人。

四、截至下午七时，毙敌一百多名，其中有敌大尉中队长一名。我方受伤官长四员，士兵六十三名；阵亡官长三员，士兵三十七名。

阵亡官长：曹学成、钟义为、郭芗庭；

受伤官长：蔡苏民、叶占清、吕米先、杨秀芹。

五、下午七时，奉旅转进命令要旨如次：

1.旅向晋祠转进；

2.该团于本日下午九时撤退，出新南门或大南门，到晋祠集结待命。

3.阵地留置少数掩护部队，俟大部撤退一小时后，续撤退。

4.余先至晋祠等候部队。

我当即给予各营、连之命令如次：

命令：(十一月八日下午七时，于小东门内团指挥所)

1.旅即向晋祠转进。

2.本团在汾河桥（太原省城西南）西端汽路附近集合后，即沿汽路向晋祠转进。

3.本团于下午九时开始撤退，出大南门或新南门，其撤退次序如次：

大小接济由骑兵连掩护，于本日下午八时，先向汾河桥西端集合地点集合后转进。

第四一九团张营，即向袁团长取联络，转进。

第四二一团张营，即向刘团长取联络，转进。

第四二二团第三营，于下午九时撤退时，并酌留少数掩护队。

第一、二营于第三营撤退经过小东门内团指挥所时，该两营即一同撤退，并由第一营在小东门酌留少数掩护队。

第二、余带通信排跟第二营到汾河桥西端汽路附近，集合本团部队后西进。

笔记送达

团长 王雷震

六、转进

晚十时抵新南门，因城门未开，遂至大南门，不料该城门仍未大开。各部队已拥塞，不能畅通行动。以致各重兵器与骡马均不能出城。虽步兵部队亦不能顺序而出。迄我带官长士兵数十名出至城外，即闻城内枪声四起，并见火光烛天。城外各要路口多有敌人伏击。及绕行至汾河桥时，那里已为敌占据堵击，不能通过。于是沿河岸南下，至河幅较宽处，实行徒涉，始渡过汾河。

十一月九日 晴

渡过汾河，乃集结率领之官兵，越过汽路，向西山方向转进，见敌人之坦克约十余辆已往来游击于通往晋祠的汽车路上。因此，知原规定在汽车路附近集合部队到晋祠去已不可能。此时已是九日凌晨，在不便持久等候本团后续部队到来的情形下，只好继续西行，并探寻军部之所在。

拂晓时，我率官兵四五十余人爬上了西山顶。这时方打听得我三十五军已陆续通过西山向西转移矣。率队追行，直至古交镇始跟上军部，一同西进。

此后，行经离石境至石楼，复又移至柳林，集结整军。

【附记】

忆太原突围，汾河夜渡

一九八二年

一九三七年十一月四日晚，四二二团到达太原。五日进入城防阵地，准备死守太原。经过三天的激烈战斗，八日夜，我团接到旅部派传骑送来“旅向晋祠转移”的命令。我当即布置各营依令撤退。

因为城门堵塞未开,人员队伍、骡马辎重挤作一团。我随即以四二二团团长身份,指挥守南面部队的战士拆去土麻袋,但是队伍复杂,多有不听指挥者,只是抢着往外挤,越是挤不出去,拥挤的人越多,简直是人踏人,争挤作一团。我也几乎被挤死。后由我团通信排的吕安良班长带来两盘大绳,我们始从南城缒出城外。

此时敌人已迫近城关,大南门已发现敌情,不能通过。我们只得绕道向西南方向走,再朝着汾河桥前进。不料敌人已在那里堵住路,用机枪火力封锁了桥口。我们又只好沿汾河再向南行。沿途听到陷入汾河内的人声嘈杂,怪声喊叫,简直是神哭鬼嚎一般。再经大营盘西侧至亲贤村西南附近,观察汾河的幅度较宽,从此过河者已极少,遂决心由此渡河。只是过去在太原曾听得人讲过,“汾河夜渡”是阳曲县八景之一。因为从汾河徒涉必须要在夜间,由于河底是细沙,易陷人。至夜间河底较硬,方可徒涉。还有个经验,徒涉河时,且不可穿鞋袜和裤子,如相跟人时,最好是手拉手,成组的徒涉,以免陷入泥沙里,拔不出腿脚来。我一面脱鞋袜和棉裤,一面给他们讲,有的听话,有的就不相信。在我这一组携手徒涉至河当中,就有一个战士陷下去了。我赶紧让把我的毛毯扔在河里,使他爬行,这才拔出腿脚来。好容易快到河对岸,离河岸不远了,而我们的副官宁振清又陷进去了。我又赶快把我的皮大衣扔在河里,使他爬行出来。就这样才勉强渡到汾河西岸。但是因为在河里救援随行的战士,不仅把毯子、皮大衣为救他们而扔在河里,而又竟把我的鞋袜也掉在河里了。此时,河已结冰,幸而我的棉裤未丢掉,尚可少受些冷冻。但因田地里的庄稼刚收割了,遍地是谷茬、高粱茬和割倒的苇子茬,我既没有鞋袜,怎能在田地里走呢,加之在城门洞指挥拆除麻袋时,有些人拉着马硬闯,马在我两只脚上各踏了一蹄子,经过涉水和冰冻,两脚肿痛,又没有鞋袜,真是举步维艰。跟随我的人脱下他的鞋让我穿,可是他们莫非是铁脚,若不穿鞋,不是同样不能走吗?我让他们先走,而他们也不走,有的要背上我走,我也不肯。在这情况下,就耽误了很大时间,想不出办法。

忽有人从我身旁经过,听我说话的声音,他叫了我一声:“营长!”我抬起头一看,认得他是我当营长时第六连的班长高明仁。我接着叫了一声高明仁,问他现在那个部队,他说:“我在旅部当弁目。”他问我:“你为什么不走呢?”我说:“我的鞋袜都丢掉在汾河里了,走不成了。”他说:“我还有一双鞋,给你穿上,快走吧!”顺手从他的小包袱里取出一双新礼服呢鞋给了我。我看大小还合适,无奈我两脚伤肿,穿不上。恰巧我身上还带有一把小剪刀,乃把两只鞋各剪开一豁口,及至穿上,正合适。我对高明仁说:“同志,谢谢你!多亏你,不然我是不可能走得动的。咱们一起走吧。”于是相跟着进入芦苇地,直走至天将要明的时候,才走出芦苇地。但不见高明仁同志,不知他走向何处去了。我问相随的人,他们也不知道。当时以为他是山东人,一定是在我们所属的旅部,所以未问他所在的部队番号,以他只说是在旅部当弁目嘛,况且我们旅长孙兰峰是山东人,旅部自上而下的清一色是山东人,可能是我们旅部的弁目吧。后来,专去到旅部找弁目高明仁,哪知一问之下,在我们旅部根本无此人。这说明我太粗心,未问他是哪个旅部的弁目。现在想起来,很是遗憾。

当我穿着鞋,通过芦苇地,过了公路就爬西山。在爬山时,由于有鞋无袜,及爬到山顶,两脚又被荆棘划得脚背成了血淋淋。这时敌人的坦克已在公路上从太原方向驰来,一面向前驰行,一面用机枪向公路两旁的散兵扫射,一直向晋祠方向驶去。在上空则有飞机侦察,并向地上扫射。我在这时,就躺在山头上的大树下,暂作休息。

休息起来,继续前行。到下午约三点钟时,行至一山沟,路过一户人家,是新建的院落,经过门前,闻得饭香,想起过去旅店门上都挂着“闻香下马”的牌子,我虽然无马骑(我的马早已丢在太原了),用不着下马,可是却突然觉得饥饿难耐,不由得回过头向那边看了看,正好看见院门前有个军官,是跟过我的,名字叫张仰哉(垣曲县人)。他向我打招呼,叫我跟他进去之后,见他们正在吃饭——羊汤面。我心里说,怪不得我在门外就闻到院内很香,原来如此。张仰哉让我一起吃饭,对他的战士说:“给团长舀一碗来。”那位战士边盛饭边说:“毬,‘团长’,一毬样。”我也笑着说:“可不是一毬样嘛!”大家都笑了。因为在这样情况之下,大家岂不都是一样吗?若不识时务,在这个时候,还要摆官架子,恐怕连一碗羊汤面也吃不上了。

饭后继续西行。本团通信班长吕安良见我没袜子,脚又伤肿,给了我两块纺绸手绢,让我把脚包裹住。我只好就把手绢当袜子,包住两只脚。直到中阳县,我才买了一双袜子,穿在脚上。随后,一直跟队伍步行到石楼县。

【编者按】

本文是为纪念辛亥革命70周年,应北京市民革的约稿要求而作。后未正式发表。本文的全文,包括文后注释,均系作者原稿。

我对辛亥革命的回忆

一九八一年八月

辛亥革命是近代中国革命史上的一件大事，它推翻了屈服于并勾结帝国主义势力对中国人民进行罪恶统治的清朝政府,推翻了中国历史上延续两千年之久的封建君主专制,把苦难深重的中国人民的革命事业向前推进了一大步。

辛亥革命的那一年——一九一一年,我正十三岁,在山西一个小县城读小学,地方偏僻,消息闭塞,对当时的情形追忆起来是很模糊的,但现在回想起来,记得在此以前,从大人们那里听说过“大地方闹革命党”云云,至于究竟什么叫“革命党”,革命党干什么?便不得而知了。如徐锡麟、秋瑾准备皖浙起义,刺杀清朝巡抚恩铭;黄花岗七十二烈士起义,谋刺清朝两广总督张鸣岐;以及谋刺摄政王戴沣那样重大的事,虽然均未得闻,但从初等小学堂老师那里也听到一些列强欺侮我们，八国联军进入北京,皇帝和太后逃至西安的传闻;国文老师也曾写出“西力东渐”的文章,让学生们阅读,并且对学生们讲述范仲淹做秀才时“以天下为己任”的高尚品德,还以顾亭林“天下兴亡,匹夫有责”的名言灌输学生来激励青少年学生。现在回想起来,老师们所讲的话是在灌输爱国主义思想,唤醒人民觉悟,是“言之有物”,并非“无的放矢”。

只是由于清廷深感其末日来临,对当时山西“义和团”闹事,镇压特严。派陆钟琦巡抚山西(陆钟琦是袁世凯的盟兄弟),正是在“义和团”事出之后,对山西统治特别残酷。更以山西交通不便,文化落后,使革命思想传播受到影响。思想比较先进的老师们，不得不用以古喻今之办法启发学生们的思想。

辛亥革命霹雳一声，震动世界，事件发生不久，就传到小县城。一九一一年冬天，传说于十月十日黎元洪的队伍在武昌举义旗起了革命。未几，又听说有些省份也起而响应革命，特别是不久，就传闻太原于十月二十九日，也起了革命，打死巡抚陆钟琦，由军界和学界成立临时新政团，公推阎锡山为都督，温寿泉为副都督。

接着革命党军队开到我的故乡稷山县，县官惧怕，关闭了城门，革命军在城外朝着东门架起小炮车，声称“如不开城门，就开炮轰击”。适有刚从太原回来的“革命党”学生王育仁，上城与城外军队答了话，开了城门，县官亦出城迎接革命军队入城，及革命军向西开走后不久，清兵便尾追而来，因未追及，便又折回东走。这时，地方人们都陷入彷徨迷惑之中，不论老少一见面都互相问讯，打听时局情况。后来，过了些时，便听到清廷逊位，孙文（逸仙）任临时大总统，在南京就职，国旗改为红、黄、蓝、白、黑五色，标志五族共和。这时，人们才看到时局明朗，如同云开雾散，社会上出现了新的气象，青年们感到新奇。

鼎革后，我接触到的变革，首先是剪辫子。先是，我县初等小学进步老师何德来，先把辫子剪了，别人观望了一个阶段，也有跟着剪的，在学生中，由于何老师剪辫子起了带头作用，我和同学王仕官、胡葆真也跟着把辫子剪掉。过了些时，其他同学也慢慢地都剪掉辫子。其次是废除清朝服制，老百姓打官司再不下跪，县官出衙免去了三声炮，不坐轿，也不鸣锣开道。

曾记得在庆祝建立“中华民国”时，我们小县也是张灯结彩，家家户户贴新对联，对联中有：“推倒专制政体，实行民主制度”，“革故鼎新，迎喜接福”，“开自由花，结平等果”……当时，我虽然还是童年，对于什么是政治制度，全然不懂，但是见到崭新的联语，好像真的换了人间，心情感到兴奋异常。当时，同学们谈及革命时事，大家对孙文领导同盟会首倡革命，推倒清政府，建立中华民国的伟大功绩，都是敬仰不已。同时，深切感到在学堂聆受老师教诲的个人对国家兴亡所负责任的真谛，产生了一种爱国从戎的心愿。

回顾历史，中山先生开创革命，经过了千万艰险历程，他领导的旧民主主义革命，没有成功，经过伟大的中国共产党的努力，在马列主义、毛泽东思想指导下，进行了新民主主义革命，取得胜利，并把革命推行到社会主义革命、社会主义建设阶段。全国人民正进行为实现四化而奋斗的新的长征，做着前人没有做过的事业。

今年是辛亥革命七十周年，政府准备于今年十月十日举行隆重的纪念活动。因为辛亥革命是伟大事业的革命先行者孙中山先生领导的革命，推翻了中国几千年的封建专制制度，建立了民主共和国，孙中山先生对中国人民建立了不可磨灭的功绩。为了发扬辛亥革命先烈的牺牲精神和发展革命的爱国的统一战线，加强中华民族的大团结，促进台湾早日回归祖国，体现祖国的大统一，这次举行辛亥革命纪念活动更有重大的现实意义和深远的历史意义。作为一个在党统战政策下愿做促进实现党的政策的忠实助手，尤其是民革成员，值此伟大光荣的纪念之际，我怀着兴奋欣悦的心情，自然是积极参与这次辛亥革命之纪念活动。

现在回忆七十年前辛亥革命的往事，所记不多，这一历史性事件在当时一个北方小县城引起的波澜，仍有点滴记忆，兹略书所记少年时期见闻所及，并献诗词以表纪念。

（一）

革命义旗飘武昌，神州遍地现曙光。
世袭帝制从兹废，民主开基庆无疆。

（二）

并州举义赖同盟[1]，屏障井陉靠禄贞[2]。
巡抚堂前陆抚毙[3]，冲锋全恃弋价营[4]。

（三）

陇鹤筹策重耳返[5]，袁氏自怜哀友情[6]。
三晋豪雄风云会，纵横捭阖多俊英[7]。

注:

①指辛亥革命前,山西青年参加同盟会员,从事革命活动者甚多。

②吴禄贞为在清新军任第六镇统制之革命党人,与山西省新军阎锡山取得联系,图组织起义,在石家庄被袁世凯派人刺杀。

③陆抚,指清廷山西巡抚陆钟琦。

④弋价(音"介"),即姚弋价,为当时山西新军第二团的营长,首先攻陷巡抚衙门,击毙巡抚陆钟琦。

⑤陇,指赵戴文(字次陇);鹤,指张培梅(字鹤峰)。重耳,晋文公(名重耳)。按山西起义后,清兵反攻,阎锡山逃跑(见注六),后由赵、张等策划收复太原,阎再返。此处借指阎锡山依别人之二次返并。

⑥袁氏,指袁世凯,袁与陆钟琦有私交友谊,当清兵卢徵祥率部入晋,进攻太原,阎锡山退出,走包头。已而清兵卢部撤离晋,阎在再返并时,袁乃阻止阎返并,亦不认为阎是起义军,盖为报击毙陆钟琦之怨也。

⑦当山西新军之团长阎锡山及黄国梁等响应武昌首义,于太原起义时,犹有其他同人也参加起义,此处泛指如赵戴文、张培梅、温寿泉、张树帜、景耀月、刘劝功、续同熙、杜尚华、田应璜、赵丕廉、景定成等人。

【编者按】

本短文成稿于作者去世那一年的年初，誊抄后未送出，是应何人之约而作，不得而知，似未曾发表。

晋绥军之分裂

一九八三年一月二十日

晋、绥之关系源远流长。晋绥军亦原属一个体系。

绥远地区在清代时乃属漠南蒙古之地，因派绥远将军驻守于此，故名绥远。朝廷所设的归绥道，即是属山西省所辖。一九一四年，袁世凯政府将之分出山西，建立绥远特别区。至民国十七年（一九二八年）北伐战争之后，改为绥远省。据阎锡山说，是由他呈报中央，将绥远特别区改为绥远省的。山西和绥远不仅地域毗连，而且长期以来，晋绥两省的政治、经济、军事系统等，亦形成一个体系。

可以说，所谓晋绥军就是属于一家。阎锡山亦经常以“晋绥十万兵”自诩，绥远特别区的都统或绥远省主席的人选，也皆为阎锡山所推荐任免。

一九三七年七七事变后，日寇侵华，从平绥路西犯。阎锡山为先保卫山西，乃命令时任绥远省主席的傅作义放弃守绥远省国土之责，而着其率所部三十五军的六个团转入晋北，参加山西境内抗日。傅作义统领的这部分队伍参加了山西平型关、忻口、太原守城等诸次战役，损失甚巨。太原守城失败后，一九三八年一月，傅部在晋西石楼、柳林补充整训，准备再继续进行抗战。

一九三八年十二月，蒋介石在陕西武功召开军事会议，傅由河曲戍地前往参加。会后，宣布调傅作义为第八战区副司令长官，率所部进驻绥西，副司令长官部即设在河套。其后勤与兵员补充均归兰州第八战区兵站监部序列补给。于是，傅回绥远省守土是终于如愿以偿了。

一九三九年一月，傅返回河曲戍地，即从事调动部队开往河套。首先是一〇一师，其次是二一一旅（独立旅），于一、二月间先后到达河套地区。傅亦于二月由河曲到河套之五原，组建第八战区副司令长官部。其所部七十三师仍留在晋西北，以防日寇乘隙窜进。从此，所谓晋绥军之傅作义部，也就脱离了阎锡山的指挥掌握。

先是，一九三八年秋，在晋西北河曲重整部队时，傅部三十五军编为两师一旅，均三团制，即一〇一师，以原属之两个团和由山西独立第七旅之一个团编成之；二一一旅，则以原属之两个团和由山西保安团之新十团编成之；其七十三师是由山西部队拨归的，原带有两个团，另以三十五军原属之四二二团合编成之。

此时我担任四二二团团长，当宣布我团编入第七十三师之后，我谒傅，请求调整。因为我对七十三师刘奉滨师长并不相识，最近刚刚相处了一个阶段，也不过是间接隶属关系。希望将四二二团调回二一一旅建制，以利抗战。当时，傅对我说："七十三师已拨归本军建制，把你团编到七十三师，还是由我指挥嘛，你去吧，以后有什么问题，你来找我。"我只得听命而退。

一九三九年二月，我团在山西神池县九仁村附近与日伪军战斗刚结束，及移驻四十亩沟，由正值度过春节，即接到师部命令称：奉军部电令"前方情况紧急，着四二二团附炮兵营，即刻出发开偏关"。当接到电令之际，炮兵营附杨耀康带部队已由师部（驻狮子坪）来到四十亩沟我团驻地。遂一同星夜出发。

次日抵达偏关，方得悉二一一旅已大部已过黄河。当我们与河曲军部联系，奉指示把部队带至楼子营后，又令我到河曲接受命令。迄在河曲奉到过河命令，我返回楼子营，发给了士兵鞋袜和干粮，接着我团和炮兵营即从楼子营过了黄河。

过河后，在狮子滩休息，刚刚架起电台，即接到师长刘奉滨电："王团长，前方情况如何？速复。"我当时没复电。及前进至十里长滩休息时，又接到刘师长电："王团长雨辰，前方情况如何？请速复。"想必是他们已知我团过了河了。此时我立即复电："现我团开抵十里长滩待命。"二月下旬，我团到达河套五原。

我团到达五原后，即参加傅部的军队整编。就在此时，阎电傅，要我带所部整团及蔡广训的炮兵营回山西。傅召我去，问我怎么办，我答复："我能从晋西北把整个一个团队伍带到绥西河套来，没一个兵逃跑。但是，我却没有本事再把他们带回山西去。因为这些官兵都是朝着您来的，不是我所能带来的。若阎总司令一定要我团回山西的话，我一个人回去交代吧，那队伍我是带不走的。"傅说："那么，你就挑选少数几个干部，并带上你团的'关防'和原花名册，去到河曲与杨维垣接头。你把那里一团新兵接过来，连花名册和'关防'一起交给七十三师就行了。你今天准备好，明天就走。"我说："好吧。"于是遵令行事。

我当天就把要带走的干部选妥，并准备好应携带的干粮、路费、文件等，向傅作了报告，准备次日动身。可是，到夜半一时许，傅又召见我，对我说："你不要去啦，我和赵印甫（即赵承绶）联系好了，把河曲那团新兵交给他们就完事了。"

时过不久，阎又派炮兵团长金振声来到河套，仍然是要把附属于三十五军的炮兵团（团长刘振蘅）带回山西去，然而还是未能带走。

从此，傅作义所带的军队即成为绥远省的军队，而与晋军分家了。但是，以受阎锡山长期统治领导的影响，在当时抵抗日本帝国主义侵略的共同目标下，傅对阎始终保持密切联系，直到抗战的最后胜利。

【编者按】

在这篇文章中，作者对自己在三十五军参加抗击日寇的重大战事进行了系统的回顾。作者生前，该文未得发表。2004 年，《山西文史》（内部刊物）第一期出版，刊发了此文。

该文原稿还包括作者当时所写的诗词共十余首，分别附于历次战役之后。由于这些诗作同时也被收纳在作者的诗集之中（见本书第三编：诗稿），为避免重复，遂略之。

三十五军抗日战争纪实

一九八三年

一九三七年七月七日，北平日租界的日军以演习为名，在河北省卢沟桥炮击宛平县二十九军驻军，继而袭击北平黄寺佟麟阁部队及南苑赵登禹部队。以当时二十九军军长兼冀察政务委员会委员长宋哲元回山东省乐陵县原籍扫墓，只有副军长秦德纯在北平城内指挥作战。及宋返平，为保护北平城内人民生命财产和历史文物古迹，免遭兵燹，遂留张自忠师长在平与敌周旋。宋率所部离开北平至涿县、保定构筑工事，准备痛击日寇。北平城内秩序，则由一些旧官员出面组成了北平治安维持会与日寇联系，借以维持。日寇就这样占领了我们祖国故都北平。

日寇于卢沟桥发动侵华战争的炮声，却震醒了睡狮一般的中国人，在国共合作抗日的形势下，中国人由一盘散沙，猛然转变为全国团结一致，是民皆兵地奋起抗日，保卫祖国，决将在中国土地上挖掘陷阱，布置火网，要驱使日寇而纳诸火网陷阱之中。其时，素怀爱国之心的傅作义将军和所部的爱国官兵，亦无不认为自己卫国有责，个个义愤填胸，振臂抗日。

一、绥远省傅作义率部出动抗日

日寇占领了北平，即分兵两路，一路沿平绥路线向西进犯，另一路沿平汉路线南下，追击二十九军。那时，汤恩伯十三军驻南口，驻绥东集宁的十三军所属之一个师，在早些时已推进至平绥线怀来以东至南口地区，归还建制。其沿平绥线西犯之敌，首先即与汤军接触。惟汤军以其补给线被截断，遂沿太行山向山西省境内退去。是时，傅作义亦已率所部由绥远省出师抗日。命令所部董其武二一八旅由绥直达察哈尔省之商都，继向张北、化德前进，掩护由平绥线东进的我军左侧之安全；傅则亲率孙兰峰二一一旅，李柏庆炮兵二十一团及李思温四二〇团（属二一八旅），乘火车东进，以阻止敌人西犯，而支援张家口。及二一八旅至张北，却被从热河入侵察省之一股敌人所阻，仍退回绥境。又有另一股敌人亦到张北，威胁张家口。这两股敌人会合后，在敌酋东条英机策划下，竟不去取张家口，而南犯郭磊庄、孔家庄，截断了平绥路。敌人如此策划，无非是妄图先打通平绥路，进占大同，入侵察绥两省，然后可以放手南下侵略山西。

1.三十五军部队至柴沟堡，在孔家庄阻敌

在当时情况下，傅作义同李服膺师长（六十八师，后扩编为六十一军）、孙兰峰旅长、李柏庆团长及李思温团长，均已到达孔家庄以西之柴沟堡。是时，原打算联合张家口刘汝明师，让其自张家口西进击敌背后，并令李服膺师驻天镇、阳高的部队东进，支援二一一旅先遣阻敌，以期合力歼灭当面进犯之敌。但刘汝明师受入侵察省之敌的牵制，为保护张家口，未敢行动。而李服膺对于调动其部队，态度暧昧，颇有难色，竟亦按兵不动。结果，使二一一旅先遣阻敌的刘景新四二一团在孔家庄阻击日寇，陷于孤立。此役虽重创敌人，但该团伤亡很大，其副团长亦阵亡，终以后援不济而奉令撤退。至此，傅电令驻绥北大庙（锡拉木楞庙）之我团（王雷震四二二团）即赴前方抗战。后获悉张家口刘汝明师及察省政府人员已撤离张家口，向南退去。傅亦只得率领所部二一一旅、炮兵团及四二〇团退回大同。

2.我四二二团奉令开赴前方抗战

四二二团于一九三七年八月十八日上午一时奉傅作义军长“铣戌参战”电令：“着即开回绥远集结，准备出动。”

我即率本团于二十日在大雨滂沱中离开大庙。二十四日到归绥，二十六日由归绥乘火车，二十七日到大同。

最初，在大庙驻扎时，听到七七事变的消息，我即刻把全团官兵集合在一起，听收音机播送报道日寇在卢沟桥炮击宛平县的侵华罪恶实况的新闻。众官兵听了无不义愤填膺，矢誓抗日报国，枕枪待旦。迄奉电令出动抗战，适出发时，又大雨滂沱，官兵个个雄赳赳，踊跃登程，气势磅礴，其爱国激情与英雄精神，于此可见一斑。伊庙喇嘛亦在庙前列队相送，并以奶茶饯行，意殊恋恋。

3.三十五军在平绥线孔家庄阻敌，未达成计划之主要原因

当部队开抵大同后，为了解前方作战情况，吸取经验教训，曾询问三十五军在平绥线孔家庄阻敌，未达成计划之主要原因，得知概略情形如次：

（1）在柴沟堡阻击敌人之战以后，傅还决定着李服膺师得用天镇、阳高已构成之国防工事阻击敌人。使之有利于尔后再会合三十五军部队，在大同以东与敌会战。而李师又未能全力固守原有阵地阻击西犯之敌。

（2）尤以驻守天镇的李生润团责任为甚。天镇县城是在盘山之西，山上筑有强固之国防工事。其守盘山之营，在敌炮弹轰击下，只顾钻在掩蔽部内，而不求积极杀敌，致盘山失守。而在天镇县城的团长李生润，因失掉盘山坚实有利的掩护，亦只得弃城而逃。

（3）李师守阳高县城的白兆瑞团长，亦竟怯于日寇之凶残，放弃守阳高县城之责，不战而走。

（4）由于这两个团长均在战阵中脱离部队，相继而逃，遂使敌人得以长驱西下，一直迫近大同。傅准备在大同以东对敌作战的计划终未及实现。（后来，阎锡山以李服膺师的这两个团长临阵脱逃，与修筑国防工事舞弊，即把李服膺绳之以法。）

这时，阎锡山总司令指挥部设在雁门关之太和岭口。他调傅作义到总部参赞戎机，不让三十五军部队返绥。

（按：傅作义所部没能在平绥线的孔家庄阻挡住敌人，又没能实现其拟在山西的北大门——大同以东抗敌作战计划，从现象上看，是李服膺不积极抗日又不接受傅作义的调动和部署；实质上，由于李服膺是要直接听阎锡山的命令，接受阎锡山的调动部署，要为阎锡山保存实力，他的作战不力，正是出自对阎的忠诚；这种表现，当然符合阎的心意。但是敌人已打进山西，这对阎锡山来说，亦是威胁：敌人已找到你的门上，你不打他，他还是要打你的。六十八师分驻天镇、阳高的两个团长，

相继临阵脱逃，放弃阵地；又以对构筑国防工事舞弊，这在李服膺都是罪有攸归，阎也难犯众怒。当初，阎还要让傅作义去参与审判李服膺案，被傅婉言辞脱。以此知阎确是有袒护李服膺之意。其所以把李服膺法办，也是阎为敷衍舆论，并向蒋介石交差。当时，傅作义是绥远省主席，本来守土有责，可是，阎锡山不许三十五军回绥远，而命令放弃绥远，还美其名为先保山西。关于此事，傅实有难言之处，从中亦可看出国民党内部在大敌当前之际仍矛盾重重。）

4.四二二团在大同阻敌及转移

四二二团到大同后，即奉命于大同以西之寨坡、磨儿岭、老爷庙之线赶筑工事，准备歼敌。至九月十一日，由本团派出之骑探和便衣队已与敌密探在前方陈家庄以北接触。是日的夜间，奉命令向阳方口转移，及抵阳方口，又奉令转广武镇，继至怀仁、山阴县之阳明堡，后转至崞县之大营村。当在此暂为休整之际，已意识到战火迫在眉睫，看见农民都急于秋收，即着本团以全力帮助该村老乡，加快收割秋禾，使老乡们能为避难而及时地准备所需要的食粮。

二、三十五军在平型关抗击日寇

1.平型关战斗

三十五军参加平型关作战的，有所属董其武二一八旅之李思温四二〇团，李作栋四三六团及孙兰峰二一一旅之王雷震四二二团。

由于晋绥军在平绥线孔家庄阻敌战后之转移，其西犯之敌，为了进犯山西便跟踪而来。日寇板垣师团亦由察省蔚县经山西广灵、灵邱直扑平型关。

阎锡山为加强山西防守力量，不让三十五军返绥。总部已决定令晋绥军在平型关抗击日寇，即以第六集团军总司令杨爱源任该处作战总指挥，第七集团军总司令傅作义任副总指挥。其参战部队，有陈长捷师、郭宗汾师及董其武二一八旅（归郭宗汾指挥）。并令孙兰峰二一一旅之四二二团为预备队，于九月二十日即推进至平型关内之红水南岸待命。

前线部队与敌接火不久，阎锡山即将杨爱源调去，着由傅作义接替杨指挥作战。连日来，敌机在上空配合其地面部队对我作战。在我军阵地上和我阵地后方，肆行投弹轰炸，但是我战士均能沉着应战。当傅接替平型关作战总指挥后，即得知八路军一一五师于九月二十日在进犯平型关之敌后方的蔡家峪伏击敌人一战，歼灭了日寇板垣师团后续之精锐部队约三千余人，并缴获甚多武器的胜利消息。这不仅给平型关前线部队以有力的支援和鼓励，而且鼓舞了全国人民抗战的坚强意志和胜利信心。当在红水南岸的四二二团接到八路军在蔡家峪截击敌人之大捷通报时，全团官兵都极为振奋，并异口同声地说："真是好样的。"这是国共合作抗日期间，八路军在山西境内由晋绥军配合下抗战胜利的丰功伟绩，也是抗日战争史上光辉的一页。就在此时，平型关守军已奉令准备出击。不料，由于杨澄源师之梁镒堂旅所守之茹越口受敌袭击，又以梁旅长阵亡，致茹越口与小石口阵地均被敌突破。

事先，郭宗汾曾向阎锡山建议：茹越口不能守。以此，阎同张培梅(当时军法执行总监)也曾亲自到那里视察了一番，亦确认为不好守，这时，阎司令长官总司令部尚在雁门关之太和岭口。以茹越口与小石口均在平型关背后，今该处既已被敌突破，则平型关守军，势必不能不全军撤退。阎的总司令部从此也就转移到太原去了。傅作义司令亦随阎同回太原。

2.四二二团掩护平型关晋绥军撤退及转移

四二二团于九月三十日上午一时许，接到命令："着即刻由现地出发，向东山底转移。就石灰里互寺子山以北高地之线，占领阵地，掩护晋绥军撤退。限过了三天之后，再到五台山集结待命。"在接受了这一任务后，我团即刻于夜间的倾盆大雨中由现驻地——红水南岸出发，拂晓时，撤至东山底。部署毕，遂按划分地区执行阻敌任务，在掩护我军能顺利撤退转移的要求下，开始破坏公路交通。凡是通往我方之山沟小径，均埋设了地雷、炸弹，截断或堵塞通路。在这三天里，全团官兵积极地做阻敌工事。在执行掩护我军撤退的任务时，虽遭敌机轮番轰炸和扫射，但都能想方设法胜利地完成任务。而本团派在前方之警戒部队，却已在桃园村附近与敌人接触，及已届命令规定的三天限期，当即按照命令指示"由东山底经过童子崖向五台山转进"，于十月三日下午到达五台山上。

及至五台，旋复奉令继续转移，五日到五台县之槐荫村。当日，由我三十五军汽车团接运本团全部到忻县之麻会镇。部队刚集合齐，傅作义军长即来驻地,并向战士们亲切讲话,慰问备至。讲话之后,还发给士兵每人现洋两元,以示慰劳。(按:四二二团自从一九三六年夏移驻外防,至一九三七年一月百灵庙战事结束后,又调驻绥北大庙戍守,至今已年余,战士们才见到傅军长的面啊!)

当时,据通报:平型关、茹越口、阳方口之敌,相继南犯,在崞县原平、忻口一带会战之势已成。四二二团到达麻会镇时,忻口前线已经开火了。面临直接参战之前夜,全团官兵热情高涨,抗战意志更加激昂。

后来,于一九三七年末,阎锡山退至晋南时,在临汾成立了民族革命大学。阎在大会上对从北平、天津、太原各地退到晋南的部分知识界人士作时事讲演,并当场解答人们提出的有关当前形势和抗战的一些问题。有一次,阎还谈到:

"月光笼罩清凉山(在五台山上),愁云暗淡。
晋绥健儿,洒泪离开平型关,
经过五台山,向忻口转进……"

当然,以上只是出自阎口的几句感慨的话而已。阎锡山为保存自己实力,不积极抗日,他哪里知道当时奋战沙场的战士们满怀义愤,以及未能与敌一拼而奉命撤退时的沉重心情!

三、忻口战役

忻口战役,是"七七"事变后,在华北抗战最激烈之一场战斗。

九月末,日寇突破我雁门关阵线阳方口、茹越口与小石口,遂致使守平型关之部队不能不脱离战场转移阵地。敌人始得以入侵繁峙、代县、崞县而径直进犯忻口,从而演出华北抗战之忻口大会战。

当时,正面之敌,为板垣师团、第二师团、酒井师团、铃木师团、关东军守备队第十五大队,独立第十一联队、十六联队、第三十二联队,正刚联队及伪满藏军炮兵一旅团,均归板垣指挥。

我方部队为六十一军、十九军、十四集团军及炮兵二十三、二十四、二十五、二十八等团,与三十五军之二一八旅、二一一旅各一部,统归第二战区副司令长官兼忻口作战总指挥卫立煌总司令指挥。傅作义任副总指挥。

在我方部署作战之初，郝梦龄军长与刘家麒师长竟被敌炮弹炸伤阵亡，人皆为之惋惜。

1.董其武二一八旅袭击旧河北之战

二一八旅的四二〇团与四三六团，于十月十五日到忻口，即奉令袭击忻口以北旧河北之敌。及推进至下王庄，首先进袭弓家庄，毙敌甚多。该旅伤亡二百余人。次袭击东泥河村，再重创敌人。该旅四三六团一个营伤亡过半。董其武旅长在下王庄臂部受伤，仍坚持指挥作战。后用两个团的主力袭击旧河北村，占领敌炮兵阵地，获敌山炮四门，弹药物资无数。遇敌占据一民房，顽强抵抗，乃放火烧掉该房，屋内敌人全被烧死。旋有敌增援部队伪蒙兵三四百人上来，当即给以迎头痛击。该敌也遭歼灭殆尽，其余向西窜去。唯该旅的两团官兵伤亡甚重。该旅以总部支援接应迟缓，奉令撤退。对拉不走的敌炮，即尽予炸毁。只将负重伤的官兵全部运回。

二一八旅这次袭击歼敌，虽未竟全功，但是确予日寇以沉重的打击。在中华民族抗战史上也增添了光辉的一笔。

2.孙兰峰二一一旅袁庆荣四一九团参加忻口战役

十月十三日，正面之敌猛攻我忻口阵地时，四一九团奉令进入阵地，增援了火线最左翼之独立五旅。

3.我四二二团参加忻口战役

二一一旅之四二二团由麻会镇逐次推进，十七日拂晓至忻口，归六十一军陈长捷军长指挥。即日奉令增援火线，接替中央二十一师六十三旅一二六团之阵地(官村以南高地)。我当即率领本团进入阵地，参加作战。

四二二团进入战场后，其左邻友军是独立五旅，右邻友军是一二四团。每日战况均很激烈。在白天时，总有敌机十数架，在本团阵地上空轮番投弹轰炸，其时间继续长达六小时之久。敌我相互炮击长时不断，尤其是敌炮火对本团阵地从右至左，反复施行制压射击，敌炮弹之散布，竟遍及于本团阵地。全阵地战士在烟尘中，常对面不能看清。但对监视前面之敌，始终未敢疏忽。阵地上的战壕、坑道及掩蔽部，虽屡被敌炮弹和飞机投下的炸弹摧毁倾塌，而战士们抱着宁被战壕土压伤，也不能被敌炮弹炸伤的原则，及时修补和加固战壕。迄至夜间，则有照明、烧夷、信号等弹，不时出现在阵地上空，照耀战场俨如白昼。

四二二团战士在对付敌人步炮空联合作战的战术时，始终采用近战歼敌的战法，即必须俟敌步兵接近至可以命中的距离时，始以集中火力，并使用手掷弹，予以猛烈之痛击。遇有停火间隙，即擦拭武器和修筑战壕工事。如十月十八日战例：

南怀花以东小红山（巳）之敌，约四五十名，在炮火掩护下，向我前线第一连阵地攻击时，被我战士们用近距离战法，予敌以歼灭性火力的打击，使敌受创，不支而退去。此后，尽管气焰嚣张的敌人，屡次使用步炮空联合作战的战术进攻本团阵地，亦未能越我雷池一步，并以其在此处攻击，受创伤甚重，遂转而向四二二团阵地右邻之友军阵地进攻。

（1）援助一二四团合力夺回该团所失的小红山（巳）阵地

起初，四二二团阵地右邻友军二十一师一二四团之张营阵地前方的小高地（小红山），被敌侵占，致使该营阵地有动摇模样。四二二团前线右翼第一连看出友军张营的不利情况，马上给以火力支援，使该营得以稳定。我以小高地（巳）被敌占领，对本团阵地亦殊不利。遂与一二四团协商，各派兵一部，分左、右两翼反击小高地（巳）之敌。旋由四二二团派兵一连，从左翼支援，一二四团从右翼进攻。经激战两小时，将该处敌人击退，收复了小高地（巳），交给张营再守之。

（2）支援右邻友军一〇五七团孟营及四二二团击退敌人并代为夺回其所失阵地

由友军四三二团(晋军)及一〇五七团孟营(陕军阎团)，接替了四二二团右邻友军一二四团阵地的次日(二十一日)，即受敌猛烈攻击，一〇五七团孟营之阵地被敌突破。该营官兵即纷纷退下来。因而也牵动了四三二团。看当时情况，势甚危急，大有不可收拾之势。目睹此况，我虽欲不顾一切对他们进行截堵督战，但因四三二团尚在一〇五七团孟营之右，鞭长莫及，且四三二团竟已转向后方退去，其所守之阵地，亦被敌占领。我只好就近急往截督一〇五七团孟营，令其前进，不要后退。幸该营官兵，在起初尚能用命，不意督促前进了约有二百公尺，方进至我的团指挥所右侧高地上，因受敌由(小高地)的射击，没能支持得住，又向后方退去，溃散无踪。在此危急之际，已不可能再去截督。此时实乃胜败关键之际，不仅是对四二二团的胜败存亡有极大之影响，与忻口全阵线的安全及整个山西战局前途亦有极重大之关系。

目睹此时危局，考虑到傅作义军长“为国家”、“为整体”的一向教导，不能不筹划应急之策。尤其以前次平绥线上孔家庄阻击日寇之战，李服膺为保存自己实力，贻害了大局的教训，加深了“为整体”的观念，已毫不计及保存自己实力。

斯时，本团第二营营长郁传义已率所部在本团指挥所附近占领阵地，掩护本团右侧之安全。我遂即由电话询问前线阵地上安春山营长有关实战进展情况，知阵地前方之敌，已被击退，现阵地安在。于是我决心本着在同一战场上，应相互支援击敌之精神，即以本团预备队向侵占了四三二团及一〇五七团孟营阵地之敌予以反击，借以维护本团阵地之安全。一面将此况报告二一一旅孙兰峰旅长，一面命令郁传义营长率部进击在本团阵地以右入侵友军阵地之敌，并抽调一部兵力，由宋海潮营长指挥，准备支援郁营之攻击。同时，令我炮兵射击制压敌之重机枪。

先是，在敌方高地设有一处重机枪巢，射击准确，火力甚炽。数日来，封锁了我方忻口前线通往后方的险要路口。凡是前线与后方联络，经过该要路口时，均遭受该机枪巢之射击，因而伤亡者已不下二三百人。至此时，这一重机枪巢，又为本团反击活动时最大之障碍。乃令本团所属炮兵连，将一门炮推前至第一线右后方附近，对敌机枪巢，先测好方向距离，并由前线观测弹距，修正偏差，用电话联系，对敌机枪巢做到准确之射击，务期能予以轰击而毁灭之。迄经我炮兵轰击之后，该处之敌重机枪果然从此销声匿迹，寂然无闻了。此举无疑是大有利于我部队之反击的。

此次反击，对敌激战约五小时，始将侵犯之敌击退。这时，郁营长头部已受伤，但仍在火线忍痛指挥。待四二二团完全恢复了本团阵地以右友军一〇五七团孟营及四三二团所丢之阵地之后，竟然无人接收。徒有四三二团王××团长和其中校团附屡福生来见我，当面一再表示，他们自己已无力量，不敢接收其阵地。遂不得不由我团抽兵一部，代为防守竟夜。同时，将以上情况及处理报旅，并请转报上级速派部队来接管我团暂为代守之阵地。

至次日(二十二日)上午六时许,八十五师五〇六团团长麋藕池率所部来,始接收了四二二团代守之阵地。

(3)派部队协助右邻友军五〇六团攻击该阵地前方小高地(巳)之敌

五〇六团麋团长准备攻击其阵地前方小高地(巳)之敌,请求我们在原代守阵地上酌留一部分兵力,以便协同该团守兵在他们阵地上加强戒备。以此,我团的一个连就留下来继续代友军防守阵地,未能及时换下来。后来,麋团长即将发动攻击,要夺回其阵地前方小高地(巳),又请求我团派部队协助。我经过考虑,乃请示孙兰峰旅长,孙许可,还说:“协助友军,若有牺牲,我决不嫌怨。”于是,我又抽调了两个连,着由团副秦文博指挥,相机支援,以壮声势。麋团经一日之激烈战斗,攻击受挫,损失甚巨。我团之支援部队,亦受到损失。至当日黄昏时,又改由五〇五团团长谷熹所部接替了五〇六团阵地,麋团长临下战场时犹对我说:“我们团上来时一千多人,经过这一天战斗,只剩下一百多人了。日本鬼子真可恨。”

(4)当面之敌向四二二团阵地夜攻之一例

十月二十四日零时三十分,当面之敌向我团阵地施行夜攻。先以步兵三十余名攻我右翼阵地,我守兵沉着不动,待敌接近我阵地三十公尺处,投出手弹数颗,毙敌十余名。既而,又有步兵二三百名,复继续向我阵地正面攻击,冲击五六次之多,我官兵均能运用近战歼敌的战法,沉着应战,激战约四小时之久,敌死伤一百余名,以不得逞,遂退去。适至拂晓,敌增兵三四百名,转向我阵地右邻友军五〇五团之阵地攻击的同时,敌又令(乙)、(丙)两高地之炮兵向四二二团阵地侧射。经我团附属炮兵与我团第一线之观测哨联络,对该两个高地施行制压射击后,敌炮始不发射。其攻击五〇五团阵地之敌步兵亦受重创,狼狈退去。

(5)敌以步炮空联合攻击四二二团及五〇五团阵地

至二十四日上午十时许,敌出动飞机每次九架,于我团阵地及预备部位置的上空轮流疯狂轰炸,同时以多门炮向我团阵地从一翼起作反复射击,并施放烟幕弹、烧夷弹,直至午十二时。在这约两小时的时间里,我部队的官兵于烟尘中对面而不能相见。此际敌未向我团阵地进犯,却以步兵主力三四百名进攻五〇五团阵地以右之友军七十二师四一六团,突破其阵地。在四一六团丢失了所占之高地撤退后,即牵动全局,致使全线动摇。

（6）四二二团协同五〇五团支援友军四一六团收复并稳定其所丢之阵地

为我右翼安全，并防危及全局计，遂即与谷团长商妥，协同反击该进犯之敌。乃令我团第二营郁传义营长率所部向五〇五团右翼增援，借以稳定战线。并将此情形由电话报告旅长，奉谕照办。

在谷团派出攻击部队后，我即偕同谷团长前往督战。我团增援部队一上去，即与敌接触，郁营长奋勇指挥，众官兵亦非常勇猛。在与谷团的战友并肩协力反攻后，敌死伤约一百余名，其余拖尸乱窜。未几，敌又以纵队来冲，同时以炮火及飞机投弹，向我反攻战线轰炸，战况尤为激烈。幸有我团第三营营长安春山在本团阵地上能沉着指挥，并适时地以猛烈火力向攻击五〇五团阵地方面之敌施行侧射。于是，我又令第一营宋海潮营长率领由阵地抽下来的两个连驰援郁营。在这次增援中，宋海潮营长虽二次负伤，仍坚持指挥作战。这时战况较前更为激烈，曾看到友军的一名战士被敌炮弹轰击，飞离地面两三丈高而旋落在我身旁。激战约四小时，始将该方面之敌人击退。我团郁、宋两营部队这次支援友军作战伤亡很大，可说也是有代价的。但令人惬意的是——四二二团与五〇五团的官兵，在协同反击敌人之际，自始至终能和衷共济，密切合作，团结互助，戮力杀敌。使得五〇五团阵地从此能稳定下来。其右侧友军四一六团阵地，亦得以恢复。

但是，所收复的四一六团防守的阵地，又出现了无人来接收的局面。结果，只好由本团郁、宋两营及五〇五团各派兵一部，代守至深夜。并即报告旅长，请上级速派部队来接收阵地。至后半夜，由总指挥部派来五〇九团，接收了我们代守之阵地，始将四二二团的郁、宋两营部队及五〇五团之一部，从代守之阵地上撤回来。

是夜，五〇五团亦因伤亡过重，由五一〇团接管了该团之阵地。

（7）主动支援友军，并为之收复阵地的效果

忻口战役中，我方阵地曾在十月二十一、二十四日两次动摇，其所以最终得到稳定，固然在于四二二团能及时主动地抽兵支援邻接友军，重视在战场上发扬与友军互相支援之精神，能够将“为整体、顾大局”的指

示见诸行动；也在于四二二团官兵爱国心切，同仇敌忾，个个奋勇杀敌，义无反顾；并与安春山营长能坚守本团之阵地，使本团得以腾出手来援助友军，亦殊有关。四二二团在这次作战过程中，鏖战十七昼夜，除在本团阵地上歼击当面之敌外，还先后四次派出部队支援邻接友军，并为之收复所丢失的阵地，挽回了濒危战局。当时，友军八十五师的官兵皆认为我团是晋绥军之特殊者，都以“黄王团”称之。本团之奋战，对于忻口战场上全军得能坚持到十一月二日夜，始奉命转移，亦微有力焉。

4.有关电令通报

（1）十月二十四日奉陈长捷副总指挥转卫立煌总司令命令——摘要如下：

A.派队出击时，保守原阵地为先决条件。

B.据报：当面之敌，向我六次攻击，总未成功，伤亡在八千以上。其后方（指日寇）受我八路军截扰，粮秣汽油俱绝，深为陷溺。官兵厌战心理，充分表露。

C.我八路军今晚起，以林三团，贺师主力，由原平东西及南三泉一带向平地泉永兴村线以南，深入敌方，袭敌侧背，参加本军原平以南之会战。

（2）十月二十五日奉陈副总指挥转卫总司令养亥电：——摘要：

A.各地区队，密切联系，以收指臂互助之效，甲亡乙不能幸免，利害使然。各级指挥官，应切矫敌不犯我、我则不打之恶习，切取联系，协同动作。

B.大阪《每日新闻》载称，忻口之战，截至巧日，日军陆续纵攻六日，我军顽抗，阵地无变化，甚为失望。

在日寇坂垣师团自己的《战报》上也披露——“初经忻口一战，估计太原指日可下，不料傅作义部三十五军上来，在忻口接战，使我军受到牵制，以致迟滞进展。”

C.十月二十八日，奉六十一军谍字第二五六号训令，案奉总司令部参字第六三五号训令开，“溯自铣日抗战以来，敌恃炮火、飞机协助，屡向我阵地猛攻。幸各将士深明大义，誓死支撑，苦战经旬，殊堪嘉尚，……”

是日，六十一军陈长捷军长令一〇一师、二〇一旅贾参谋及中校团附王缓等数人,来我团阵地参观工事。

5.四二二团奉命从忻口转移

忻口战役中,四二二团全团官兵与凶恶之敌鏖战十七昼夜,迨至奉命转移脱离战斗时,每个人在体力上虽不无疲惫,而杀敌之精神仍极为旺盛,抗战之意志仍极坚强。尤其在战斗中,轻伤不退出火线者比比皆是,受伤较重,送到后方医院治疗,为时不久,又返回前线杀敌者,实亦不乏其人。

四二二团在这次战役中,击毙击伤敌人约一千一百多名。本团官兵伤亡四百二十一名。

当十一月二日,奉命令脱离战场,由忻口阵地向太原以北之既设阵地(风阁、阳曲湾、蝎子寨、郭家窖)一线转移之际,犹有许多官兵来到团指挥所质问我:"咱们打的是胜仗,正待出击杀敌,为什么撤退呢?"岂不知之所以转移,乃是由于晋东娘子关失守,敌人已近迫太原了。

6.四二二团抗战英勇事迹

在忻口战斗中,不仅是负轻伤者不退出火线,本团官兵表现出的忠烈爱国之气概,奋勇杀敌,不怕牺牲的英雄主义精神,随处可见:

有的与敌人肉搏,同敌人一起滚下山沟,仍揪住敌人至死也不放开手。

有重伤者,经在战场上包扎所处理后,将他送往后方时,他犹大声喊"中华民族万岁"。

有炊事员送饭上来,转向一个战士说:"你来吃饭,把你的枪给我,让我去打死几个小鬼子!"

有战士说:"我负伤了,可是没有丢了枪。"

有的说:"我虽然负了伤,可是没有丢失了阵地。"

有的说:"小鬼子在我身上钻了两个窟窿,可是,我也打倒它几个强盗,是胜算的了。"

有的是一只腿被敌炸断,却对着另一个负重伤者说:"喊叫什么呀!咱们不是孬种,不要喊叫!"

众多英勇杀敌和忠烈牺牲的官兵,其可歌可泣之英勇事迹,又何止此!(另有《小英雄》专集记载。)

7."黄王团"的来历

在参加抗战之初,四二二团估计到抗日战争不是很快就可以结束,而且必然将有大军会战。为了在战场上容易识别出本团的官兵,曾呈请总司令部批准,在本团官兵左臂上佩带十公分见方之白布臂章,上印有黄色"王"字。在此期间,四二二团官兵均佩带之。

忻口作战时,二战区司令长官部于战场后方通前线的要路口派有执法队,并规定:"凡前线官兵到后方去,必须持有由各团发给的通行证,方可放行。"在那里排列着大刀队,架设了机关枪。如没带有通行证,认为是溃退下来的官兵,便就地正法。但是他们已知道"黄王团"在前方作战的情形,钦佩该团官兵轻伤不下火线的精神,所以凡是佩带有"黄王团"臂章从忻口前线到后方金山铺去取弹药,或是伤员到后方裹伤,以及向前线送水、送饭,不论早晚往来通过该要路口者,虽不持四二二团团部通行证,亦概不阻拦盘问。从此,"黄王团"的称号不仅在忻口战场上的作战部队知道,就是在后方沿途抬送伤兵的老乡也知道,并且还都争先抬送"黄王团"的伤员。伤员在被抬送途中,或是在后方医院,每有人问:"同志你就是忻口战场上那个'黄王团'的吗?"分外热情。这情况是去到大后方养伤的宋海潮营长、介仰推连长、张百应营附等官兵亲自见到、听到和亲身感受到,迄伤痊愈,回到部队后,又亲口向大家讲述的。"黄王团"这一荣誉称号是四二二团全体英勇官兵在抗日战争中流血牺牲所得来的光荣结晶。

四、太原守城

1.阎锡山在太原召集高级将领开守太原城会议

(1)会议决定由傅作义守太原城,并依城野战。

一九三七年十一月二日,第二战区司令长官阎锡山在太原召集高级将领开军事会议,研究太原守城部署。

关键是由谁指挥太原守城?起初谁都不说,后来多数人提出让守城名将傅作义指挥,傅说:"弃土莫如守土光荣,太原城我守吧。"阎表示同意。并决定依城野战。只是对守城部署,未作详细讨论,即散会。

(2)中共代表周恩来对傅作义表示守太原城，予以鼓励。

中共代表周恩来参加了阎锡山召开的这次军事会议。周代表对傅作义毅然担任太原城守表示赞扬，并对傅说："我愿代表中国共产党还有全民族，诚恳地对你说一句话：抗日战争胜利的基础，在于广大人民群众之深厚的伟大力量。请你保重。"傅回去之后，告诉王克峻说："决定由我们守城了。"并把周恩来代表对他所讲的话述说了一遍，还说："把周代表所讲的话记录下来。"

2.四二二团奉命回太原归傅作义总司令指挥守太原城

(1)四二二团开回太原及到达时情况

十一月二日，三十五军四二二团奉令由忻口阵地向太原以北之阳曲湾转移。于三日晚刚到达阳曲湾，又奉命即开回太原，归还建制，归傅作义总司令指挥，守备太原城垣。四日下午由阳曲湾出发，夜半抵太原城内。当时，看到街道上电线杆被敌机轰炸，竖七横八倒在马路上，城内电灯几乎全熄灭了，简直成了战时状态。急先率部队进驻军官学校休息。

(2)接受任务

部队刚住下，向旅部报告之后，旋即接到守小东门任务的命令。当夜即领着各营长察看小东门外附近地形。

至五日上午五时，根据旅部代电命令"四二二团在太原大东门(不含)至小东门(含)之间占领阵地"逐一给各营按划分地区分配了应担负的任务。由五日起，开始构筑工事。

3.太原城守备区域划分概况

(1)太原四城守备地区

北城　董其武二一八旅所属各团，以一部守北郊兵工厂。

西城　姚骊祥团。

东城　孙兰峰二一一旅所属各团。

南城　杨维垣旅。

(2)二一一旅守东城的部署命令

守东城的各团，从右起分别为：刘景新四二一团守备区，由城东南角(不含)至大东门(含)；王雷震四二二团守备区，由大东门(不含)至小东门(含)；袁庆荣四一九团守备区，由小东门(不含)至城东北角(含)。

（3）根据二一一旅守东城划分地区的命令，向各营及小部队下达了命令（见附录一）。

（4）敌我情况

十一月五日听说，在娘子关方面，因黄绍竑指挥之部队战斗不力，使娘子关失守。此时，娘子关入侵之敌和忻口南犯之敌的侦探已在太原城以东和以北两方的近郊出没。

4.六日午后，揭开了战斗序幕

——据派往东郊黑土岗（巷）的便探报告，黑土岗以东逃来的老乡说，距城东关约十四五里处，发现乘马的敌人数十名。

——午后三时，闻北郊有枪声。

——据报告，敌人先头部队于是日下午到兵工厂，在北沙河附近已与我守备队接触。

——同时，据报告，北营、鸣李等村，已发现敌人小部队。

——原规定守城的部队中有十九军（王靖国）部队，可是，在六日有十九军部队经过小东门四二二团阵地前边，络绎于途，越过太原城而南下。说它是依城野战的城外守军吧，却不占领抗敌的有利地形和据点。当时四二二团的军官曾问讯该部队中相识者："你们不是守城吗？"对方回答："你们守吧，我们不守了。"所有其他那些所谓依城野战的部队，也都不知到哪里去了。

——四二二团在小东门外阵地构筑工事的战士，有三名被敌机投弹炸伤。

七日战况：

——敌机在小东门外阵地上空盘旋，投弹。部队加紧构筑工事。战局亦愈紧张。

——下午三时许，据派出的侦探报告，距小东门约十里处发现日敌之骑兵三四十名，仍在休息中。

——下午六时许，据报告，在距小东门约五六里处之陈家峪发现敌骑兵百余名，步兵二三百名。同时，敌骑探四五名在义园（美籍墓地）以东与本阵地前方潜伏之我方密探接触，旋被我潜伏密探击退。

——向旅部报告上述情况，并传知各部严加戒备。

——须臾，敌步兵约二百余名，向四二二团阵地攻击，被击退。可能是佯攻。并且敌炮兵在敦化坊东高地黄家坟构筑炮兵阵地，也向小东门我阵地及城内射击，可能是试射。

——在战况进入紧张状态之际，有人传言："Fu(音)军长从城西南角出城了。"闻此，守备西南城和西城的官兵逃散了不少，都以为说的是傅作义军长。其实是副军长曾延毅出城了。由此误会，以讹传讹，影响、摇动部分军心，是为憾事。但动摇者，都是临时调归傅指挥守城的部队。原属于三十五军建制的部队官兵，都认为既然奉命令守太原城，就坚决和日寇决一死战，让太原人民给他们"盖庙"。明知是"装进棺材，还没盖盖子"，但也决不受副军长曾延毅出城的影响，而动摇其守太原城之意志。(在四日的夜间，我带领部队到太原，进驻军校时，曾延毅副军长亦住在军校。我首先见到他，他和我谈及守太原城问题，对我说："总司令不许人说太原城不能守，谁说太原城不能守，就杀头。我当时对总司令说，太原城是不能守，你守，我不守。"从他这番话看来，他临战而走，是早已打定主意的。)

——至下午八时许，城郊情况益紧张，北郊枪声很激烈。守备北城的二一八旅派在兵工厂的部队，已退回城内本阵地，守备太原城垣。

——这时，傅作义总司令乘汽车来四二二团守备地视察，并分送了各种慰劳物品，士气更为振奋。

此际，傅总司令在了解了我对部队的部署之后，问我："你把骑兵连的马匹和接济驼、骡放在哪里了？"我回答，放在城内。傅拍了一下大腿说："应放在城外嘛！"我说："我们是决心死守太原嘛！"我接着还向他报告了十九军沿太原东城外络绎南去的情形。看他的神情是有所思忖。

5.敌步炮空联合开始攻城

八日早晨，敌步兵约二三百人，凭炮火掩护，开始攻东城。先向四二二团阵地猛攻，以一部攻小东门宋海潮营阵地，(因宋海潮营长去后方治疗创伤，由关嵩峰连长代理营长)另以一部攻击郁传义营阵地。因我们阵地前有外壕之阻挡，两个营的据点之火力又能够互相支援，敌被我击毙二三十人。进攻我团阵地未能得逞，日军乃转向我关营左翼邻接部队袁庆荣四一九团攻击。十时许，敌突击队进攻该团甚猛烈。

——袁团阵地东北城角的城墙被敌突破。

此时，东山上的敌炮兵和城北敌炮兵，又以集中火力，向东北城角轰击，竟将四一九团守备的东北城角阵地上的城墙轰破一豁口。十一时，敌人即由该处登城。在小东门城楼上的四二二团关营之一部，对登上东北城角之敌逐进行堵截，防其南窜。而敌炮兵又向小东门城楼轰击，城楼柱子被炮击射中，已燃烧起火。四一九团团长袁庆荣可能是负伤下去了。此时，敌机频作低飞扫射，在军校后边操场投下麻袋状物体十余个，旋即不见，可能是空降兵。四二二团遂以一部在小东门内城根底附近，对北向之各路口均严行防堵，阻敌南窜。并令城外太原饭店之褚保国连固守该据点，确保与城内之电话联络。我把以上情况及处置，由电话报告了旅部。

——至十二时，第二营因受敌步骑炮联合进攻之压迫，除以一部固守城外据点，其大部即由小东门撤回城内，占领既设工事，守备城垣。并令第一营除在太原饭店据点留少数人固守，待命撤回外，其余部队均撤回城内。

——准备进击由东北城角突入之敌。请示机宜后，受命进攻。

我在布置防守本团阵地就绪之后，乃亲向孙兰峰旅长当面请示，拟将旅预备队安春山营集结于小东门内附近，准备进击由东北城角突入之敌。

孙旅长当面指示：着四二一团之第一营和四二二团之第三营并四一九团之一部，均归我指挥，进击由东北城角窜入之敌。就在将要行动之时，适有王思田代师长来，传达傅总司令的命令。

——傅总司令悬赏收复东北城角阵地。

傅总司令的命令："收复了东北城角城上阵地，赏洋五万元。"

当时王思田代师长把那赏洋五万元交给孙兰峰旅长。因此，孙旅长重新指示："由四一九团、四二一团、四二二团各选一个奋勇连，每连先给赏洋一千元，着即出动进击，如逆袭成功，收复东北城角后，即再将赏洋五万元如数发给。"

我领到给我团的三千元赏洋回到团指挥所，即宣布由安春山营长指挥四一九团、四二一团、四二二团之各奋勇连，进攻由东北城角窜入之敌，收复东北城角城上阵地。同时，传达了傅总司令"收复了东北城角城上阵地，赏洋五万元”的命令；传达孙旅长指示：“先给各奋勇连每连一千元，待收复了东北城角城上阵地，即再将赏洋五万元如数发给。”并在小东门内附近，将所领回之三千元，分交各团派来的营长，发给四二二团的即交给安春山营长，由他们就地转发给各奋勇连战士。然后就开始进攻东北城角窜入之敌。

——四二二团姚志德奋勇连，在郁传义营长率队协助下收复了东北城角城上阵地。

至下午二时许，安营长指挥的本团奋勇连（第七连）姚志德连长，在郁传义营长率队援助下，进攻东北城角城上之敌时，该连曹学成排长身先士卒，指挥所部捷足先登。毙伤敌人二三十名，击溃了城上之敌，并击毙敌人大尉中队长一名，拔掉了东北城角上的日本膏药旗。约至四时许，太原城东北城角的四一九团既失之阵地，已为四二二团第七连（奋勇连）完全收复。只是曹学成排长因头部负重伤，当时不幸牺牲，深堪惋痛。（后以是夜奉令转移，所悬赏之五万元，迄未从旅部领到。）

——安春山营长指挥各奋勇连继续进攻城内东北城角下之敌。

当奋勇连进攻东北城角城上之敌时，发现有一股敌人约四五十名，已窜入小东门内以北之同蒲铁路管理局。另一股敌人则窜入国民师范学校。安春山营长除以一部分兵力占领军校内东北角之老虎山，以一部分兵力封锁东北城角内城根附近通往敌方之道路外，另派该营第九连吕米先排长率所部围歼同蒲铁路管理局之敌。亦于四时许，将该敌大部歼灭，并救出四一九团徒手兵十余名。吕米先排长虽负重伤，仍继续指挥，务求全歼残敌，在此次战斗中，出力最大。

——二一一旅指挥所附近发现敌情，进入巷战。

是日下午五时许，小教场营盘二一一旅指挥所（在小东门内四二二团指挥所右后方）西北端陆军监狱附近方向，已有敌轻机枪及步枪声，疑是向营盘旅指挥所射击。因电话线随修随断，情况已不能完全明了。在闻得枪声之后，我急赴旅指挥所联系，始知旅部通信传达兵已有负伤者。此时，旅长已去四二一团，我乃嘱旅部史清选副官长指挥旅部警卫排长孔庆升等严密戒备。为卫护旅部并保证本团右后方之安全，我即与史副官长商定，以本团预备队一个排协助旅警卫排，歼灭小教场营盘西北之敌。

至下午六时，该方面之敌被完全击退，向西窜去。此后，听到断断续续，忽缓忽急的枪声，可知太原城内北部已进入巷战状态。总司令部电话亦不通。

——接到二一一旅转移命令。

正打算再向旅长请示有关夜间逆袭歼敌计划，适旅队派传骑送来“旅向晋祠转移”的命令。本来说是要死守太原城，官兵要以身殉国的，但此时既接到转移命令，只得依命令布置撤退。

——四二二团根据旅“着即向晋祠转移”的命令，向各营及小部队下达命令（见附录二）。

6.撤离太原城的转移情况

八日晚十时，到新南门，因城门堵实未开，遂至大南门，不料城门仍未大开。各部队争先抢着出城，致壅塞不能畅通。我拟指挥搬开堵塞城门的东西，但部队复杂，都不听指挥。各部队的人员和重兵器，骡、马、车辆等均拥塞在城门洞内，挤着出城，愈挤愈出不去。及出至城外，听到城内人声混杂，枪声不断，又看见城内火光冲天。而城外各要路口，又有敌步、机枪射击，还烧着一堆一堆的篝火阻碍我军的行动。及绕行至汾河桥，那里已被敌机枪火力封锁，只好沿河岸南下。当时听到有徒涉过河者，陷入泥沙里出不来的呼救声，尤感悲惨。后行至河幅较宽处，始徒涉过了汾河，越过汽车路，向西山方向前进。此时，敌人的坦克十余辆，已往来游击于通往晋祠的汽车路上。原计划在汾河桥西端汽车路附近集合部队，但由于出城、徒涉过汾河的混乱情况和各路口敌人伏击，部队已经支离分散，在危险地域亦不便再长时间等候后续部队到来，只得继续西行。拂晓至西山顶，检查所带官兵，只四十余人。探得三十五军已陆续通过西山向西转移，直追至古交镇始跟上军部。傅总司令向官兵训话说：“英雄不怕死，怕死非英雄，不怕死的跟我来。”

此后，行经离石县境至石楼。四二二团官兵共集合到三百余人。是役，突围的损失，较战斗伤亡的人数大数倍。后移至柳林方进行补充整训。

附录一:

命令:十一月五日于太原小东门内南第一掩护部

1.旅为东城守备队,拟即占领阵地,抗拒敌人。

2.本团(欠第三营)附卫生队一排,即在大东门(不含)至小东门(含)地区,占领阵地,守备城垣。并在城外选定据点,迅速构筑工事。

3.第二营即从大东门(不含)接四二一团阵地之左翼至美国义园南围墙东西之线间地区占领阵地,并在城外选定据点,迅速构筑工事。

4.第一营即从美国义园南围墙东西之线至小东门及城外太原饭店(含),左接四一九团阵地之右翼间地区占领阵地,并在城外选定据点,迅速构筑工事。

5.各营战斗地境同上区分。并线上属于右方部队。

6.第三营为旅预备队,即构筑城墙工事,并修筑交通路。

7.各营之城外工事完成后,即各以一连或两连占领城外阵地据点。其余在城内就城墙既设阵地。第一营派一排在小东门城楼与左翼四一九团时取联系,掌握守备城垣。

8.第一营城外工事完成,进入城内后,即着第三连为团预备队,位置于小东门内南端——团指挥所附近。

9.骑兵连、大小接济驼、骡在南华门东端附近。

10.裹伤所在小东门内南端汽车房附近开设。

11.余在小东门内南端第一掩蔽部。

右令

第一、二、三营,各小部队

传达法:笔记送达

团长　王雷震

附录二:

命令:十一月八日下午七时,于小东门内团指挥所

1.旅即向晋祠转进。

2.本团在汾河桥(太原省城西南)西端汽路附近集合后,即沿汽路向晋祠转进。

3.本团于本日下午九时开始撤退,出大南门或新南门,撤退次序如次:

大小接济由骑兵连掩护,于本日下午八时,先向汾河桥西端集合地点集合后,

转进。

第四一九团张营，即向袁团长取联络，转进。

第四二一团张营，即向刘团长取联络，转进。

第四二二团第三营，于下午九时撤退时，并酌留少数掩护队。

第一、二营于第三营撤退经过小东门内团指挥所时，该两营即一同撤退，并由第一营在小东门酌留少数掩护队。

余带通信排跟第二营到汾河桥西端汽路附近，集合本团部队后西进。

笔记送达

团长　王雷震

五、袭击离石之日寇

三十五军自守太原城突围后，部队损失惨重。如所属四二二团，到晋西北石楼县集合后，只剩三百余人。经整编补充，继开至柳林，始进行应机训练。

一九三八年二月十二日，四二二团奉命出发，进袭太原。至娄烦镇，因情况变化，遂转移水峪贯，旋以隰县不守，又转至临县之三交镇。三月十一日，本团奉命袭取离石。遵照二一一旅孙兰峰旅长指示，我团攻城部队李民济营，于十四日当夜十一时到达离石东关，做攻击准备。同时，我安春山营也到达距离石城东南约二三里之龙山，占领阵地，准备截击败退出城之日寇；四二一团张进修营，则占领城东北三里许的凤山。我攻城部队，也于夜十二时，开始行动。

十五日上午一时，我预选出之奋勇队，利用登城工具迅速登上了离石县城。初计划先开东门，因此，首先在东门内发生战斗。至二时许，李营已全部进入城内。一部分进行巷战，我三连排长杜景才进城后，率部向城内中学校敌司令部袭击。敌人发觉后顽强抵御，杜在激战中负重伤，毙伤敌人甚多，并大喊：“弟兄们，谁不能拼杀日本强盗，谁就不是中国人！”一部分在城上向城墙上的日寇猛冲，形成肉搏激战。这时，城上和城下杀声震天，敌尸横陈，已毙敌二百余人。残余敌人不断大喊“死守”。我李营亦伤亡甚巨，然仍奋勇杀敌，继续坚持巷战。

迄拂晓时,我袭击离石的进城部队未及完成任务,而汾阳日寇用汽车运送的增援部队,竟疾驰而来,并将我预备队郁营牵制于东面汽车路上,呈胶着激战局面。先前,在离石县城外汽车路附近的一所场院内,有我李营派在那里准备伏击溃退出城之敌的战斗小组。此时,该战斗小组也为日寇增援部队所包围,但他们始终固守据点,依墙壁,掏枪眼,奋勇抵抗,使用轻机枪,手榴弹击毙伤敌数十名。而敌人也用手榴弹由墙外向场院内连续投掷,激战终日,致我战斗小组除郭清海一人外,非亡即伤。在此情况下,郭清海仍然是沉着抵御,不断射击,或以手榴弹还击。直到黄昏时,他因脚部受伤而退入窑洞里,仍继续向外射击,杀伤了很多敌人。敌人明知我军伤亡大,仅有少数人在继续抵抗,但不晓得究竟有多少人,故不敢接近窑洞门。等到天黑,郭清海才携带着战友们的枪支,瞅出敌人监视空隙处,突围而出。我郁营也乘黑夜从汽车路战斗中撤下一部来,支援离石城内我李营作战。至十一时,我团奉命令脱离战斗。十六日上午一时许,始接出我李营在城内巷战之部队,并撤离了在城东汽车路上受敌牵制的我郁营之一部。之后,遂依照命令再向临县之三交镇转移。

此次袭击离石日寇,经一日血战,击毙伤敌约三百余人。虽未能全歼,但确给敌人以沉重之打击。我团官兵怀着爱国家、爱人民的赤胆忠心,勇敢杀敌,壮烈牺牲,实足以动天地而惊鬼神。此役,我团官兵伤亡二百六十二名。

六、挺战绥远之各役

四二二团在三十五军傅作义军长领导下,于临县三交镇略事整顿后,即奉令向绥远挺进。四月二十五日到达绥南和林格尔县(简称和林县)之大红城,据报告,喇嘛盖驻有敌部队,乃派我郁传义营(欠第五连)向喇嘛盖分进,以牵制该处之敌,使其不能增援和林日寇,以利我军对和林之进攻。我则率安春山营及王德臣连和山炮连,协同四二一团进攻和林县城,并以我团宋海潮营(李民济营长负伤疗养;宋海潮营长伤愈归队),为攻城预备队。

1.克复和林县及喇嘛盖之血战

四二二团(欠第二营)与四二一团于二十六日拂晓前抵和林城附近,当即部署,开始攻城。激战至十时许,城内日伪军二三百人,因受我两个团的步炮兵联合进攻和压迫,并见我突击队一部已突入城内,于是狼狈逃出北门,向城西北之石灰窑子山上溃退。我宋营跟着追击,该敌复向西北方向窜去。是时,接到郁营长报告,知喇嘛盖战斗激烈,情况危急。乃一面回示郁营长努力支持到午 12 时,我率队即可赶到;一面留安营协同四二一团肃清城内敌人,清理战场。部署完毕,我就急率本团宋营与王德臣连及炮兵连驰援喇嘛盖我郁营,期歼灭该处之敌。

先是,二十六日凌晨一时许,我郁营长率所部由大红城向喇嘛盖分进途中,即先与樊家窑所驻之敌人接触。激战约二小时,赖我杨善庆第六连官兵奋勇猛冲,将敌人击退,并占领该村。在此处击毙伤敌人二三十名,俘敌四名,获步枪六支,子弹五百多粒。

此后,我阎沧第四连与杨善庆第六连继续前进,在郁营长指挥下再向喇嘛盖进攻。及至喇嘛盖,与敌接火之后,冲击四五次,未能奏效。敌人的机枪火力及炮火甚为猛烈,激战至天明,始知该敌为蒙伪军骑兵第五师之全部,兵力胜过我营十倍。此时我阎沧连长已一再负伤,仍坚持指挥杀敌,终因伤势过重,为国牺牲。我郁营长在被敌包围的形势下,能够沉着应战,指挥其少数兵力,牵制了多数敌人,一直坚持到我增援部队到来。我由和林带领部队于当日午十二时赶到喇嘛盖,即刻参加了战斗,达成适时策应之效,解救了我郁营之围。该敌见我后续部队上来且已展开进攻,我炮兵也开始发射,于是未敢还击,即仓皇撤退,蜂拥而窜。

喇嘛盖一战,我击毙伤敌人一百余名,获敌之文件、给养、械弹甚多。此役,我官兵伤亡五十名。

四二二团于克复和林县,并击溃喇嘛盖之敌后,傅军长即进驻和林县。当夜下达指示:

1.董其武一〇一师由和林向归绥进发;

2.四二二团以一个营(安春山营)附山炮二门留和林担任警备。

3.王雷震团长率本团两个营附山炮一门,经凉城县以西之西沟门、五道窑向旗下营挺进,截击敌人。

我在出发前请示：如果我后方路线被敌截断，不能返回时，应如何行动。

傅指示：靠大青山，由后山取道到河套去。

2.旗下营挺进与察圪洞歼敌

四二二团（欠第三营）于四月二十七日上午二时，由和林出发，昼宿夜行，向旗下营挺进。二十九日，我郁传义营进驻得胜窑子，准备应战。三十日，我宋海潮营附山炮一门到达旗下营南山上。当即以一部至厂合少村戒备。继而按我们兵力和阻击敌人需要的地形要点，酌开启本团于一九三六年在此处构筑之国防工事，准备利用它截击日寇。一面派战斗组，掩护爆破班、便衣队破坏桥梁，砍倒线杆，剪断电线，一面派兵袭击旗下营火车站。当时，即有两名日本人在车站厕所里，自缢而死。余敌数人窜至车站西南之水磨村，也被我消灭。后来，由东开来增援归绥的铁甲车一列，载兵约五六百名，由于铁路和桥梁被我破坏，不能通过，即停止于旗下营以东铁路上。当时该敌约有数百人向斗金山阵地攻击，冲击多次，均被我击退。计击毙伤敌约四五十名。数日来，经我宋营在旗下营之截断铁路，阻击日寇，使得这段铁路在此数日内迄未能通车。我官兵无伤亡。

我团这次来到旗下营，老战士异常激奋，都认为能据守当年自己亲手构筑的国防工事，犹如回到老家。满怀坚定之信念和决心，要凭借此坚固阵地，歼灭日寇，报仇雪恨。

然而，我董师克复清水河县，经和林县向归绥进攻时，在绥南之一间房、莎尔沁与日寇激战，陷于胶着状态，伤亡过重，郭景云团长负重伤。当时，还枪毙了作战退缩、影响战局的邵得禄营长。董师脱离战斗后，即转移至清水河。五月三日，本团也得傅军长电，令开回清水河。在撤离阵地时，众官兵多有依恋工事不舍之意，并且说："眼看绥远近在咫尺，未能和兄弟部队会师归绥，深觉遗憾！"

又，当我董师正在一间房、莎尔沁对敌激战时，归绥日寇竟派岩田骑兵联队绕袭我和林。二十八日为我安春山营与四二一团张进修营阻击于察圪洞，歼敌甚多。次日，敌又来攻，经我安营协同刘景新四二一团，再阻敌于察圪洞，几将敌全歼，缴获洋马及战利品颇多。仅安营正面之敌，即被我打死打伤一百余人。在敌我激战之际,我安营战友李贵金看到敌人机枪射手被我打死或打伤,在班长石贵生掩护指挥和班长荆得忠奋勇配合下,利用地形绕到敌背后,抢夺武器,连续夺得敌人轻机枪两挺,马枪一支,子弹数百发。此役,安营伤亡官兵四十名。四二一团及其张营官兵也有伤亡。

3.大双墩诱敌深入,相机阻击

当我军转移到清水河以后,何柱国军骑兵即驻在清水河县东南之韭菜庄。为时不久,日寇步骑炮混合有一旅之众,直向韭菜庄何军进击,并已接触。傅军长为分散敌进犯兵力,以便消灭该敌,解救何军,遂派王子修新六旅在大双墩阻击来犯之敌,激战竟日。顾念该旅兵力较弱,伤亡又大,傅军长决定命令孙兰峰二一一旅加入战斗,接应新六旅歼敌,并直接命令我:"先派一个营支援新六旅。"及我派郁传义营上去,接应新六旅参战之后,不料敌已增兵约两个团,以致我军在此处未能达到歼灭该敌之计划。

五月三十日下午,傅军长再命令孙兰峰旅长:"以诱敌深入,施行歼灭之目的,着四二二团掩护全军向偏关转进。"我团接受任务后,即指挥郁营且退且战,诱敌深入。至此时,我郁营已击毙伤敌三四十名。尤其我第五连中士班长史得功率领全班战友掩护撤退时,在敌人猛袭新六旅所辖之炮兵的情况下,他能机智勇敢、主动地指挥战友,掩护炮兵,使其得以安全撤退,未受损失。最后,史班长又指挥全班战友,掩护他们的营撤退,不仅全班安全归队,还继续击毙、击伤敌人二三十名。

这次战斗,本团官兵伤亡十九名。

七、偏关县马屉梁阻敌激战

四二二团于六月一日转移至晋西北偏关县后,迄至六月四日,敌人果然由老营、水泉营、华石口分三路入侵,向我军进犯。当华石口侵入之敌进至偏关县城北马屉梁高地之线,与高地上我新六旅接触。此时,总司令部及二一一旅旅部均住在偏关县城西门外北山麓之西沟。当前方(北山上)情况紧急,傅总司令原计划就近令刘景新四二一团增援新六旅,后叶启杰参谋长强为争议，要把王团（四二二团）调上来增援，傅许之。此时，我团是驻在偏关城南约四五里之北窑头，于正午十二时，接到“前方有情况，该团即刻开到偏关西沟”的命令。当我带全团跑步至偏关西门外马屉梁山麓时，刘奉滨师长（七十三师）已先在那里等着我。随即展开地图，指出对前方应支援的两个地点，让我选择。我认为：①右前方山沟，虽是通敌方要路，但已有我三九三团在沟口前边堵敌。②正前方山上，即马屉梁高地之线，为新六旅正在对敌战斗处。我决心向正前方山上我军战斗力较弱之新六旅增援，并可掩护我左后方西沟之安全。经刘师长同意之后，我马上带着郁传义、邱子麟营长上了北山。正在观察敌情和地形之际，见新六旅被敌进击压迫，已呈显动摇。在此情况下，我只好一面拉住王子修旅长的手，让他喊住他部队的官兵，告知我们的部队上来了，不要后退。哪知兵败如山倒，如何能挡得住！新六旅竟一溜烟退了下去。我急令跟着我的郁传义营赶快上去，抢占新六旅所丢之高地，迎击进犯之敌。同时，我也了解到新六旅两次作战，伤亡较重，兵员也不足，让他把部队整顿好，再上来作战，实际已不可能。只好由我郁营接替其拒敌任务。右前方高地，即令由本团邱子麟营（因安春山已调升团长，遗缺以邱子麟升补）占领，戳力杀敌。

此时，天气突然变得非常恶劣，来了暴风骤雨，又是西北风。当面敌人即借此暴风骤雨，顺西北风而来，以密集部队向我阵线中央突击。岂知虽顶逆风，我部亦仍能沉着应战，俟敌人进至我阵地前严密的火网内时才揍它。我战友以机枪扫射与手榴弹轰击，予敌以迎头痛击，歼敌甚多。此后，敌又向我继续猛冲数次，均遭惨败而退。

敌见对我阵地中央突击未能得逞，乃转向我郁营之两翼迂回。在该营右翼，突然有一股敌人竟窜到距我团指挥所前方约四五十公尺处之小山沟口上。此处原为贾梦笔排长带兵防守，因对进袭之敌激战我伤亡过重，只剩下两个班长、两个兵和排长。当该排长跑来向我报告情况时，我告诉他：“你排守这山沟口，是你的责任，此处可不能丢。你们五个人赶快上去，堵住这沟口，不要任敌人爬上来。我马上派一连去支援你们，快去！”这时，我急由邱营调过来一连长带两个排增援，上去时，贾排长已负伤，还正在用手榴弹继续痛击冲上来之敌，使敌人未能爬上山沟口。我增援部队以猛烈的集中火力对该敌痛击,始将其完全击溃。而贾梦笔排长和士兵数人,也均于最后战斗中,因伤重而牺牲。迂回郁营左翼之敌,也未能得逞。此时,大雨即止,暴风也停,郁营两翼及前方之敌人已被击退。该营遂乘机返击,前进至马屉梁高地前沿而占领之。

旋据我郁营长报告:"我前线发现,又有敌骑兵五六百名,向我前线阵地左翼后迂回。"当即由电话报告给旅部,而他们犹不相信。我让他们速为侦察,勿误。嗣经侦察属实,遂派刘景新团堵击,使敌诡计未得逞,从而保证了西沟的总司令部及旅部之安全。时近黄昏,我还准备乘黑夜袭击当面之敌。后奉傅总司令"着撤至偏关县城以西南山地区,再诱歼该敌"之令,遂命撤离。

在我军撤退之后,侦知敌当晚进了偏关县城。次日(五日)早晨即窜去,没敢深入。因此,我军也未达到再诱歼敌人之目的。

是役,由下午一时至九时之间,以一时至六时之战斗最为激烈。敌被我击毙击伤三百余人。我官兵伤亡一百四十名。牛文贵连长于此役牺牲。我向傅军长报告后,傅说:"牛文贵是咱们的好干部!"对他的牺牲甚为惋惜。此后我军即开至河曲整训。

八、朔县马鞍山伏击日寇

一九三八年秋,在河曲整编部队后,四二二团改属七十三师直属团,(师三团制不设旅)。由师长刘奉滨指挥,奉命推进至前方,对敌作战。

一九三九年一月间,傅军长指示:本团推进至朔县西山,歼灭盘踞朔县的敌人。一月三日夜,本团派一个连佯攻井坪堡,同时又令第一营营长宋海潮率所部,在朔县与井坪堡间马鞍山附近,利用山地,隐蔽部署,伏击由朔县增援井坪之敌。迄至次日上午八时许,果然由朔县开来满载日寇的汽车二三十辆。当其行至马鞍山附近,即被我埋伏于公路两旁山地里的战士从侧面痛击。在我集中火力猛烈射击之下,敌死伤颇多。我团一名优秀射手一人即击毙击伤敌人约二十名。敌受创甚巨,遂退回朔县。我伏击部队还在此处烧毁了敌汽车一辆。我战士阵亡一名,受伤者数名。战斗结束后,我部队安全返回驻地。

九、双花岭、台子岭雪战日伪敌

一九三九年一月九日，敌察知我四二二团部队驻在朔县西南，即由朔县纠结步炮联合日伪敌寇三百余人，向双花岭我第二营前哨阵地进攻。经阵地守兵沉着抵抗，敌未敢前进。复察知敌逐次增加兵力，有将要大举进攻之势，该营乃转移至台子梁高地，占领有利阵地，敌也朝我转移方向尾随而来。是时，天降大雪，敌人利用大雪纷纷，向我冲杀数次，而郁传义营长能利用地形地物，又善于组织火力，指挥所部对敌人展开激烈战斗。敌人每次冲击，均被我击退。我战斗小组疏散配置，火力集中阻击，使敌人伤亡很大。尤其是大雪纷纷，敌炮兵找不到我军主力之所在，无从施展其炮步联合作用之长项。一直战斗至夜晚，敌人徒遭损失，乃乘雪夜窜回朔县城内。是役，我官长一员受伤，战士略有受伤。在此次以杀伤敌人为目的的灵活战斗中，我第五连王德臣连长（时年二十七岁，山东省滕县人）善于观察敌人动向，机警地指挥战斗小组，掌握射击敌人的机会，于我歼击敌人颇为得力。

十、神池九仁村歼敌之战

一九三九年二月初，傅军长指示我团由朔县西山转移到神池县西北约二十里之九仁村以北的四十亩沟。本团到达驻地以南高地后即构筑防御工事。师部驻九仁村以西之狮子坪，师属之三九三团即驻在九仁村。

神池之敌，因惧于我军在其外圈之威胁，遂派步炮联合部队五百余人，二月四日晨，先向九仁村西南高地之三九三团进攻，且有向我四二二团阵地进击之模样。当时，本团为了给敌人歼灭性打击，即令宋海潮营长指挥第一营进入南面高地，在既设阵地部署，准备杀敌。并令第三营在第一营左侧高地进入阵地。再由团控制第二营作预备队，准备支援一、三两营对敌反击。

当敌开始向我第一营进攻时，有敌机两架，向我阵地肆炸和扫射，继以炮兵射击，掩护其步兵向我进攻。我团战士仍采用近战的方式方法，对远距离之敌，无射杀把握，则一枪也不发。敌进攻至我的重机枪有效射程内，我始集中火力，突予猛击，使敌不支退去。但敌人仍不甘心，又向我猛扑数次，均未能接近我阵地，且死伤甚众。敌又以一部向我第三营绕袭，也为该营所击退。我正拟令第三营邱子麟营长指挥所部，由左翼出击，与第一营合力聚歼该敌。未及我行动，敌已因伤亡过重，拖尸向东溃窜。

十一、由河套袭击包头之日寇

一九三九年春，武功会议后，傅作义任第八战区司令长官兼三十五军军长。是年三月傅即率所部三十五军及炮兵团，由晋西北河曲开往绥远省的河套地区。夏，军属部队整编为新三十一师、新三十二师、一〇一师。其他归傅指挥和供给的部队是：新五旅、新六旅、骑四师、游击军及游击部队李兆兴、高振兴部。此外尚有骑七师、五临警备旅，只是归傅指挥而不管供给。

迄至秋季，我任三十一师副师长，傅命我视察五加河、乌梁素海。我从五原北义和源渡口（乌镇）出发，乘小船由五加河经乌梁素海，南至五毛界，为冬季构筑冰井、冰坝等冰上防御工事作准备。

一九三九年十一月，五原以东的乌梁素海封冻后，为防止敌人由乌拉山北的冰海，经乌梁素海直袭河套五原，傅长官命令我带两支部队沿乌梁素海的西岸，作冰窟、冰坝等阻敌进犯河套的防御工事，施工至十二月二十日，作冰工的部队突然开走了，傅长官部也未通知我是何原因。正在纳闷，顷奉傅长官令，命我即日到扒子补隆。及到达时，傅长官已在此。见过后，始知我军先遣部队已经过了扒子补隆、西山嘴，向包头进发了。我才醒悟，傅军长指挥部队于乌梁素海作冰坝、冰窟，是麻痹敌人，混淆敌人耳目之举，用以掩蔽我军袭击包头的重要军事行动。

当时，敌人在包头城内的有蒙古军第八师乌瑕廷第九师朱××。我进袭部署是：一〇一师在解决了昆都仑召的敌人之后，即改为总预备队；新六旅则在后口子截击由安北增援包头之敌；三十二师在三和号以南地区待命；高台梁由游击部队牵制敌人；游击军在后营子截击由固阳增援包头之敌；九十二团（欠一个营）在三和号担任戒备；游击部队李兆兴、高振兴两部，袭击包头火车站；新三十一师担任攻城任务，指挥部设在黄草窳，由孙兰峰师长指挥。是时，我本人以新三十一师副师长，担任前进指挥，指挥所设在刘柱窑子，以便于指挥攻城。攻城部队，为本师所属九十一团、九十三团及由我带上去的九十二团之一个营(邱子麟营，后派进城内，归安团长指挥扩张战果)，与五临警备旅第一团之一部(由团副梁泮池带领，亦进入城内)并附山炮两门。

二十一日上午三时开始攻击。于拂晓前，首先由九十三团安春山率所部，很顺利地由包头西北门西水道进入包头城内，占领了西营盘、储备仓一线。国军突如其来，所有民众无不惊讶，都欣然上前协助。伪军警也纷纷反正，当日，即有伪军警一百五十余名，携械来投诚。我在刘柱窑子对他们讲话后，派队护送至黄草窳师司令部。

我攻城部队逐步进展，与敌展开激烈巷战。敌人感到难于抵挡我军的迅猛攻势，甚至发动了经商的日本妇女参加战斗。至二十二日我军已控制了城区北部，约占全城之半。我国旗已一面面地飘扬在各街区的最高房脊上。

同时，由固阳增援包头的敌汽车五六十辆，载兵二千余人，均在后营子与三和号等处被我城郊外围部队截击。我军除击溃敌兵、焚毁汽车外，还击毙敌联队长二名。溃散后窜至包头城北近郊之零散敌人，被我当地部队、师预备队及前进指挥所临时编组的预备队分别歼灭。敌弹药汽车十余辆，也在西北门外被我烧毁。

二十三日上午，有敌机两架，掩护骑兵三百余人，附战车两辆，从刘柱窑子正东约八百公尺的碉堡处，向我前进指挥所冲来。我认为刘柱窑子是我军通往包头唯一之要道，如此处被敌攻占，则我攻进城内之部队，即将再无他路可以退出。于是一面商同四二一团刘景新团长，指挥该团两个连及附属之山炮迫击炮，部署于坚强的据点，准备射击，听令发射；一面由我在刘柱窑子就近组织部队，由副团长冯梓、连长孙英年等指挥，对来犯之敌，作有力阻击。这股敌人到来，冲犯达四次之多，均被我击退。

未几，敌又绕至我背后，从刘柱窑子正北大路上，再向我指挥所发动冲锋，仍被我们以集中炮火击退。最后，敌转向黄草窳进攻，被我师在该处之预备队迎头阻击，也未能逞。遂退回包头城东转龙藏。是日晚，敌之增援部队由东开来，驻包头车站。

我师歼敌的任务完成后，获军部命令：向中滩集结待命。我遂召集城内营长以上主官或副主官，到刘柱窑子前进指挥所，分别传达撤退的命令，并指示出城顺序，部署运输、掩护与分进路线，规定口令、记号及撤退开始之时间，指定出城后集合地点。至二十四日上午三时，我军即完全撤出包头城。唯有我军据守城内财神庙的一个班，未及脱离战斗，便被敌包围。他们坚守该庙，与敌苦战，终以弹尽而壮烈殉国。

十二、克复五原战役

一九四〇年一月，日寇侵犯河套，其主力部队占据了五原县。傅作义率三十五军及归傅指挥的各部队，曾一度撤退至磴口、河西亚马赖、李七圪疸等处。经过数月艰苦奋斗，积极作反攻战斗准备，至四月二十日，遂开始向五原总攻。二十二日，完全克复五原。在当时，此战役深博全国人民及国民党政府之赞许和好评。

那时，在五原新城，驻有敌绥西警备总司令水川中将、特务机关长桑原中佐，及警官指导官、顾问等日寇二百七十余人，以及由张家口来五原视察的日警官及指导官三百余人，还有黑田部队与须藤部队及绥西自治联军总司令王英部。驻旧城者，为伪蒙军第四师之二十三、二十八两团，及第五师之二十五、二十九两团，统归蒙古军官学校校长脑门达赖指挥。其次，在新公中驻有伪蒙军第八师，指挥官是吴瑕廷。在南牛犋、扒子补隆驻有伪自治军邬青云、陈秉义等部。统计敌伪共约五千余人。

我军主力为三十五军，另有绥远游击军、新五旅、新六旅、骑四师及骑七师、五临警备旅各部。三十五军经绥西多次战役，仅余战斗兵二千余人。

当时我们反攻五原的战斗序列和部署是：我右侧支队新五旅，向扒子补隆之敌进攻；左侧支队新六旅，向万和长折桂乡之敌进攻；主攻部队新三十一师、新三十二师、一〇一师、绥远游击军（其任务是震击包头火车站）、骑七师（其任务是以主力破坏萨包间平包铁路）、五临警备旅。乘先遣支队三〇二团扫荡梅令庙敌人之际，主攻部队即通过梅令庙以南地区向五原进攻。新三十二师附山炮一营，攻击旧城。新三十一师、五临警备旅附山炮一营,小炮两门,攻击新城。一〇一师破坏贾粉房桥梁,并占领义和源渡口,截击增援五原之敌。我突击部队,则于主力部队七师胡团、骑兵李维队、骑四师攻击新公中、蛮可素、和合源、南牛犋等处敌人之际,乘机通过和合源敌阵地空隙,直向五原进攻。

四月二十日夜十一时,军部命令我新三十二师,开始向广盛西及五原旧城进攻,十二时冲入城内。五临警备旅也于十一时许,开始向五原新城进攻,十二时由新城西北冲入城内,均展开巷战。二十一日午夜一时许,我突击队安春山团,也由新城东南攻入城内,也展开巷战。我军占领了合作社及其东西之线地区,平市、屯垦办事处仍为敌占领。

二十一日午夜一时许,我突击队进入新城后,即由便衣队将敌通信破坏,使敌人失去与各据点的联络。当我五临警备旅及九十一团张进修营占领桥西后,敌炮兵不断向我射击,我官兵浴血拼战,情绪至为振奋。上午十时,在敌机三四架轮番轰炸之下,警备旅一团占据了白柜、黑头圪旦;张进修营也占领白柜以东地区,并向旧城敌据点侧击。是时,合作社、实行小学、平市及屯垦办事处均有敌顽抗,至下午十二时许,我突击队攻下合作社。

二十一日上午七时许,当我新三十二师占领旧城北部后,正与负隅顽抗之敌游战之际,敌以山野炮共十余门,集中火力向我猛击,同时向我右翼逆袭。我九十四团苗营伤亡颇重,情形有些顿挫。我左翼部队,也曾一度受阻。但官兵愈加剽悍奋勇,精神更为坚强,努力反复冲杀,毫无馁色。如我九十五团赵寿江营,冲杀六次之后,虽仅余十三人,而在赵寿江营长指挥之下,犹与敌冲杀格斗。加以有我新三十一师炮兵侧击支援,与游击军之增援,终于午夜十二时,即将旧城完全克复。赵寿江营长也在此役最后壮烈牺牲。

新三十一师以炮火支援新三十二师攻击旧城成功之后, 在新城西南刘四拉圪旦又有敌人三四百人,向我新三十一师右后方抄袭,当即被我九十二团击退。继由我骑兵团追击,将敌指挥官李根东、刘大光俘虏。(李根东被俘后,在往后方解送途中逃跑,旋又被捕获。后释放。)

此时,奉傅长官命令:“着三十一师王雷震副师长率九十一团,准备扫荡五原桥东之残敌。”二十二日上午二时许,我张进修营将城内礼拜寺巷之敌肃清,确实占领之后,我警备旅二团也将平市官钱局之敌击溃,正在扫荡中,敌人施放大量毒气,该团官兵中毒者甚众,以致王英乘机化装逃脱,平市也得而复失。至六时三十分,平市及屯垦办事处敌人又向我反击,并施放毒气。

九时许,傅长官亲自由电话向我指示:“你亲率九十一团、九十二团及曹子谦团,并各选拔一百人,另附迫击炮、山炮、小炮各两门,士兵均戴上防毒口罩,准备再攻,务必完成任务。”

至十一时,傅长官又用电话向我指示:“这次攻击,关系整个战役的胜败及本军过去奋斗牺牲、光荣历史的延续。如攻不下,即将团长以下的官长,尽杀在义和渠以东。”并说:“实施攻击之前,先向全体官兵讲话,传达上边的意思。并与突击队安春山团长切取联系。下午一时准备完了,限四时前完成任务。”

我当即召集各部队长,传达傅长官的指示,并作攻击部署。为保证完成任务,还作了一系列补充指示:指定炮兵位置,规定步炮联系,进一步明确各部队任务和进攻路线,根据攻击目标所在地区,指示封锁各街巷要路口、截击、歼敌等诸要领,以及向指挥所联络办法,等等。只是始终未找到安春山团长,也未能与其取得联系(战事结束后,始知他以突击任务已完成,而退到黑头圪旦的烧瓦窑那里休息去了)。是时,傅长官又派参谋靳书科来,他还检查了各炮位置。是时,已下午三时,我乘敌机刚轰炸完飞回之际,马上发出命令:开始攻击。下午四时,即攻克平市官钱局。在平市官院内还看到地下铺着用八张大油光纸连在一起做的标语,上面写着“火急救援”四个大字,是敌人向飞机联系求援用的。

随后,即以疏散配置之炮兵,集中火力,再向屯垦办事处之敌施行射击。我本人也跟随进攻部队,指挥前进。此时敌机虽再来轰炸,但也找不见要轰炸的明显目标了。由于部署周密,将士通力团结协作,于五时许,克复了屯垦办事处。

有漏网的日寇二三十名, 携带机枪和自动步枪窜至民众教育馆(戏台),顽强抵抗。我郁传义团用手榴弹捆着棉花,蘸上煤油,利用爆破杆连续甩进去,猛烈爆炸后,残敌死伤殆尽。另有一股蒙伪军窜至公安局内,也被我张振基营将他们完全缴械。其中有一名日寇,在缴枪之际,竟欲残害我官长，当场被击毙。在清查时，还俘虏日寇男女各一名，当即送到长官部审讯。至此时，五原新城已完全克复，残敌也被我歼灭净尽。

此役，缴获敌汽车、枪炮、弹药及军用品甚多。五原克复后，进犯绥西河套之敌也被完全肃清。克复五原的大捷，是绥远抗战胜利的先声，揭开了全面反攻的序幕。

此外，日军水川中将（敌绥西警备总司令）及桑原特务机关长等二名敌酋，在逃跑至乌梁素海边时，也被我游击队张汉三部就地击毙。还有企图逃跑的日寇十余名，在乌镇、义和源渡口、乌不浪口等处，也被当地群众王贵成（即王大老虎）和薄根长等将其尽行杀死。

十三、袭击安北南场之日伪军

自五原战役后，日伪之贼心未死，时有西窥河套之企图。是时，我已任暂十七师师长，军驻乌镇一带，与日伪密迩毗连。当时，为以攻代守，确定了先发制敌之计，于一九四三年一月十八日命令我张进修团，夜袭安北之南场的日伪军。

该团于夜十二时，攻进城内，击毙伪警察三十余名及日寇指导、顾问等三名，缴获枪械弹药、马匹及通讯器材等战利品甚多。后敌由安北方面开出援兵，而我军以任务已达成，遂安全返回原驻地。

同年三月二十五日，复命令我张进修团采用诱敌打援的战术，用两个营的兵力，派一部佯攻盘踞南场之日伪军，以诱安北之敌来援；另以一个营隐蔽于南场北汽路旁之北山上，待敌来援，当其经过此处时，出其不意，予以截击而歼灭之。

当我部队佯攻南场之时，安北敌人果派兵乘汽车前来南场增援，并企图截断我归路。但却被我埋伏在北山之营，猝然予以侧击，敌损伤颇重，狼狈退出。

此役，我张团虽未完全达到歼敌之效果，但该敌经前后两次之打击，以及前此侵犯五原被歼之教训，从此再不敢对绥西有所觊觎矣。

第二编·散记

王雷震　1940年时任傅作义部三十五军暂十七师师长

【编者按】

本编包括《柳营随记》和《东厢琐录》两个散文集。其中，《柳营随记》是作者生前自己编辑的，记叙了他早期的军旅生活；而《东厢琐录》则是编者从作者遗稿中的一些短篇杂文及书信中，编选辑录而成的。

作者用过的笔记本

【编者按】

《柳营随记》是作者自辑的一册诗词散文集中的一个专题，大约成稿于70年代末期。因其内容、文体相对独立，故将其抽出，单另成篇。

此专题集中体现了作者军旅生活的早期情况，展现了其戎马生涯的开端。在此，作者通过亲身经历，记叙了他从一个下级军官逐步成熟起来的过程，总结了他自己为人处世的原则和经验，也抨击了旧社会、旧军队中的一些丑陋现象和腐败风气。

柳营随记

一九二七年——一九三二年

目　录

无信不立　无德不存

一九二七年三月末，我任山西陆军教导团步兵科军士队上尉队附。队长田雨公在某日下午野外操课时打了一名学员。收操后，该学员找队长去讲理，队长又要打他，以致全队学员三百余人围住队长室呼叫，要砸玻璃。这时队里的其他五个分队长，包括担任星值官的，都悄声敛足，怕惹事而不敢出去。

在此情况下，我认为，队长出了事，怎能袖手旁观不管呢？便出来喊住学员，对他们说："你们有什么话说，请各班班长到我这里来，咱们商量。只要你们能遵守纪律，不闹事，任何问题，我可以替你们解决。我们在一起两三个月，知大家能守纪律，你们先回队去，这样办，好不好？"大家都说："好。"我马上说："各位班长留下到我这里来，大家谈一谈。学员们解散。"随后，各位班长经我晓之以理的劝说，懂得了闹事不是解决问题的办法，气氛逐渐缓和，学员们的闹事也被劝阻住了。至此，队里的风波初步平息，队长的围也解了。唯有被打的学员还不服气，又跑到团部去喊冤告状。这一段情况被步兵科主任白勤伦在团部楼上看得一清二楚。

晚饭后，团长张荫梧（字桐轩）召集我们全队的教官学员讲话，指出："今天到团部去喊冤告状的学员那种行动是不对的，是违反纪律的。比如说，王雷震有过错，可逐级向团部报告，再由团长予以处理，不应越级喊冤告状。要知道军队纪律，是在于层层节制。决不许在队里起哄。是军人，就必须懂得纪律，遵守纪律。"当团长讲话中叫出我的名字时，我按军规条例立即"立正"。哪知一直到团长讲完话，约有一个钟头，我就"立正"了一个钟头。团长没让我"稍息"，我也不敢自行"稍息"。自忖，我这是不是被罚站呢！

到第四天早晨，我正在课堂给学员讲课，勤务员来，说团长叫我。我回队放下课本，正要去团部，见到田队长。他对我说，他的工作调了，让我接队长职。并拿出一副新的少校肩章送给我，我说，这怎么行！没有收，转身去团部。刚上楼，遇见教育长楚溪春（字晴波），他说："团长叫你，进去吧。"等到了团长那里，团长说："你们队的田队长调任教官了，你把队长接了。"我回答说："我干不了。"团长说："我说你能干得了，你就能干得了。这是委任状，拿去。把队上好好整顿整顿。"

回头一想，当队上出了事的时候，我毅然出面调停而没有作壁上观，自然是出于责任心要维护纪律，也有想为田队长解围的义气成分，但最终能使风波得以平息，还是幸亏学员们信任我，尚能听我的话。当时并未想过谋求升职。能晋级少校，则是由于团长张荫梧、教育长楚溪春以及步兵科白勤伦主任之赏识。

避让三分

一九二七年六月，我被调任山西陆军第一旅少校参谋。秋，第一旅在河北涿鹿县誓师北伐，参与对奉军张作霖作战。部队出动后，我第二师赵承绶、第一旅王廷瑛所率部进攻，经正定、定县至攻下望都时，以再进攻所需地图不够分配，我赶紧连夜放大了一份地图，油印出来，发到营连。师旅长很满意。

我绘制的兵力配备图颇得上级赞许，但也受到某些人嫉妒。在绘制作战详报地图时，我让上尉参谋张全科照绘几张战斗详报的作战配备图，他说他在学校就不会画图画。后来，此事为王旅长廷瑛知道了，对我说：“你怎么不揍他？”我说：“我打人，我无理。我避开他就算了。”

据理力争

一九二九年夏，太原总司令部从教导团调我担任运输支队长。有一次由太原向运城输送面粉一万袋。等送到运城交付兵站分监部时，该分监部在收到面粉收据上注明了“雨淋湿一千二百五十袋”。经我亲去交涉，他们起初在注明的一千二百五十袋的数字之后，只加注了“已干”二字。但是我同他们讲理，再三交涉，到最后，他们始又在“已干”二字之后加注了“无妨”二字，并盖上章，我才作罢。只不知他们的用心所在。

好坏是非

一九三〇年春，我任山西陆军第十六军（军长杨澄源）第一三六团（团长李风崎）第二营营长，曾先后驻晋南运城、临晋、荣河、河津等地。驻防荣河时，担任由临晋县之吴王渡至河津县之禹门渡沿黄河一带的防务。当时阎锡山命令，要严防粮食走私出省和由河西（属陕西省）贩卖大烟。我营除分派部队驻守各渡口严加防范外，还经常派有密查，以防有个别官兵受到诱骗而疏忽防务。

当时的陕西省是出产大烟的地区，而山西境内则禁烟甚严。在沿河一带有牟利者往往与驻军勾结贩卖大烟。一天，据所派出的密查报告说："驻吴王渡的本营之第五连连长胡复新，有用粮食换大烟之嫌疑。"又有报告证实："胡连长还派勤务兵以到河西买菜为名而带回大烟若干两。"并且说："据第五连的一个兵透露，胡连长自己也吸食大烟。"我接到报告之后，认为此事决非无中生有，但也可能只是那勤务兵私自贩卖大烟。为了查明这件事，并提醒胡连长注意，当即下命令，让胡连长对勤务兵去河西买菜是否带回大烟事，查明具报。

这个命令发出去刚过了两天，胡连长的呈复尚未报来，突然接到团长李凤岐由永济团部拍发来的电报，说："该营给胡连长之×字第××号训令着查报去河西买大烟之事，果何据而云然？"我当时看过这电报颇感惊奇。因为第五连驻守的吴王渡是在永济与荣河之间黄河的一个渡口，那里距永济团部和荣河营部都是一天的路程。莫不是胡连长把应向营部呈复的报告错报到团部？还是他有意报向团长呢？莫非是我们营部把应给五连的文件发错了吗？不然，为什么在一百多里远的团长竟然对这事知道得如此之快？只是照团长来电的口吻，却分明是不愿意我营追究这件事，这就使我们更感到头疼。难道为整饬纪律，严禁贩卖大烟，也是多余的事吗？

后来，我给陈副团长写信从旁了解此事，才明白了是由于胡连长怕营里深查此事，便捏造了些理由，连同营里给他的训令一并，星夜送到李团长那里，求为缓颊的。因为李团长在过去当连长时，胡复新即在那连当兵。此时，李团长受了胡复新的哀求，不加考虑地给第二营来电，意似斥责，可见正是要庇护胡复新的。那么李团长这样的做法对吗？当时我既然明悉内情，也不得不把这件事暂为搁置起来，容后再办。

本营迫击炮连连长张之璥（也是李团长的旧部）吸食大烟，染有花柳病。我上公文呈请将他调职或免职。该团长竟复了四个字的批复"谈何容易"。正规军队中竟有如此作风的团长，我真看不惯。

夏，杨军长澄源（字龙泉）视察风陵渡（一营）大庆关（三营）禹门口（二营）沿河防务。最后视察到禹门口。

当时，我营第七连（连长涓廷璧）驻在禹门口。得到军长要我星夜赶到禹门的电令后，我便依限前往。一赶到禹门，即在河津县饭馆定好了饭。两个小时后，杨军长来了。他未休息，就当即开始检查正在列队迎接的第七连官兵的枪支，并令士兵做射击预备放和装退子弹等基本动作。看了部队演练后，他即同我们边走边谈，询问了些部队和防务的情况。及参观了禹庙，回到县城，我就向其随员们建议稍为休息休息，请军长吃饭去。他们都说，军长到了你们一、三两营，预备的饭都没有吃，就连你们团长预备的饭也没有吃。你不必为他预备饭了。我向副官主任说："饭已预备好了，如果军长不吃，咱们去吃。请你试去请示一下如何？"随员去请示后，出来笑着说："军长洗了脸就去，让告诉你去准备吧。"看得出来他们当时觉得很奇怪，搞不明白为什么军长今天单单要吃王营长给准备的饭。

当到了饭馆安席敬酒之后，头一个菜，就上的是清蒸大鲤鱼。军长频频点头表示满意。

饭后，杨军长又和我谈了些训练部队的注意事项。还告诉，对防务不要放松。同时说："我知道你在防区内派有便衣稽查。兹特许你在每连顶两名空额。把册条直接寄给我亲启，我批了交给人事室备案。你即以这八名空饷作你派遣便衣稽查用的专款。"

当年夏。我营在荣河县驻防时，由于与万全县阎景镇李家有些旧谊，我便骑着马到他家去拜访李孟存，适其弟李仲华在家。仲华也是个对朋友极热情的人，由于我们都很熟惯，而且久别未晤，所以叙起话来几乎是无所不谈。正在畅叙旧怀的时候，他忽然问我说："你在荣河驻防，得到什么好处吗？"我反问："是什么好处呢？"他说："你们第一营营长李思泽（是他本家）驻在风陵渡，用轿车子往家里送银洋大烟。你们第三营营长高景山驻大庆关，闹得手枪、大烟，还送给你们李团长一支手枪，闹得钱也不少。你驻在荣河守沿河渡口，闹的怎样？"我回答说："您认为，是我今天把事情做好，一次次地上升好呢，还是为了闹几个钱而把事情搞坏了，落得被撤职好呢？我想，若是前者，您听到一定喜欢；若是后者的话，您一定是要埋怨我的。"

听完我的回答，李仲华蓦地站起来，离开座位，肃然说道："当然是你把事情做好了，我喜欢。我是希望你把事情做好的，你这样做事情就很好。你说得很对。像他们那样做事是不对的。"谈话后，他殷切地留我住了一夜。至次日返回荣河防地。

好借不好还

一九三〇年夏，阎冯倒蒋的军阀内讧战争——中原大战爆发了。当时我任山西陆军第十六军第一三六团第二营营长。秋八月，奉团部转军部命令，调我第二营由运城出发北上，编入刘慎德团并归其指挥，到石家庄与刘团会集，一同开赴前线参加作战。

此前，因本营士兵伙食费未能及时发，我曾向敬信公商号借洋伍佰元，说定领到伙食费即奉还。于是接到开赴前线的命令后，即委托本团李风岐团长在本营应领伙食费内扣下伍佰元，代为归还敬信公商号。后又经我营及敬信公派来之人与李团长面晤议妥，李团长亦已允诺。我到前方后仍不放心此事，还特电请李团长速向敬信公归还该款。但没想到，直至十一月战事结束，十二月我率队伍已返回运城防次，去到敬信公一问，才知李团长竟然犹未偿还所欠之款。我只得赶紧到团军需处结领饷项，亲自到敬信公还款。可是，在军需处领出的均为晋钞，此时晋钞在本省已不顶用。虽说我和敬信公是旧相识，但今以晋钞偿还前借银洋，确有点为难。当我问他们应该怎样折合结账时，敬信公的冯经理(名谦益，字子清)说："你就还给晋钞伍佰元结账吧，我们用它交公款。"我对冯经理是非常感激，表示了谢意，就这样结账了。

有远虑　无近忧

中原大战初，奉令率队自运城北上参战。此次出动，我营奉命拨归另一个团，受该团团长刘慎德指挥。

途经太原时，我抽空看望已卧病很久的母亲。这几年来，母亲和我妻、妹及兄弟都住在太原天地坛十五号。由于长期艰苦度日，过度操劳，母亲身体一直不好，时常闹病。我以驻防在外，承欢时少，深自遗憾。能在出发前面见亲颜，自然心喜；但马上要出发赴前线打仗，又恐惹母亲担心。边走边想，到家门口也仍没有想出好的言辞来。及见到母亲，见她身体已大有好转，才使我放下了惴惴不安之心。与全家人见面，大家都很高兴。但当母亲和弟、妹们问起我这次请了多长时间的假，能在家中停留几天时，我不得不婉转、曲折地向母亲禀告了即将开赴前线，而且队伍就在榆次火车站，正待命出发的事。听此情况，母亲当然有依依不舍之情，但仍一面让我妻赶紧做饭，一面嘱咐我：对士兵要爱护，自己的一切要小心。饭后，母亲特别慎重地叮咛我说："这回出去作战，离家远，人地生疏，要注意人情风俗。"又说："你们带着山西钞票，到外省地方恐怕不好使用，现在这么乱，难免有用钱的地方。咱家里还有积攒下的二百元现洋，给你拿上，有备无患。"说着，母亲从箱底摸出钱来，硬塞给我。尽管我明白知道这是家里的全部家当，也知道母亲积攒这些钱有多不易，也只得收下。

一路上，这二百元钱沉甸甸地压着我的心，临别时母亲的叮咛更使我想起她多次嘱咐我"带兵一要不使兵为难，二要不使老百姓为难"的教诲。到榆次，部队已上车待发，火车开到石家庄，与刘团部队会合后，又改乘平汉线南开的火车，一直到了道口车站。下车后就得到命令，着我营开赴河南省濮阳县南的焦邱集，担任那里黄河北岸的防务任务。

这时天气正炎热，为快速行军和作战时行动方便，即决定把士兵所携带的棉衣和笨重物品都暂留存于道口车站。

到达焦邱集，我就赶快视察地形，划分各连防守区域，下达命令到各连。布置防务已毕，一方面写了报告，一方面和当地老乡、村长及民团团长取得联系，另派人蒐集情报，随时准备作战。嗣侦得对岸敌方部队为蒋介石的许其详团，我营隔黄河与之对峙将近三个月。

转眼已到了秋凉时分，拟派人去道口取运所寄存的士兵棉衣，即获知在津浦线作战的阎军败绩，平汉线亦受到影响。随即便接到命令，着我营由濮阳经由河南南乐县向河北大名转进。

此行不经过道口车站，前次派去取棉衣的人也空手而归，说是被另一军阀石友三部阻拦所致。此时，又听说石友三部有哗变的消息，这使我万分焦急。只得一方面整理部队开赴大名，一方面另派护目胡佐卿带领了各连精干士兵十余名，每人带三颗手榴弹，再去道口抢运棉衣。出发之前,我叮咛他们说:“这次去道口取棉衣,是为了使咱们今冬不受冷冻,要想方设法完成任务。”并具体布置了抢运策略:先雇用一些手推车,棉衣一到手,就先作短距离的抢运,在辗转推运到安全地带后,再雇大车做长距离运输,向大名方向追赶队伍。并约定,我们在经过南乐等县城时都在电话局留下话,他们沿途可利用各县城电话探寻本营行止。我还告诫他们,要极力避免被石友三部发觉、扣留。如果有阻拦者,可先出示护照证明,好言交涉,并表明要运回棉衣的决心。若交涉无效,对方欲强行扣留,不妨投颗手榴弹吓唬一下,但最好只开弓,不放箭,总以不伤人为原则;驱走对方,就加快将棉衣运走。行前,又将母亲给我的钱中取出银洋一百元,交给胡佐卿,以备其不时之需。

随即部队继续向大名进发。不久,剩下的银洋又派上了用场:行军途中,有士兵在田里拔吃老乡的花生,老乡来报告,我当时就要枪毙那名破坏纪律的士兵。因老乡和全营官兵求情,并保证全营再不违反纪律,才免于处死,并用现洋两元赔了老乡的损失。若无母亲给的这些钱,何以了结了此事?

本营抵达大名后,仍没有得到有关棉衣抢运情况的一点儿消息。看来棉衣是抢不回来了,只是胡佐卿一行安危如何,实在让人牵挂。当见到我军杨澄源军长时,我顺便报告了此事。杨军长很轻松地说:“丢了也罢。”军长之所以这样说,大概是感到,当时形势突然变化之下,晋军中有不少整团、整营地被打散或被地方民团“解决”,我能把这一营整整齐齐地带回来,就算不错了。即使如此,我仍答复道:“我营派的通信兵还在电话局四处联系,继续等待胡护目的消息。”

到第二天上午,忽然得到胡护目由南乐县打来的电话,大意是说:经过很多周折,棉衣已从道口夺运出来了,路上还打了一仗呢。营长让带的现洋顶了大用。现在正准备从南乐向大名进发,云云。

得此消息,我非常高兴,暗自想到:幸亏母亲有先见之明。今冬能让我营官兵穿上棉衣,是得母亲之力助也。

兴奋之际,情不自禁地赶紧报告了杨军长。原以为杨军长也一定会喜欢,不曾想杨军长的回答是:“那些棉衣是不许丢掉一套的!”我一头雾水:昨天报告棉衣丢了,他不恼,说:“丢了也罢。”今天得知棉衣抢运回来，却严厉地告诫："一套也不许丢掉！"实在不明白，只得答应了一声："是。"

兵败不溃

一九三〇年秋，冯阎倒蒋行动遇挫，阎锡山的军队在津浦线遭到失败之后，张学良也从东北进关了。北方的形势突然显得紧张起来。本营奉命从焦邱集河防阵地撤退时，虽说与对面敌军尚有一河之隔，但也仍顾虑在后撤时遭到袭击。若撤得慢了，或暴露了行动，就有走不脱的危险。因此必须制定周密的计划，秘密而快速地撤退。由于行动机密，也因在焦邱集驻防期间与当地民众关系融洽，我营很顺利地撤离了前线。

那时有不少部队纪律松弛，尤其那些在撤退中散落的小股队伍和散兵，在失去了补给和起码的纪律约束后，弃枪丢炮不说，扰民、抢劫的情况也很频繁。各地民众对此极为痛恨，乃至武装自卫。因此，地方民团袭击军阀部队以缴获武器的事情时有发生。

我营由濮阳经过清丰、南乐等县退往大名，即见沿途秩序极为混乱，也曾遭遇当地民团的截击。行军时，我营总是以一个连担任前卫，一个连担任后卫，另以一个连掩护机炮辎重，为本队。营长和营附轮流跟随前后卫。并规定，凡经过道路两旁有庄稼的地方，就要提高警惕；听到有枪声时，决不还枪，唯作射击准备姿势前进；全营各级干部均要负责维持其所属部队行进行列；有受伤者抬着走，决不许因此紊乱队列。在这样的规定下，经过好几天的行军，几次遇到情况，我营官兵均泰然处之，最终毫无损失地到达了大名。

到大名城关附近，我即让官兵就地休息了两小时，以整理服装鞋袜、武器弹药、马骡鞍具等。休息过后，打起营旗，把各连的号兵集合在队伍先头，奏起步号，全营士兵唱着军歌，以整齐的步伐走进了大名城。这时，城内街道两旁观者如堵。老百姓甚是惊奇：那时所有退回来的军队都是零零散散，溃不成军，没见过有这样整整齐齐列队进城的。

我没想到的是，杨澄源军长恰是先一天到达这里，军司令部此时竟然就驻在大名城内。军部接到有本军队伍到达的报告，立即派人把我营引进师范学校，接着又送来面粉五十袋，并传令给我说军长召见。当我到司令部见过杨军长后不久，即接到命令："调该营为军部特务营，担任军司令部警卫任务。"

十月，部队经过赞皇、平定、阳泉，到达榆次，我营奉军部命令，着南下开赴运城归还一三六团原建制。

教条与务实

一九三一年，全团开赴绥远省归傅作义整编后，我担任第三十五军四三五团二营营长，率本营驻卓资山担任防务。那时团里发的教育课进度表的内容有木马、单杠、铅球、铁饼、手榴弹、唱歌比赛等，对学习科目也没有确定什么新的形式和内容。我以本营单独在外驻防，任务是防匪剿匪，就另行订教育计划进度，以射击动作、掷手榴弹、班排制式战斗教练及刺枪动作等项为主，以团部所发之教育课进度为辅。学习科目则以纪律讲话和典范会为主，以识字课为辅。并规定，对于团里要求的科目，在下午课及识字课完毕时练习之。当时四三五团的团附是苏开元，有一次，苏团附来卓资山察看我营教育进度，认为不符合他的要求，对我说："希望你能做个火车头。"我回答："我本是牛牛车，怎能赶得上火车头呢！"他又说："你是否有个目的地呢？"我说："火车头带着车厢能在一天之内到北平，我这牛牛车虽然十天到不了北平，二十天还到不了吗？不过是慢一点嘛。"

又有一次我去集宁团部领伙食费，卢呈瑞团长问及部队训练情况，我陈述了因单独在外驻防责任攸关，不能不对部队训练另有应急计划和进度的情况。并表示由于赶不上团里订的教育进度，颇有落后之感，请求把我营调回，以免掉队。不料，卢团长当即就说："你做对了！明天咱们看看一、三两营的教育情形吧。"

次日早，一、三两营出操了。团长在操场检查他们的枪支，发现那些枪的枪筒简直成了烟筒，枪机全锈得拉不开栓。团长大怒，集合起排长以上官长痛骂了一顿。可是，不到两个月，苏开元团附却接任了这团的团长。我营也调回了集宁。

职责与私心

在一九三〇年以前，绥远省是土匪遍地，民不安生。大股土匪是王英和杨猴小等，计有两千余人，多为骑匪，所谓“黑马队”；小股土匪则不计其数；又有所谓“逛烟鬼”，即在收割大烟的时候，结伙成群，专抢大烟。以当时的情况说，绥远省简直是“土匪之乡”。

一九三一年傅作义被委任为绥远省主席，他乃以所部三十五军部队作为清除绥远匪患、安定农村生活的主力军，在绥远境内划分地区，展开剿匪活动。当时我任三十五军二一八旅四三五团二营营长。

一九三二年六月，我率本营追剿杨猴小匪，追至黑山子，未追上。次日由黑山子返回，行至陶林县城西附近，却与杨猴小匪遭遇，双方展开激战。我方仅一个营，而土匪竟有一千余人，且系马队，兵力悬殊，以致土匪一度对我营形成包围态势。此际，我团团长苏开元率一、三两营及机炮连正在陶林县城内。若此时派兵出城，从匪背后与本营形成夹击之势，不仅可解我营之围，更有望歼灭匪之大部。但苏团长却只是登上城头观战，却不派兵出城。这时，陶林县县长陈应道与一营营长王赞臣、三营营长李登明也在城上，他们都要求苏团长出兵，苏团长只是按兵不动，甚至没有让城里的迫击炮连给我营以火力支援。（陈县长后来告诉我，当时他急出一头汗，催促苏团长说：“你们第二营已被匪包围了，还不赶快出去救援吗？”苏团长却回答说：“我守城有责。”只在城墙上看着，始终不肯调动城内兵力。）

迟迟等不到支援，我只得采用从火线抽调兵力向危险侧翼和薄弱点增援的战术，才使土匪未能攻破我营防线。最后，有约百余名土匪绕到右后方的一个小高地，抢占制高点，向我射击。跟随我行动的我营号目刘源照当即负了伤。我从火线抽下了两个班，连同由我直接掌控的营预备队一个排都交给预备队排长师模指挥，命令他在我迫击炮和机枪火力协助下向该小高地之匪猛攻，终将向我右后方包抄之匪全部击退。此举粉碎了土匪对我营包围之企图，从正面进攻的土匪见无隙可乘，亦向城东北山下退去。这次战斗，自上午八时许开始，至下午二时许结束，持续约五六个小时,毙伤杨匪人马甚众,我营士兵亦略有伤亡。是时,因匪众仍集聚在北山坡下,我命令各连,决不许捡拾土匪的马匹和东西,保持戒备,以防土匪佯退而复来反击。就在这时,第一营由城内出来追击退去之匪,并捡得了不少马匹和匪丢掉的东西。后来还发现,被土匪拖去的死尸竟填满了城西北村庄里的三四眼水井。(事后,一营王赞臣营长对我说,他率队出城并不是团长的命令,而是自己主动出击的。三营李登明营长也说,当时他再三要求出击匪之侧背,而团长老是不下命令。)

见一营已去追击退至北山土匪之后,我营这才宣布战事结束,集合起来回到城内救治受伤的士兵,并对阵亡者追悼掩埋。此役,我营第六连九班中士黄永胜(河南人)阵亡。打了一天仗,又处理了战后的事,时已天晚,令各连从事休整。

但是,在第二天早上即得到团部命令,着即开赴集宁县东北之大六号防匪。

因为昨天战斗激烈,弹药消耗很多,重机枪子弹只剩下四百多发,迫击炮弹只剩七发,步枪子弹也需要补充。在请求团里给补充弹药时,苏团长说:“等你营到了大六号,再由集宁向那里直接补充。”我想,如果在向大六号前进途中碰着匪可怎么办?我知道本团储备的弹药比较充足,不仅一、三两营原带的弹药尚未动用,仅在县政府存放的迫击炮就有一百多发,便请求在陶林就近先由各营借些步枪、重机枪子弹和迫击炮弹。可是团长就是不肯通融。又请一、三两营营长到团长那里代为说项,也仍未得到允许。我火了,几乎和团长闹翻脸。正打算草拟电文直接向旅长请示,适有二一八旅参谋刘福星从旅部来,经他从中斡旋,总算给我营补充了迫击炮弹十发,重机枪子弹一千发,我营这才整装向大六号出发。

当天晚上,队伍驻在中途白彦沟的一个村庄,据这里的老乡讲,杨猴小黑马队刚刚在下午从这里向东窜去。也就是说,如果顺利补充上弹药,没有耽误时间,本来有可能追上并痛击这股土匪的。

不入虎穴　焉得虎子

一九三二年六月,由察哈尔省商都县窜至绥东的一股恶行累累的惯匪，有一百多人，住在集宁县东北八十多里之大六号北大圐圙。其中著名土匪有夏三、夏四、罗万三、洋烟二子，为首的是夏三和老保险二人。他们窜到绥东的目的无非是为抢大烟，只由于绥远正在划分区域，积极剿匪，故未敢放肆抢劫，而且还托人向剿匪指挥部接洽，表示愿意归顺，要求收编他们为骑兵连，却是还有些前提条件。

我率四三五团第二营曾在陶林县与杨猴小匪激战，并尾追其到集宁东北。后杨匪被迫窜入察哈尔境内，我营遂驻在大六号。来到大六号没几天，便是端阳节。就在端阳节的前一天（农历五月初四）下午，我接到曾延毅旅长派刘参谋福星从集宁送来的命令，着即日歼灭大六号北大圐圙之夏三、夏四、老保险匪。

接到命令后，我即开始筹划歼匪之策。我营驻地距夏三、老保险驻地很近，但双方尚没有任何接触，只是相互严加戒备。对于该股土匪的情况我们知之甚少，只听说他们是分驻两处，戒备甚严，无论昼夜，都是枪不离身、马不离鞍，时刻准备行动。这种情况下，要立即一举将其全歼，并非易事。因此，为完成任务，首先要探明匪情，了解其人、马、武器配备和驻地情形；其次要出其不意，攻其不备，必须在行动前将其稳住，这就需要尽量减少该匪对我方的顾虑，放松戒备。基于上述考虑，决定利用次日即是端阳节这个机会将其歼灭。

我先派副官白凤藻去见那几个土匪头目，表示愿与之联系，且以次日过节（端午节）为由，送现洋二十元，让给弟兄们添些酒菜，祝大家痛痛快快过节。在他们接受了节礼之后，跟着让营部副官通知他们注意在过节时加强戒备，不要多喝酒，警惕杨猴小匪再窜回来把他们“吃喝了”。然后我再前去与匪首会晤，目的是亲自去探察土匪窝内部的情况。为避免他们起疑心，此行我独自一人前往，连随身手枪也未带。

来至北圐圙，土匪的哨兵见我只是一个人，又未带武器，便毫不怀疑地带我去见其头目。进匪驻地后，见只有老保险（土匪称之为副连长）一人在。刚寒暄了几句，他突然问道：“今天城上来的那人是送公事的吗？”我当即回答：“因为明天是端阳节，上边送通知来，是告诫部队不要因过节吃吃喝喝，疏忽了戒备。”他听了，连说了几声“很对”，脸色明显缓和了许多。其实他们所见从城上来的人，正是给我营送歼匪通知来的刘参谋。可见,他们对我营与外界的联络往来非常注意,警惕性是很高的。接着,老保险烧好了大烟,请我一同吸,我就躺下吸,一边东拉西扯地谈了一会话。土匪们开饭了,又让我一起吃饭,我便说:“我吃过了,不打扰你们了。”说着起身就走,老保险跟着出来,我顺便问道:“弟兄住处合适否?屋子够住吗?”随即观察了他们的住房,同时心里盘算着他们各类枪支的数量,暗记下谁住什么房、大概有多少人、马匹在何处、院落形式、院墙高低等等各方面情形。同时我也看到,土匪们的马确实都没卸鞍,可见他们警惕性还真的挺高。

这样,我基本查明了土匪窝里大概的地形地势和室内情况,对于作战计划已经心中有数了。回营后,我即按所了解的土匪驻地形势绘出略图,到晚上九时左右,让白凤藻副官拟妥命令,给各连分配任务。入夜后,约十点钟,我召集各连连长,按计划部署,参照略图做了研究,随即当面下达指令,并指出打击重点和步骤。还要求各连长回去后,立即按照各自所分担的任务,同排长们研究,做好带梯子、备好喂狗食物、着装不要有声响、临出发前检查枪支弹药、严防走火、务必静肃行进等等诸般准备。同时,规定了以在卢家营子投一手榴弹为号开始动作(卢家营子在北圐圙近旁,是另一股土匪的驻地,距我营驻地稍远些),以求在两地同时下手,防止有敌漏网。

夜间二时许,人不知、狗不咬,各连队均悄然到达指定位置,做好了攻击准备。当卢家营子手榴弹爆炸信号响起,两处一同进入了歼匪之战斗。这时,我们即把预先写好的通知分送给村长、闾长和附近的村民,告知他们:“不要因听到枪声而惊慌,也不要出来。这是解决夏三、老保险等股土匪。”

说起老保险来,他的枪法倒也很准。当他爬上东院墙想要逃跑的时候,就骑在墙头上打了两枪,一枪打伤了我一战士的头部,一枪打伤了我一正在射击战士的左手。但他却不知我们早已在院墙周围有所布置,就在他转身要向下跳的时候,被一枪击落墙下,随即从他身上解除了大枪、盒子枪和勃朗宁小手枪各一支。

在卢家营子方面亦顺利完成了预定任务。这一歼匪战斗约三个多小时即结束,老保险和罗万山被我们击毙,只是夏三等日前外出未归,侥幸漏网。两处被击毙的匪徒共八十余名，收缴大小枪支六十多支，骡马一百二十余头匹。解决这股匪徒，给绥东和察哈尔百姓除了一害，维护了地方治安，当地的老乡们很是高兴。

战斗结束，当即写了报告，交由刘福星参谋带回集宁，面呈曾旅长。

事后听说，曾旅长延毅（字仲宣）在当日要赶赴归绥见傅军长（因那日端午，是傅先生的生日），为等待大六号歼匪报告，他把开往归绥的火车扣住不让发车，就在火车上等着刘参谋的到来。正在等着，刘参谋回来了。接到报告一看，知道歼匪任务已胜利完成。于是才传令开车，前往归绥。

过了些时日，傅先生派参谋处长张濯清到大六号，向我了解在陶林遇匪激战和大六号北圐圙、芦家营子歼匪经过情形。后来太原绥靖公署发给了奖章。记得《太原日报》（《山西日报》民国二十一年五月份）也登载了大六号歼灭老保险匪的消息。

【编者按】

作者晚年一直在北京的一所平房小院居住。院中东厢房北侧的一间六平米小屋，即为作者平日阅读写作之处。

作者生前留下的文字，都存放在此。其中除了成稿外，还有大量未完稿、杂记、书信、日记、辑录的资料等。

今从中选摘了一些短文、书信等，辑录于此，称之为《东厢琐录》。

东厢琐录

目　录

山西兵工厂形成
及阎锡山向日本追索其购自德国机器的经过

山西省原设兵工厂,其建成与阎锡山有关。

早在一九一九年前,阎锡山即在太原的山西铜元局里面附设有修械所。后来由外国购进机器,随又在那里设立了军人工艺实习所,开始制造手掷弹、臼炮、迫击炮及炮弹等简单武器。到一九二一年前后,已经能造步枪子弹。此时,有人用八百元银洋从天津租界地的外国人(据说是法国人)手中买了一支自动冲锋枪,于是即着手仿造。同时,也能制造三八式步枪,盒子枪(大手枪)及各种枪炮弹。唯技术粗糙,质量也差,子弹常卡壳,不好使用。直至一九二八年,北伐战争结束后,阎又聘请日本技术人员,进一步制造重型火器。实际上,到这时候,这个厂子已发展为具有一定规模的兵工厂了。

至一九三〇年,阎锡山与冯玉祥联合反蒋失败后,阎即匿居大连。嗣以山西内部分裂,驱逐商震,几至出乱子,阎怕太原出事,得到日本帝国主义者支持,经由大同回到他的老巢——河边。通过汪精卫,又由蒋介石予以绥靖主任之职。于是,他又回到太原继续做那拥兵自雄、割据一方的土皇帝。

自一九三二年从大连归来之后,他即在山西大搞实业计划。各类工厂、企业接踵而兴。同时,亦把原军人工艺实习所,扩展为太原兵工厂,扩张军备武器。

在日本投降后,还听说:

——在一九三七年以前,扩大兵工厂建设时,阎曾由德国克鲁伯工厂购进七千多件精密机器。为了生产原料,另与德国某商行订立了在太原建筑炼钢厂的合同。由德国供给全套设备,并派来技术人员负责绘图、施工、安装,一直到交付使用。

——卢沟桥战端兴起。日本军国主义者攻陷太原之后,首先计划把上述机器运到日本,由于炼钢厂当时还未完工,日军也要接收,德国厂商根据原订合同加以拒绝。日军当局因恐影响德、意、日三国同盟的关系,允许德国厂商继续修建。只把太原兵工厂由德国购来的机器全部运往日本。

一九四五年日本宣告投降。阎锡山率领其部属由晋南返抵太原,即派他的妻侄徐士宏(徐一清之子,早年曾在日本留学,熟悉日本情况)前往日本追索这部分机器。日本当局在彼时情况之下,不得不将原拆走的机器全部交还。徐士宏正在装船向本国起运时,接到阎锡山由太原发来的电报,命他将全部机器,由日本直接运往台湾。

徐士宏根据阎的指示,把机器交与台湾当局,返回太原,向阎报告了经过情况。之后,阎锡山又派徐士宏将他母亲(继母)和他老婆徐竹清(徐士宏姑母)连同子女,以及他的私财,运往日本落户。

这时,德国厂商也把他们承包修建的炼钢厂,全部移交给了阎锡山。

(**编者注:**此文写于一九八一年。)

日寇无条件投降后阎锡山的主张

阎锡山说:“日本人是共产党的保姆,只有让日本人打共产党。”所以阎锡山在日本投降后,在山西省即仅遣返些日本文职人员而不遣日军官兵。马歇尔(美代表)对此予以质疑,蒋介石遂派徐永昌去山西,问阎为何不遣俘(日军官兵)。这时,阎说出上述的话。当时徐同意了,回报蒋介石后,为然。

日本投降后,阎向日本追索他们从山西工厂运走的机器七千多部件,要求必须从日本运回山西来,后来日本答应了。阎还派徐一清的儿子徐士宏前往日本交涉。机器完全拆下来,并已装了船,将要开船启运时,阎又指示:“将那七千多部机器运到台湾去。”徐士宏遂把那些机器全部运到台湾去了。这些能生产武器部件的机器完全是德国制造的精密机器,所以日寇侵华时先攻打山西,并作为中心来控制华北,是有原因的。

一九四九年二月五日南京国民政府逃到广州后,阎锡山在广州向政府提出建议用现洋,政府从之,自此金融果然稳定了。

阎还说:“生存是真理,一切为了生存,生存才有一切。”(一九七六年三月回忆记)

又：徐一清是山西粮服局局长，他的儿子徐士宏留学日本，徐一清是阎锡山夫人徐竹清的兄弟，士宏是阎锡山的姑舅侄子，在他把机器运送台湾之后，遂回到太原把他姑母（阎的夫人）和阎的继母、孩子们运送到日本去了。

（**编者注**：此文字记于东厢书桌里一个笔记簿中，书写年代不详。）

赵戴文轶事

赵戴文，字次陇，早年留学日本，参加同盟会，曾任山西省政府主席，国民政府内政部长、监察院长等职，是阎锡山的军师。这个老汉有本事，阎锡山对他言听计从。西安事变，阎锡山插门不见客，饭也不吃。一日一夜，无人能叫开门。但张学良来电总要答复，如何处置？最后赵戴文去，敲门问道："你这是咋哩？"阎才不能不作声。当时傅作义已飞赴西安，结果迷失方向，降落到石家庄。阎问赵："这可怎么答复！"赵说："这还不容易，不用多说，五个字：'何以善其后。'"阎说："好！"由此事，赵的卓识和在阎部的地位可见一斑。赵留日前是秀才，有学问。从山西文史资料的很多文章都能看出，阎离不开赵。

那时学生闹学潮，经赵戴文一管，啥事没有。他拿出几千元，把领头的学生找了去，安顿个职位，说："毕业后我安排，从现在起领薪水，每月 100 元。"于是不仅平息了学潮，还得人办事。

我当团长后，一次阎锡山来集合训话，阎讲完后，赵戴文讲。他眉头一皱，在台上来回走了两趟，以浓重的五台口音说了一句："（音）'盟''外'总司令啊，就不是'外'人！（意：咱们的总司令啊，就不是个人！）"此言一出，全场鸦雀无声。台上坐着的阎锡山也愣住了。只见赵戴文又在台上来回走两趟，把这话又重复了一遍，之后才说："（音）'盟''外'总司令啊，就是'外'圣人！（义：咱们的总司令啊，就是个圣人！）"阎锡山听到这里，才和所有听讲者一同松了一口气。赵讲完这两句后，才就"努力抗战、保卫山西"的话题讲了一通。

说阎锡山是圣人，也有个缘由：据说阎曾一夜未睡，编出五首军歌。记得其中有一段是："捍卫国家，在武不在文。哪个军人肯后人。晋绥十万兵，田横五百人。努力，努力，保境安民。”

还有一个山西的省歌，是赵戴文欣赏的，只要他主持开会，一定要唱。歌词是这样的：

“中华文武，肇兴自冀方，实为吾晋疆。尧天舜日，于变时雍世泽长。绍箕裘忧深思远，奕世勤俭，勿以太康。”

附录：

山西学兵团团歌

慷慨悲歌，血气男儿，自古数幽并。
况值于今，二十世纪，生存在竞争。
左图右史，吐华复茹英，
炮烟弹雨，华夏之干城。
知识体魄，德性日进，庶不负平生。
永葆山西学兵团之荣。

（**编者注：**一九七八年四月二十八日，作者向儿孙们讲述了这个故事，还唱山西学兵团团歌给大家听，并介绍说：自民国七年至民国十九年蒋冯阎大战学兵团结束，这首歌唱了十二年。儿孙们当时将其记录了下来。记录稿经作者批改后，收于东厢书奁中。）

绥远省政府财款是怎样失落于日寇之手的

据说，一九三七年（民国二十六年）七七事变后，日寇攻陷张家口，大同危机。此际，绥远省政府亦准备撤退。绥远省主席傅作义指示，在政府离绥前转移政府财产。傅原计划将现款、黄金等一并运至西安。不料绥远省士绅张钦、于存灏、元悌和贺文秉联名去电指责傅不应刮绥远地皮，把款物运走。此时傅正率领所属部队在晋北与日寇激战，在太和岭口接到此电时，这些财物已起运，傅便先派李荣长前往山西省左云县截住运款车，并派四一九团由右玉附近途中护送该汽车，把上项款物运送回绥。然后，傅电王子才（绥银行主任），着由王子才把这些财款（银行现款120余万元，大烟一万八千余两，黄金二万两，金沙子若干万两），交给绥远商会会长贺文秉，在移交后取据。

迄傅于一九三九年（民国二十八年）率部由晋西北转回绥远省河套时，绥省政府已回河套。不久，张钦、于存灏来见傅，他们不承认前指责傅的电报是他们写的，说那是由元悌的兄弟写的。

一九四五年日寇投降，傅由河套回至归绥后，令贺文秉交代其把该项款物拱手送给日寇之事，贺畏罪逃往北平。傅电北平，将贺扣交法院。欲在绥远审处时，却从北平的法院要不回人来。傅又给南京司法部去公文，请转饬北平法院移交，并派于存灏前往押解贺回绥。经绥远法院审理，各方对证属实后，依法枪毙了汉奸贺文秉。

（注：上述事件细节乃旧绥远省银行职员王少山(左云县人)提供）

（**编者注：**此文写于1976年4月25日。）

不白之冤

一九三八年夏，部队移驻河曲营盘整训时，有人说我扣下三个月的兵饷不发，骂我。那时确实是欠发三个月兵饷，乃是上级未发下来，岂是我所克扣！此事又不好辩解，致我气得病了一场。随后我建议傅总司令："请您先把阎长官欠士兵的饷垫发了，我可以对大家讲明这欠饷是傅总司令垫发的，至于官长的饷俟领到后再发。并且这兵是我们带的，还要继续打仗嘛，我估计用不了三千元。"傅从之，令着即领发。当日下午领回，由孙兰峰旅长点发，并讲话说明了原委。

一九四三年，有一次全军的团长以上干部在五原开会，有人提出本师不发补给的马干。傅当场问我："为什么不发？"我回答："我长了几个脑袋，敢扣住马干不发！可问各师都发了吗？现在军部还未领到，我师哪儿有的发！副长官部领到了吗？可查问。"傅无言。

（**编者注：**此文字亦摘自东厢书桌里一个笔记簿中，标题为编者后加。）

不要亏心

一九四四年岁次甲申之正月，某夜在寤寐之中，梦见玉铉高祖立于我面前,犹自抚膺而诲之曰:“不要亏心。”表情显示对我甚为关切。语毕,我亦即醒,甚异之。窃思,此语虽仅四字,却言简意深,实为处世待物之圭臬。

次日早晨将上班,穿着大衣,察觉衣袋内装的纸币约一百五六十元不翼而飞。询及家人,均称未拿。及至下班后回家,得知失钱事已为副官刘玉灿查明,原系勤务兵李某(年十六七岁)所偷掏,彼赴赌场赌博,且被赌徒所骗,已输之净尽。又知刘副官亦已报知当地稽查处,经处长朱伯珩破获赌场,并已向放赌者追索出勤务兵李某被骗输的钱。

据谓,当时追出之钱,实际超过我所丢失之数,但是,我只让取回一百五十元,其余所没收款数,我一文不要,着刘副官告知稽查处朱处长由他处理;还从稽查处把勤务兵李某要出,送回原部队。事后,联想前夜所梦高祖训诫的话,顿时毛骨悚然,打了个寒战。盖以“不要亏心”之祖训,揆诸从赌场追回勤务兵李某赌输的所偷之钱一事,其即为灵犀一点通的感应之谓欤。这只是现实的一例。由是认为此“灵根”是应当继续善养之,保全之,而不可丝毫损失之。如扩而大之,则“不要亏心”四字不仅在我自己应铭心镂骨,身体力行,尤必须以梦高祖训示于我的这个口授训词垂示后人,作为王氏家训,勉克明德。云:

依稀高祖身来临,四字箴言寓意深。

口授训词亲启迪,后人切记勿亏心。

(**编者注:**此事的记载在作者遗稿中多处出现。本文连同其标题,均见于作者的一份完整的单页文稿。)

祖父去世

我的祖父是一九〇八年十一月去世的。

我自幼乃为祖父所启蒙。在教我识字前,祖父就口传一些歌谣俚语给我,如:

人贵立志自琢磨,莫向人前说奈何。富贵易助银千两,贫穷难求粟升合。

雪里送炭君子少,锦上添花小人多。至亲厚友均莫靠,人情更比浮云薄。

再如：

人到四十左右，才知道思前想后。上忧者父母年老，下虑者子女未就。每日的柴炭米面酱醋油，差事门户要追究。背地里暗点头，重担儿何时丢，除非是黄土盖面一世休。

像这些诗句，还有很多，在我长大后，曾就所能回忆者记录了下来，可惜均在抗日战争时期失掉了。但当年祖父口授的一些诗歌和所讲的一些旧事，我至今记忆犹新。

祖父兰台，弟兄三，长兄兰坞生子河来迁居陕西延西府，仲兄兰阶无子，只生一女燕姐适城西吴城村。

追念其仲兄兰阶赴云南任，行至中途被抢劫而返之事，祖父念道：

“年迈兄，何捐官？送出东门我心酸。……到中途，遇强盗，被劫永宁州(河南道)一湾。州官送银二百两，安慰一番劝回还。”

祖父还告诉我，其仲兄兰阶逝世后，由于生前负有债务，无力代为偿还，遂亦不敢张罗殡埋其兄，停柩西院数年。适以荒年初过，有县官马家鼎亲临民家访问为何停柩不葬，乃从田地里召回我祖父，问明情由，祖父具实以对，开头几句：

“马大老爷是青天，到我西院坐阶前。叩一头，好心酸，家务事情诉一番。……”

当时即奉马县官手谕：所有王兰阶生前欠人的债，一概免于偿还，并令即将停柩殡埋。

在幼时，我认为祖父是最有学问的人，对我成长影响也颇深。所以祖父去世时我很悲痛。

有关祖父去世，还记得一件事：

在祖父刚刚逝世、灵停西院时，我和仲弟随父母守灵，就住在灵堂旁侧的内间。一夜，叔父从东院过来，向我父亲说：“咱们的门分还不顺！”意思是想分家。我父立刻反问他：“你说什么？”叔父就把他那句话重复了一遍。我父悲愤交加，顺手把茶碗摔在地下，随即倒在炕上，抱头痛哭。就在这时，橱柜门上的铜环，像是人用手拍似的，响了一阵子。仲弟吓得急忙从地上爬到炕上，靠在我母亲跟前。叔父惊慌地叫起来，问我父亲：“哥哥！那是怎的？”父亲并没理他。他自觉理亏，再未说甚，就走了。

（**编者注**：此文见于东厢书架上一卷宗内，写作时间不详。）

回乡殡母议家事

一九三八年一月（即农历丁丑年民国二十六年腊月），时部队驻柳林，我请假回籍殡母。

我赶旧历腊月二十六日到家，已动事，三日行事，二十九日出殡。墓志乃由马负图先生撰文（见附录1），王坛昌先生书丹。丧事乃王受祉先生点主，何德来先生、兰××先生和黄金镛先生赞礼。王云峰先生总管，吕思良先生折盘。丧事很是隆重，上至傅作义先生，下至我团官兵，都送了挽联（见附录2）。出殡日在坟茔舍饭一天。出殡后的次日服散，正是腊月月尽日。

母殡于城东南祖茔。以事前无准备，致先父殡在城东南祖茔，先母即就近殡城东南祖茔，先东渠母仍殡在城北吉家庄顶上祖茔，三位均未合葬。计议时局平定后，再合葬。

丧事既毕，于正月初五日请有关亲戚好友数人和叔父谈家事。先是，从弟雷行（又名雷章，乃叔父长子）给他父亲写信，内有云：“把祖先留下的产业完全变卖，另置新业，以免旁人干涉……”等语。这是什么意思呢？既认为是自己的产业，卖与不卖其权在自己，为何怕旁人干涉？并且旁人是指谁？其心中之鬼，昭然若揭。由于我父亲叔父一辈没有分家，他又是把我母亲及子女强行赶出家门的，一听说长门长子要携家眷回籍办理殡丧事宜，自然担心我们来清算家产。于是我叔父就照他儿子信中意思办了，急不可待地把祖宅西院典给他的女婿高景山。在我母亲灵柩回籍后，借女婿高景山名义，反宾为主，硬是不让先母灵柩进西院门。如此行事，岂不为王氏子孙者痛哉！我又岂能容忍！

申明事由原委之后，叔父理屈词穷，痛哭流涕，悔愧不已，当着诸亲友面承认在他这一辈确实没有分家，并说：“过去我对家事处理得完全不对，依大家说，看怎么好怎么办。”谈至此，是非已明。由于前方战事紧迫，我要立即归队，关于此段家务只好声明另议。

在我离家之前，重新题了先祖匾一页，曾祖匾三页。先祖匾题字是“皇恩进士”。曾祖匾一页题字是“明经进士”，悬东院门上。一页题字是“派接河汾”，该匾的“汾”字坏了半个字由雷鸣弟写补，悬西院墙上。一页题字是“教衍图书”，是曾祖门生举人贾步沼等题书，悬西院门上。

旧历正月十六日，接前方电召，即日乘汽车赴前方。

附录一：墓志铭

王母窦太夫人墓志铭

窦太夫人者王君雨辰之母也出殡有日雨辰君属余志铭余不文特与太夫人少同里闬长居同城悉其行事义不容辞按太夫人本县城西街处士兴邦翁之次女温恭由于天授贞静出自性成兴邦翁性嗜读太夫人以庭训涵濡凡事咸以礼义自持十余岁时兴邦翁病太夫人侍奉汤药形销骨立乡邻咸称为奇孝性巧慧刺绣别具匠心人多羡之家恒售其刺绣品佐家计十六岁归王君博斋事翁姑以孝处妯娌以和荆钗布裙矢勤矢慎而尤喜记诵雨辰兄幼时祖香三翁课令读太夫人在旁纺织兼代督课凡三字经醒世编女儿经名贤集千家诗及其他经言诗词皆能脱口成诵遂借以课子女读书识字雨辰君昆仲由是得以有成有柳熊欧荻之风藁砧博斋君初充衣店经理颇负阛阓盛望而啬于命衣店倒闭遂一蹶不振民国五年博斋君捐馆子女幼弱家无儋石之储秋风尘障寒夜衾孤艰苦莫可言喻尔时或劝其变节操或促其鬻子女太夫人铁石其心冰霜其节均以严词谢绝苦语雨辰君昆仲曰妇人以守节为大吾宁与尔等死别安肯与尔等生离也于是毅然奋其志劳其形博针黹纺织之利以养子女且资雨辰入省求学雨辰君今日得以握兵符总师干（以下遗失）

附录二：挽联（部分）

王母窦太夫人灵右

炊粱济丐典襆养姑于今孝义称乡国

训子成名守孀著节从此贤能表管彤

愚侄梁寿国率男希温敬挽

王母窦太夫人灵右

纯孝侍慈闱风木兴悲卧冰未遂养亲愿

干城寄忠悃股肱是倚涅臂益坚报国心

傅作义拜挽 （开吊时送）

哲嗣负一时人望柳营载誉应无遗憾

贤母著明慈令德彤史流芳饶有余荣

傅作义鞠躬敬挽 （出殡时送）

乔木痛先摧仰母仪美媲仉欧绰有清徽光里乘

灵萱惊顿萎有子舍才长军旅应无遗憾到泉台

晚苗玉田鞠躬敬挽

梦断北堂春雨梨花千古恨　机悬东辟秋风桐叶一天愁

石华岩敬挽

阃范咸钦一夕瑶池竟返驾　母仪足式千秋彤管长流芳

愚晚杨炳炎敬挽

宝婺光沈天上宿　莲花香现佛前身

陆军第四二二团第六连全体官兵敬挽

（**编者注：**此文写于一九八二年前后。在原稿上，墓志铭和挽联等是录于内文之中的，为便于阅读，我们将其摘出，作为附录，列于文后。）

写文史资料就应该力求真实准确

我们写文史资料，就应该力求真实准确。……一些事件的前因后果，应根据当时史实，实事求是地描写。我们都是旧时代过来的人，都曾做过错事，如果不愿直接写出，回避不谈也罢，绝对不能再文过饰非。

（**编者注：**这一段话摘录于作者的一篇发言稿，该稿是为参加一九八一年九月十日“绥远起义史料座谈会”而准备的，因其涉及一些有争议的人和事，故不宜全文刊载。）

慰问傅作义家属信

刘芸生先生暨傅恒各位同志：

惊悉傅先生逝世,至感悲痛。傅先生是一位爱国主义者,参加革命以来,热爱中国人民的伟大领袖毛主席,热爱社会主义祖国,拥护中国共产党,为社会主义革命和社会主义建设贡献了自己的力量。我们谨向他表示深切的哀悼,并对你们致以诚挚的慰问。让我们化悲痛为力量,在以毛主席为首的中国共产党的领导下,在不同的岗位上,为伟大社会主义祖国的繁荣昌盛而努力。

王雷震

一九七四年四月二十四日

傅作义家属的复信

王雷震先生：

作义逝世,承函吊唁问候,高情厚谊,感荷弥深。

在党和政府的亲切关怀下,政府为作义举行了葬仪,悼词对他的一生给予较高的评价。

我们家属认为,这不仅是给作义的荣誉,也是给予他生前所有的同事同仁的共同荣誉。这是党和政府对我们的殷切鼓舞和策勉。

我们要化悲痛为力量,积极工作,努力学习,在以毛主席为首的党中央领导下,在毛主席无产阶级革命路线指引下,团结起来,把批林批孔斗争进行到底,为社会主义祖国的繁荣富强,为反对帝国主义和社会帝国主义的侵略阴谋,为实现解放台湾、统一祖国的神圣任务而努力奋斗。

特致函谢,并致

敬礼

刘芸生

五月六日

致董其武信

其武兄:

你好!

每想及傅先生逝世,深感怆悼。我以傅先生病时,未能前去探望,傅先生逝世,又未及亲往致吊,遗憾何似!只有在千里之外与诸位及追悼傅先生者共洒同悲之泪。复思傅先生是爱国主义者,自参加革命工作,在以毛主席为首的党中央领导下,为社会主义建设,为解放台湾,贡献了自己的力量。逝世后,政府隆重地举行葬仪,悼词评价颇高。这对我们在毛主席无产阶级革命路线指引下,努力学习改造,为人民服务,能做点好事,确实是极大的策勉。尚祈俯念袍泽旧谊,时赐指针,是盼。

您小侄石安屡次赴京出差,多蒙您惠赐训导,解决困难,甚为感激。他在您的教诲下,近几年来颇有相当进步。从他来信中转达了您对我的关心,更是难以忘怀。特此致谢,并为问候。

此致

敬礼

王雷震上

一九七四年五月二十二日

董其武复信

雨辰兄:你好。

五月廿二日函奉悉。

傅先生病较重时,与其商议告知你们,他说个人通知来,很多不便。这意思,我曾托保安转告你们。逝世后,我把傅先生生前故旧和友好的名字,都开给组织。组织上对于在京已故的高级同志,一概没有通知过外地。故没有通知你们。

确如你说,傅先生的一生是爱国者的一生。我们和他一起共事多年,他的一切都是以民族、以国家为重,从不计较个人利益得失。他已安息了!他由爱国家、爱人民的一生,发展到热爱伟大领袖毛主席,热爱社会主义制度,拥护伟大的、光荣的、正确的中国共产党，拥护无产阶级文化大革命，拥护批林批孔运动，坚持读毛主席的书和马列的书，关心国家的统一和台湾同胞早日回到祖国。党的评价翔实而高。傅先生当已安心矣。我们生者亦有荣焉。

我们应当努力学习和积极工作，以只争朝夕的精神，为党和人民事业尽到最后一滴血而已。

你的信上的字，小而有力，足证精力充沛，这就好。石安侄到京见面，我甚喜欢，说不上教诲。我尚好，勿念。祝你健康

董其武

五月廿五日

一九八〇年给内蒙参事室信稿

内蒙自治区政协参事室：

顷接内蒙来信，始知内蒙自治区政协参事室已恢复编制。唯我以知之太晚，对各位领导失迟敬候，歉疚实甚，尚请见宥。

七七年秋，我因胃出血，被送入内蒙医院抢救，后转到北京友谊医院，才确诊为胃小弯部溃疡出血及胆结石症。因年龄关系不能施行手术。着服药休养至今。长期在京养病，我亦甚为不安。几次欲返回呼市都因病体不支未能从心。今年夏天本欲与孩子同去呼市，不想到了大同却因胆囊炎复发未能前往，很是遗憾。在京这两年，我的政治学习，没有能很好地抓紧，仅是每日看看报纸，也不时写信向陆、高二领导汇报自己的情况。此外，今年年初，民革有关同志闻知我来京治病，便派人联系，通知我参加了数次学习活动，并推选我担任了民革北京市第十支部委员。我因为身体多病，也实难胜任一切工作，多由其他委员主持。不过参加的几次学习活动，还使我得到不少教益的。以上即是我在疗养病期间的学习、生活概况，合并搁陈。有何指示，请即示知。是盼。此致

敬礼

王雷震

一九八〇年十月二十九日

给石安儿信

……

嘱石安儿几件事：

坚定政治立场：多学习政策时事，务期符合红专要求。以三面红旗作自己学习、工作、处事、接物在前进方向上的指针；以六项标准衡量自己，指导弟妹并勉励弟妹，达到满堂红。

教学相长自勉：深加体会学然后知不足、教然后知困的意义。掌握好教学参考文件。精读《实践论》、《矛盾论》，选读若干篇古文。并阅读古书：纲鉴、史记、小学(外篇)、幼学琼林、论语、孟子、列国、五代史……等。写作笔记及“古为今用”的作品，着重理论联系实际。经常练习毛笔字(选帖临摹等)。

养成学者作风：博览群书，有书卷气。现专文学系，应重本业，捎副业。如演戏有本戏，有捎戏。必须有雄心壮志，继文学“国学”之系统，能有所写作。如现时有各种科学专家，古时孔子弟子在文学科最好的，有子游和子夏。三国戏剧中的周瑜，手里常持一本书，做事表现细致明智，决非粗鲁无含蓄的张飞可比拟。

关于工作处人：在态度上要和蔼、沉着、稳健、谦虚、忍耐，绝不骄傲自满。有依靠群众的情感，有助人为善的美德。练习明确是非、通达事理，话可让而理不可屈。在工作上要苦在人前，乐在人后，充分表现有社会主义作风。要能完成人所不能完成的任务。

一九六一年十月三日

父手示

(**编者注：**这是作者给其长子的信。此时其长子王石安刚刚大学毕业参加工作，在中学任语文教师。)

给石丞儿信

丞儿：

我知道你是肯学习的好孩子，只告给你几句话，望你能够做到：

一、在家里要听你妈和你哥哥的话。对弟妹们要亲爱能让。

二、在学校里要听老师的话，对同学们要团结帮助。

三、在学习上有了疑难的问题，就应该开动脑筋想一想，想对了再谈、再写，不要性急。特别是算数的问题，不但是先要思考一番，究竟应该怎样算，而且在算出之后还要检查一遍，或用还原办法，来证实这个"算法"或"算式"是没算错。使用这些方法，须养成习惯。

望你学习进步。

父手示

一九五九年四月二十七日

（**编者注：**这是作者给其次子的信。此时其次子王石丞在北京上小学。）

给石平儿信

平儿：

多日未接来信，甚念。闻知苏修叛徒集团的边防部队，从二月二日以来，不断疯狂地侵扰我黑龙江珍宝岛，我们非常气愤，这也是中国人所不能容忍的。要知珍宝岛从来就是我们中国的领土，而苏修却胡说什么珍宝岛是属于他们的，这是法西斯侵略的一贯逻辑。他们的老沙皇侵占了我国黑龙江以北至外兴安岭之间的六十多万平方公里（中俄《尼布楚条约》），共一百多万平方公里的土地，至今还没有吐出，归还中国，这就是已经违背了列宁提出的，应当废除沙皇侵占中国土地的不平等条约。到今天竟敢又来侵犯我国的珍宝岛，更暴露了苏修社会帝国主义本来的丑恶面貌和豺狼野心，是地地道道的新沙皇。我们守卫在珍宝岛的英勇战士，已经一次次地把他们驱赶出去，保卫了祖国。证明了中国是不可侵犯的。由毛泽东思想武装起来的中国人民的解放军战士，是无敌于天下的。

我自恨年老,不能上前线去杀敌人,但是有你们都站在守卫祖国边防岗哨上。希望能发扬勇敢精神,加强国防力量,为消灭侵入之敌,也可替我多出一份力。愿你做一个毛主席的好战士,做个中华民族的好儿女。我在后方也要做我力所能及的事情,支援前线,为保卫祖国尽我应尽的力量。望你们注意身体强壮,好好学习毛泽东思想,听毛主席的指挥号令,遵照办事。还盼多来信联系,是为至要。余再谈。

祝毛主席万寿无疆!

父手示

一九六九年三月十八日

(**编者注:**这是作者给其三子的信。此时其三子王石平已由北京奔赴黑龙江生产建设兵团,所在连队位于宝清,临近珍宝岛。)

证明信(附简历)

我是一九四九年“九·一九”在傅作义引导下参加绥远省起义的干部。在起义后,我参加革命部队工作时期,我的家属是随军家属。特为声明,请你们作评定我家属的参考。

附件:我的简历

王雷震(盖章)

一九六六年九月三日

附件:

我的简历

王雷震,山西稷山县人。一八九八年生。

辛亥革命前后,在私塾及小学读书。迄考入中学攻读,以家境贫寒而中途辍学。一九一九年考入公费之太原斌业中学,毕业后,转升斌业学校工业专门部继续读书。一九二五年,该校突然改为军事性质之学校(即后来之北方军官学校),并在毕业前奉令分配到当时山西部队服务。我的旧社会职业军人生活从此开始。

在山西部队历任排长、营附、队附、队长(山西陆军教导团)。一九二七年,山西易帜,山西军队改称为“国民革命军第三集团军”,对张作霖奉军作战,我调任旅参谋，后又回山西军官教导团；一九二九年，被派任中央编遣委员会委员（在西安工作）。不久，仍回山西军官教导团本职。次年任营长，旋奉调出省参加阎冯倒蒋之战；阎冯失败后，又回山西。

一九三一年整编部队时，编归绥远傅作义三十五军建制。此后一直在傅部工作，先后任营长、师（军）副官长、团长、副师长、师长、副军长。日寇投降后，担任包头市市长、包头警备司令、绥远省干部训练团教育长等职。

“九·一八”事变以后，因绥远省毗邻热、察，靠近东北，成了抗日前线之冲，从一九三三年绥远傅作义部出兵参加长城怀柔抗日战役起，我开始参加抗日战争，先后参加过绥远抗日，山西平型关、忻口、太原及绥南和林格尔等处多次战役（时任团长），以及绥远包头、绥西五原等主要战役（时任副师长），并指挥过本师的一个团袭击安北县南场之日伪军（时任师长），与指挥本军所辖的一个团袭击萨县鄂尔格逊之日伪军（时任代军长）。

一九四八年由绥远干部训练团教育长调回三十五军副军长原职。同年冬，该军在新保安全部被歼，我以患斑疹伤寒在病中被俘，学习了两个月，北平和平解放，回到北平。

不久，傅作义奉党的使命赴绥，促使绥远起义。当时他遵照毛泽东主席关于傅部被俘的干部可以参加绥远起义的指示，把我召回绥远，我以绥远指挥所高参的名义，参加了绥远“九·一九”起义。

起义后，奉绥远省军政委员会（主任傅作义，政委薄一波）命令，担任绥远省军政干部招待所主任，收容旧日在平、津、察、绥跟过傅的军政干部。旋又先后奉命担任中国人民解放军包头军分区司令员、包头警备司令员。又曾被选任包头市人民代表，及担任蒙绥陕坝军分区第一副司令员等职。一九五四年转业，任内蒙古人委参事。一九五七年，曾到北京中央社会主义学院参加学习，一九六〇年二月毕业，仍回内蒙古原机关工作至今。

（**编者注：**该亲笔书写并盖以印章之证明信是在1966年9月由呼和浩特邮寄到北京的。信后还附有作者个人简历一份。当时“文化大革命”开始不久，正在搞“红色恐怖”，家中也面临被查抄和被打成反革命家属的危险。故欲以此证明身份。）

《小英雄》投稿信

山西省人民政协文史资料研究委员会　负责同志:

内蒙古人民政协文史资料研究委员会　负责同志:

一九三九年,我在傅作义部任四二二团团长时,曾将当时我团的抗日战士的英勇事迹编成小册子。多年来,一直想再把它整理出来,借以纪念这些为抗战流血牺牲和负伤残废的英勇战士。因久病,力不从心,迟至近日,才得脱稿。特将打印稿奉寄一份,或许此件对研究抗战历史能有少许参考价值。

此致

敬礼

王雷震

一九八三年八月二十八日

(**编者注:**这封信是作者去世前的最后一封信稿,也几乎是他所写下的最后文字。该信中所言小册子,即是题为《小英雄》的《傅部四二二团战士抗战纪实》,当年未见发表,今本书已将其作为全书第一篇文章刊出。)

第三编·诗稿

王雷震　1976 年

【编者按】

在作者的诸多遗作中，有一本作者自辑的诗集，题为《道中吟》，内容分为《枕戈》和《新生》两集，共收录诗作 108 篇。其《枕戈集》59 篇，作于 1949 年前；《新生集》49 篇，均为解放后所作。

本编中所有附注、附录及注释等，除标明"编者注"之外，均为原作。

误入宦途悔不该
疚心强作笑颜开
思量改革家风处
嘱向百工学艺来

王雷震手书《书怀》

【编者按】

在作者的诸多遗作中，有一本作者自辑的诗词散文集。其中散文部分《柳营随记》已单另成篇，而所余诗词《道中吟》则以写作时间为序，选辑于此。

《道中吟》诗词选分为《枕戈》和《新生》两集，共收录作者诗作108篇。其中《枕戈集》59篇，均作于1949年前；《新生集》49篇，均为新中国成立后所作。

所有附注、附录及注释等，除注明《编者注》的外，均为作者原稿。

道中吟

枕戈集目录

由太原送先慈灵柩南旋
梦中会隐士题赠
殡亲联
虚攻太原而实进绥远
记马屉梁歼敌之战
助获吟
向绥远挺进抗日
四二二团英勇战士《小英雄》写成
视察五加河
再助秋收
中秋夜
袭击包头战役
赠青年会军人服务部
偶感
五原战役
克新城
悼赵寿江营长
悼五原阵亡诸烈士
迎接胜利年
问津遇哑童
勉少年队诸学兵
辛巳生辰感
帮农民修渠成
雪霁
由五原赴东胜道中吟
偶过虹下
虹下观朝曦
哀悼屈原
梦里敬聆高祖训
为张剑梅先生题纪念词

新生集目录

道中吟·枕戈集

强我中华赖维新

晋祠池上观鱼跃，卧虎山前看起云。

古柏千年荫庇远，强我中华赖维新。

注：民国八年（一九一九年）巴黎和会上，我国代表抗议山东问题无结果，继而为反对日本提出的二十一条，北京的大学生三千余人于五月四日游行示威至总统府及英、美、法、德各领事馆表示国民真正意见，并到曹汝霖宅问罪，还毁了他家，打了章宗祥，学生被捕七人，以至全国援助，学生罢课，商人罢市。是时我正在太原斌业中学上学，我校也参加游行。

从戎吟

本是书生心却豪，毛锥投下托枪刀。

肩章灿烂志光国，谁识军人地位高。

注：于民国八年（一九一九年）入斌业中学后，以该校系军队编制、军事管理教育，学员均着军服、带肩章、佩刺刀，即军人也。假日外出，有亲友见我忽着军服，以我已当兵了，在大街相遇，亦竟躲避，似不欲与我语者，时有感而记之。

行至晋祠

散步园林下，清芳气息新。

晨曦凝叶露，壮士浴心尘。

注：民国九年（一九二〇年）旅次行至晋祠有感。

偶　　感

谁腹能容物，几人自量衡。希天包万有，识己也高明。

注：民国十年(一九二一年)就读于斌业中学二年，放暑假前手工做泥茶壶，在其上刻此文字。

赴省道中吟

耻为功名赴晋阳，子职久悖愧难当。
家贫累弟曾呕血，旅宿思亲欲断肠。
回顾稷山山去远，迎来汾水水流长。
前程万里初开步，弹铗何时慰北堂。

注：民国十年(一九二一年)和庭弟送我赴太原上斌业中学，于途中吟此感怀。

内　　战

黄河之水允清难，直奉称兵山海关。
未及调停陈利害，又来江浙起争端。
民夫忍怨凭驱使，妇女蒙羞供寇餐。
安得死光杀敌镜，一朝照尽乱魔团。

注：民国十三年(一九二四年)内战频仍，民不聊生。直奉之战是吴佩孚与张作霖，江浙之战是齐燮元与卢永祥。时阅报见有军阀部队强征民夫，并拉妇女到战壕做饭云云，有感而作。

步六世祖德卿公家谱成韵

祖德唯深远，忠忱动后人。瓜绵尤爱国，家祚庆长春。

注：余六世祖德卿公与太原傅山、周至二曲为友。又与傅山先生谋复明，事未济。清初，三征不就，未复老不薙发。毕生以文山自期，临终时衣冠不易，其忠义气节，感动后人至深。

附：六世祖德卿公原诗

家谱成

一本由来重，三槐验后人。无忘先德远，奕叶看长春。

植树偶成

（一）

官兵集体造林来，期作栋梁用意栽。
只为树人犹树木，且寻良质育良材。

（二）

躬亲植树又栽花，绿绕东篱香满家。
锦绣山河加点缀，风光留与后人夸。

注：民国二十五年（一九三六年）奉命调任四二二团团长，四月响应政府号召，率全团官兵在绥市造林。

旗下营关帝庙联

义勇精忠扶大汉，英名威武震中华。

注：民国二十五年（一九三六年）夏秋在旗下营驻防。以修关帝庙，作此楹联，手书木刻悬之。

绥东红格尔图土城子之战

妖气缭绕土城前，大雪飞扬察绥边。
星夜推军开进地，战士催骑竞先鞭。
跳梁小丑曳兵溃，杀贼健儿皆袖揎。
红格尔图国威振，人民欢庆太平年。

注：于民国二十五年（一九三六年）十一月十八日奉傅作义军长命令，着我团临时归董其武旅长、骑二旅彭毓斌旅长指挥，于是日夜间用汽车运送至红格尔图作战开进地，到达后，即协同李作栋四三六团与骑二旅骑兵兄弟部队一同进攻红格尔图

土城子间的日寇及李守信、王英的蒙伪军。敌军败绩，溃窜北山。

大庙升旗

东方的火凤，
突破了乌龙似的暗影，
显现出大地的光明。
国歌高唱，军乐悠扬，
国旗徐徐升到空中在招展飘摇，
她带来了胜利的微笑。
看那一队队的官兵，一个个的喇嘛，
沉静地在听训话，
更表示了汉蒙民族的团结伟大。
庙前的燕子，头上掠飞过，
它给人们以至高尚的灵魂，
呢喃低语：
"敬求诸将士，好为保护我们的巢，
切不要让敌人侵占了。"

注：民国二十五年（一九三六年）冬百灵庙战役结束后，本团奉令进驻绥北大庙（即锡拉木楞庙），每日早晨升旗，必召集喇嘛参加，同时，告以参加升旗的重要意义。在予以简单讲话时，即由副官何忠良翻译，意在训练喇嘛也。旗升起后，喇嘛们始入大殿念经。一日绥境蒙政委员会石参赞偕中央赈委会刘委员到大庙发赈款，对能集合喇嘛且排队整齐，颇奇之。余告之以每日升旗训练之故，石亦点头称善。

大庙偶感

（一）

蒙民信仰唯喇嘛，敦请念经治天花。
痴说中华是外国，欲凭佛庙护身家。

（二）

绥境固然不受侵，关东失地耻犹深。

何时文化开西北，唤醒蒙民爱国心。

注：大庙住有喇嘛一千余名，在归绥东北约三百余里处，为锡林郭勒盟德王府通百灵庙必经之驿站。当四二二团驻大庙，并派医务人员为蒙民种牛痘时，均被拒绝，说“我们出了天花，请喇嘛念经就好了”，虽百般劝告，亦不听之。

赠谭健常

登临大庙迎新春，适在草原遇故人，

拜谢劳军谈往事，举杯致敬见情亲。

注：民国二十三年（一九三四年）冬，倭寇唆使德王号召内蒙各旗，潜行自治，政府派黄绍竑部长为宣慰大员，俾德王能接受政府命令，抵绥后有随员谭惕吾（号健常）者，余以陪黄部长赴百灵庙得相识。民国二十五年（一九三六年）冬，绥东及百灵庙战役结束后，谭等代表中国妇女爱国同盟会又来绥劳军，至大庙子，是时我四二二团方开抵大庙，又时逢旧历春节，聊题赠数语，以资纪念。

和谭健常

壮士赤心热，不知身披雪。

犁庭扫伪匪，遗迹剑锋血。

关疆拒夷侵，挥戈将贼灭。

承来大庙远劳军，欣感人民同奋烈。

俟复旧山河，约君把酒邀明月。

附：谭惕吾所赠原诗

一腔爱国热，熔却边关雪。

大庙远劳军，依稀认敌血。

谁谓国无人，行看胡虏灭。

毳幕围炉话战功，举杯共庆勋劳烈。

但愿再逢时，把酒同看沈阳月。

和陈逸云

扫尽边疆寇,沈阳再酌杯。俟君将驻马,同奏凯歌回。

附:陈逸云所赠原诗

万里劳军志,黄龙痛举杯。胡笳倚马听,换得捷书回。

大庙筑国防工事

孤悬绥北守边疆,卫国工程兵筑忙。

血汗痕迹留大庙,曾经戴月傲冰霜。

注:民国二十六年(一九三七年)春后起,全团官兵在大庙星夜赶筑国防工事,至八月十八日夜十二时奉傅军长铣戌参战电:“着即开回绥垣集结,准备出动”,工事修了达三月之久。

由大庙出动抗日

抗战进军士气昂,喇嘛饯别乳茶香。

岂嫌急雨浇衣湿,洗却尘埃闪剑光。

注:七七事变发生后,本团驻大庙,对于日寇之挑衅,并在卢沟桥炮击宛平县城,我官兵义愤填膺,枕戈待旦,及奉电东进抗日,均喜形于色。于八月二十日由大庙出发,适逢大雨,喇嘛亦冒雨列队相送,并敬茶垂泪送行,意殊恋恋。官兵在大雨中出动,虽滂沱大雨,队伍仍是气势磅礴,莫能遏止,战士之激昂情绪可以见之。以感作诗记之。

忻口会战

(一)

三晋长城在,雁门万丈高。蚁穴决要隘,忻口遏狂涛。

雨弹枪声烈,陈兵铁壁牢。日机任肆虐,我炮如鼓鼙。

轰炸震山谷,得闲修战壕。手雷掷到处,倭寇回惶逃。

空际烟云布,阵前神鬼嚎。苦鏖无接应,杀贼忘疲劳。

昼竟混天地，夜同燃炬膏。红丘染碧血，青史走丹毫。
何惧风尘恶，志坚胆气豪。频摧敌攻势，小试吾戎刀。

（二）

炮烟弹雨迫忻城，振臂遏云挺战轻。
屡援友军顾全局，黄王团誉得舆情。

（三）

硝烟昏幕罩疆场，血染“红山”挫敌强。
卫国丹心照日月，扫除倭寇到东洋。

注：民国二十六年（一九三七年）十一月。

太原军事会议决策守城

晋绥号称十万兵，抗日谁守太原城。
慨无将领告奋勇，何以偏推傅先生？

注：民国二十六年（一九三七年）十一月二日，阎锡山在太原召开军事会议作守城部署。傅作义主政绥远省，守土有责，却为阎锡山调回山西抗战，保卫山西而放弃绥远。至此会上，又都推崇他守太原城。

记太原突围

（一）

痛惜金瓯恋故城，突围涉水最伤情。
历阶端在战无备，哪有慈航济众生。

（二）

含泪蹒跚离故城，汾西整旅练精兵。
丹心炯照怀忠义，誓报国仇慰此生。

由太原送先慈灵柩南旋

送母灵归姑射阳,并垣苦战力担当。
亲魂莫定遗深恨,国难方殷愁断肠。
边境寇尘未扫尽,中原烽火竟延长。
军人子职余皆愧,抗日成功翘首望。

注:于民国二十六年(一九三七年)十一月五日夜间,余率队进太原城,奉令守城,六日布置城防,构筑工事。派王肇云、陈士英送先慈灵回原籍。至半途未能完成,在我得知后又派宁振清接运,送回稷山原籍。

梦中会隐士题赠

世外桃源隐士居,逍遥自在静何如。
不闻治乱无忧虑,痴教儿孙读四书。

注:自十一月八日夜间撤出太原,于二十日上午到石楼县北之高岩头村,因昨夜彻夜行军,故睡至午十二时未起,谓梦:至山中某隐士家,甚清静。桌上放一本《论语》,批点颇详,还用黄蜡打了书角,很耐用。据称是其祖上数世遗传。此外,尚有《论语》两本,谓系儿女读用。余审慎观察之后,想及赵普所谓半部论语治天下,就此人谈话,实为隐士无疑,但在日寇侵华形势下,不先爱国救亡,要遁世做隐士,是甘心做亡国奴,呜呼耳,乃题诗于书皮上。在题此诗后,忽送命令者至,叫余醒。时为正午十二时,拆开信封阅之,系"着即刻出发,向石楼前进"。余以所梦甚异,记而志之。

殡　亲　联

(一)

呜呼,我慈爱的母亲,从此时将不复见。
哀哉,这无依的儿女,到哪里报养育恩。

(二)

王氏中兴,母功唯伟,经艰苦四十年,功成去也。
慈云西逝,家教犹存,堪仪型千百世,教化行之。

注:民国二十七年(一九三八年)一月二十二日,我请准假由柳林起身回家,二十五日到达,二十八日殡亲(即农历二十六年腊月二十七日),在此数日内幸无空袭警报。噫!亲魂已安定矣。

虚攻太原而实进绥远

反攻并垣密令传,闻鸡起舞志弥坚。

同仇不忘太原役,必饮黄龙始凯旋。

注:民国二十七年(一九三八年)二月说是“能丢太原就能反攻太原”,至四月进兵至临县三交镇,却又奉令向绥南进攻矣。

记马屉梁歼敌之战

倭寇豺狼性,侵华罪昭彰。且诱贼深入,姑予巨创伤。

巧战大双墩,坚守马屉梁。逆风暴雨里,看我好儿郎。

注:作于民国二十七年(一九三八年)五月。

助　获　吟

行过南陌上,朝露沾我衣。彼稷累累穗,是禾渐渐稀。

主称其刈速,免采西山薇。战士助秋收,老农忙指挥。

官兵歌热烈,童稚和声微。视此军民洽,欣然乐忘归。

注:民国二十七年(一九三八年)秋驻河曲时,全团官兵助老乡收割庄稼有感而作。

向绥远挺进抗日

（一）

傅军攻克和林城,民众欢腾夹道迎。

团结乡亲爱祖国,扫除日寇庆升平。

（二）

竭忠抗战一间房，警告倭奴莫逞强。

且看血染察圪洞，极应缩首返东洋。

（三）

夜度偏关号令行，衔枪力克和林城。

迅雷歼敌喇嘛盖，打援转兵旗下营。

（四）

守土男儿参义战，回师塞上有威名。

黑河南岸风云骤，应使绥远雀鼠惊。

注：民国二十七年（一九三八年）四月，在临县三交镇奉令向绥远挺进。经过偏关，克复清水河再克复和林。主力军进军一间房，与敌激战。我便衣队活跃于归绥南之黑河南岸。四二二团向旗下营挺进，留第三营在和林戒备。第一营到旗下营利用旧作之工事，毙伤敌援及修路队四五十名，阻敌增援。三营在察圪洞歼敌岩田骑兵联队。

四二二团英勇战士《小英雄》写成

允称抗战勇，宛若阻狂澜。歼敌滹沱畔，守吾忻口山。

满腔爱国血，盈耳黄王团。英烈垂青史，留于后世看。

注：民国二十七年（一九三八年）秋，在河曲整训。抗战以来，目睹战士之英勇异常，深感其可歌可泣。只恐事迹之湮没无传，爰就所知足堪记述者集而录之，刊印成册，傅长官题之为《小英雄》。

视察五加河

五加风缓烟云轻，禽鸟飞鸣各有情。

两岸芦苇峡壁立，单舟翅展乌梁横。

波流婉动蛟龙舞，桨舵翻摇鱼鳖惊。

众志成城天亦助，冰墙十丈筑铁屏。

注：民国二十八年（一九三九年）春，由神池四十亩沟，奉命赴偏关旋至河曲楼

子营，过河到绥西，夏季改编完毕，迄秋，余任三十一师副师长，奉命视察五加河，从五原北义和源渡口（乌镇）出发，乘小舟由五加河乌梁素海，南至五毛界，准备冬防，作冰工——冰井、冰坝等防御工事。回时道中吟。

再助秋收

抗战三年志未酬，追思击楫在中流。
枕戈顾念民生重，助罢秋收除寇仇。

注：民国二十八年（一九三九年）到绥西，秋，带官兵再助老乡收割庄稼。

中　秋　夜

戎马仓匆两度年，暮笳声里惦家园。
寄怀团圆中秋月，扫尽倭尘到海边。

袭击包头战役

（一）

冰块堆成八阵图，乌梁海上阻倭奴。
我军却自前山进，攻入包头计妙殊。

（二）

阴山伏虎瞰包头，闪电掏心歼寇仇。
古庙惨流爱国血，英雄轶事美千秋。

注：民国二十八年（一九三九年）十二月出师进攻包头。

赠青年会军人服务部

慈云绕护阴山阳，一片婆心扶病伤。
战地巡回宣救国，肃清倭寇保家乡。

偶　感

回忆当年投笔时，曾吟光国从戎诗。
于今抗日遂初志，随傅将军战马驰。

注：民国二十九年(一九四〇年)绥远挺进，未能达所望，回河曲道中吟。

五原战役

（一）

将士如云剑气横，迅雷克复五原城。
皆疑傅部从天降，歼灭顽敌报捷声。

（二）

绥远政军治合流，人民知报国家仇。
当年诱敌投罗网，今日擒魔枭鬼头。
少妇争抬伤战友，老妪笑馈点灯油。
五原胜利终归我，勿忘更生自力求。

注：民国二十五年(一九三六年)绥东战役有兴和县老乡张子清者诱敌人至区公所将其俘虏之。

民国二十九年(一九四〇年)三月五原战役中，有该县民众王贵成等手刃溃散之敌十余名：王贵成(即王大老虎)和卜长根二人杀敌人于五加河边；张汉三(游击队)打死水川大将于乌梁海边；在战斗时还有小脚妇女抬送伤兵，老太婆晚间给队伍送油灯。

克　新　城

诱歼敌人泥淖滩，五加河畔水犹寒。
隆兴长里火偏烈，烧尽倭奴指导官。

注：五原新城旧称隆兴长，今犹称之。当时内有敌特务机关、伪军司令部及人伪警察等部指导官及警士约二百余人，除俘虏击毙者外尽打死或烧死于屯垦办事处及民众教育馆(戏台)内。

悼赵寿江营长

直捣敌巢谋计奇，几番肉搏苦支持。
全营奋斗强争胜，最后成功谁说迟。
只痛将星竟尔陨，偏当倭寇溃奔时。
名书青史流芳远，血染阴山举世知。

悼五原阵亡诸烈士

（一）

五原克复振邦家，聊赠一支胜利花。
此有千丛爱国血，讴歌忠义功无涯。

（二）

浩气森森后套扬，忠魂渺渺与天长。
河山收复基初奠，烈士坟前草木香。

注：于民国二十九年（一九四〇年）五原战役后。

迎接胜利年

最欣胜利今朝迎，爆竹连声小鬼惊。
荼累擒魔伸义愤，河清海晏庆升平。

注：以民国三十年（一九四一年）各报纸贺新年运动题词是“全国军民一致努力迎接我们的胜利年”余在绥干团题新年特刊词，作此俚言一则。

问津遇哑童

征途雨洒觉风清，欣得行人和唱声。
问路牧童胡不语，为伊遥指示前程。

注：民国三十年（一九四一年）春，在三道桥去李松轩司令部，时道中见有行人，向牧童问路。

勉少年队诸学兵

爱国男儿胆气豪,同来抗日勒功劳。
中华民族多英杰,东亚主人属尔曹。

注:民国三十年(一九四一年),十七师将不满十六岁的新兵百余名组成“少年队”,教其读书识字。书赠此以勉之。

辛巳生辰感

(一)

四十年华闪电过,南柯梦醒笑痴多。
待吾平寇凯旋日,稷野闲听黄鸟歌。

(二)

四十年华一梦过,山河收拾责仍多。
攘夷挥我横磨剑,平息风波把酒歌。

(三)

抗战四年苦斗过,仰天长叹激昂多。
健儿快马指东进,扫荡倭奴奏凯歌。

注:民国三十年(一九四一)年,时年四十四岁。

帮农民修渠成

河套膏腴地,溯源崇禹功。浚渠通水利,登堤炼兵工。
麦浪垂浓露,蛙鸣趁软风。西成欣有待,国力蓄云中。

注:民国三十一年(一九四二年)十七师全体官兵帮农民修水渠时作。河套旧属云中郡,自古即有引黄河水灌溉农田之工程,清末又有大规模发展。至抗战前的一九三五年即已有杨家河永济渠、义和渠、通济渠等十大干渠,这些水利工程年久失修,战乱中更是损坏严重。五原战役后,傅作义提出“治军与治水并重”,令军队帮助修渠,并在次年抽调部队一万五千人修了一条八十多里长的新渠,名为“复兴渠”。

雪　霁

花结晶莹砌世新，铺平沟壑盖灰尘。
琼林玉树共梅艳，当景呼儿堆雪人。

注：一九四四年元月八日作于五原。

由五原赴东胜道中吟

越岭跋沙水草稀，午天臭汗透戎衣。
寻阴迈进斜阳照，路转逢林夹翠薇。

注：一九四四年由二圪旦湾跋沙起行约一百四十里，及至万太兴始见树木而休息。

偶过虹下

万壑腾云征雁高，沿山临水听奔涛。
偶过虹下喜新霁，浩气冲霄跨骥骜。

虹下观朝曦

金星万点耀人目，彩虹半圆饰翠峦。
策马驰来云雾霁，山河恢复旧时观。

注：一九四四年八月二十八日由郡王旗赴准格尔召，途中即景。

哀悼屈原

（一）

不有卞和识，依然结绿湮。怀才未遇主，深为屈原怜。

（二）

王就桀汤非为官，怀才救国匡君难。
当时未许师伊志，偏没汨罗后世叹。

梦里敬聆高祖训

依稀高祖身来临,四字箴言寓意深。
口授训词亲启迪,后人切记勿亏心。

注:民国三十三年(一九四四年)春(农历正月上旬)某夜梦见玉铉高祖立我面前,自扪其胸而诲之曰"不要亏心"。就说了这一句,我即醒,甚异之,觉得仅此一语,情殊恳切,所谓言简意义深也。

为张剑梅先生题纪念词

凭栏望,同胞亟待拯救,
誓当收复旧山河,尽责卫民扫倭寇,
为兴我中华,为抗战胜利,决奋斗。

注:民国三十三年(一九四四年)冬,中央日报社特派员张剑梅先生到绥西采访。

读　　史

穷年追日月,时代太无情。
多少英雄士,从来罕记名。
古国兴亡替,沧桑今昔更。
新闻成史话,血肉铸长城。

忆先慈

夫冤不白玷门楣,秉节携儿假粟悲。
小叔无情吝给枣,穷时忍受他人欺。
委屈折磨心自苦,炎凉滋味伊谁知。
灯前课子熊丸教,一手兴家见操持。

注:一九四五年乙酉正月。母六十五岁诞辰将至,她去世也已九年了。特录先慈遗言如后:

只说我心苦命苦何日了,怎知道天助自助有如今。
贫者立志来学我,富者羡慕我胜人。
教成儿女余心乐,有几句俗语作传珍。
劝世上姐妹们,坚忍勤劳是善因。
证往古,看当今,苍天不负苦心人。
我当年受尽世上的百般气,到今日养得了心中一段春。

书　　怀

误入官途悔不该,疲心强作笑颜开。
思量改革家风处,嘱自百工学艺来。

注:一九四五年春于东胜有感而作。

颂　　春

义愤挥戈不后人,唯求雪耻扫倭尘。
八年运用回天力,一夜转来大地春。

注:一九四五年新春(旧历乙酉元旦)

寄诸弟妹

血战平倭寇,身家弃若遗。弟兄南北散,妻子东西离。
八年流落苦,一本有啼饥。诘语频传至,皆云我不宜。
布裤衣穿决,矢志御外敌。当其将贼灭,乃乐天伦期。

纪念抗日战争胜利

(一)

飞渝受训得南熏,胜利炮声陇上闻。
举国同欢庆战捷,倭奴俯首意何云。

（二）

受敌投降士气伸，军民抗战功绝伦。

八年汗血染青史，欲建国家强又新。

注：自民国二十六年（一九三七年）七月七日卢沟桥事发，日寇大举侵华，激起全民之抗战，经艰苦战斗了八年，至民国三十四年（一九四五年）八月十日，日寇向我国请求无条件投降，我同盟国家先允予受降。是时，余正由重庆受训飞回兰州，在赴平凉中途得此消息，各城市均燃放爆竹悬旗志庆。全国人民心情之振奋，可想而知矣。

凯　　旋

（一）

不看青山经八年，归来环瞩概如前。

悬旗奏凯生新色，雾拨云开重见天。

（二）

抗战八年胜利归，老乡欢聚我周围。

互相慰问庆光复，迎拜军车崇国威。

注：民国三十四年（一九四五年）八月抗战胜利，我军回归绥，旧日熟识的老乡朋友相见之下互相慰问。当军车开往集宁经三岔口有老乡向军车又作揖又叩头地欢迎。

飞南京受训有感

直上云霄泰岳低，南针在握辨东西。

凭机瞰处遍烽火，仿佛声闻百姓啼。

满目疮痍不忍睹，当年恺乐愧重提。

此行万里瞬间到，愿息烟尘拯黔黎。

注：黔黎，指暗无天日，遭难的人民。民国三十六年（一九四七年）四月奉派赴南京受训，七日由绥乘机飞北平，九日由平乘机转京（南京），五月三日由京飞平。往返途中，在济南及徐州两处，飞机均曾降落休息。当时日本帝国主义已投降，而所经过

处，不但见有碉堡工事之军事作战设备，且有部队调动和战斗机出动。六日乘火车抵张家口，住绥署干部训练团，有感而作。

游故宫有感

（一）

从来史迹令人嗟，小愒宫中思国家。
最好风尘今日息，及时欣赏太平花。

（二）

战云密布忧国家，游览故宫兴味差。
但愿和谈得有效，来年欣赏太平花。

注：故宫中有太平花一株，原名瑞花，系清廷已与八国议和，在慈禧太后由西安回銮后，从河南移植此者，慈禧太后遂命名为“太平花”，盖亦有所取意也，此花于每年旧历四月下旬开放，花气清香异常，在花坛之前面有慈禧太后“观花厅”遗迹。当民国三十六年（一九四七年）余往观时，其花枝已有含苞欲放之姿态，惜未能得识花开之色香。时犹盼国共和谈得以成功，人民亦可以喘息也，但不知太平究在何日也。

解放初书怀

外物系心名利牵，误称宦达皆英贤。
投笔初失无射的，学工半途甚怅然。
恨旧常将剑斫地，喜新舒嘘气冲天。
而今盛世方针好，事业绚华在目前。

中央社会主义学院学习

政体全新民自专，今人欢庆时雍天。
长歌迈往光明路，欣睹争鸣胜事传。
珍读工农革命史，熟习马列理论篇。
社会主义学院里，白首同窗犹少年。

注：一九五七年作于中央社会主义学院。

除　夕

京居守岁围炉台，幸福和平分不开。
几个儿童鸣爆竹，一声钟响报春来。

注：一九五七年除夕写于京寓。

记北京宣武区裘家街人民公社食堂

（一）

食堂菜饭样数多，蒸煮炒烩细调和。
品种不一随意选，尝过方知言非讹。

（二）

炊事同志动作快，便利社员准时卖。

端饭送菜应声到，大家都做促进派。

（三）

公社食堂期办好，饭菜花样用心搞。

熟热适口调味香，节约米粮宝中宝。

（四）

适应跃进办食堂，端来饭菜请君尝。

社会主义制度好，欢迎批评求改良。

注：一九五八年于北京。

北京西郊万寿乡队劳动

亲切心情流露真，田间劳作指导勤。

送来茶水问凉热，谈笑宛如一家人。

注：一九五八年于北京中央社会主义学院。

子女种葵花

弟兄姐妹种葵花，团结互助爱国家。

学习优良劳动好，庭前兰桂发新芽。

注：作于一九五九年四月。

生日咏怀

锦绣江山入画新，工农群众语翻身。

光明路上忘衰老，振刷精神若青春。

注：一九五九年六月二日是我六十二岁生日，接次子石丞邮寄给我的祝贺诗，阅后，觉得他取材于“六一”所言情景甚合我意，抄写于下，以愉我心。

明天是“六一”真快乐！爹爹听我说一说：您的生日正来到，我们大家来祝贺；一定好好来学习，让您越来越快乐。

祖国跃进日千里，祝您胜利地工作；祝您长寿如松柏，生日快乐，祝您万寿无疆。

一九五九年五月三十一日

中国人民解放军建军三十二周年颂诗三首

（一）传统纪律党教成

佳话尤传夜过兵，露宿街头犬不惊。
必还借物信愈著，莫取针线义非轻。
老妈扶持端茶饭，小儿趋将起歌声。
军民相依鱼和水，传统纪律党教成。

（二）文武双全数当今

伟大人民解放军，岂止疆场立功勋。
开山劈岭通绾毂，培稼育林竞芳芬。
亦工亦农多面手，能将能兵百练身。
祖国建设保卫者，文武全才数当今。

（三）喜看红旗连彩霞

献身革命到天涯，劳动人民是一家。
南北击敌飞剑戢，东西驱寇走龙蛇。
鸭绿江涌胜利浪，拉萨河开自由花。
东风压倒西风日，喜看红旗连彩霞。

注：作于一九五九年。

题 新 扇

扇驱暑热消散，凉爽舒及心中。
新扇胜过旧扇，东风压倒西风。

勉 儿 童

（一）

少小须勤学，体劳百练身。读书破万卷，服务为人民。

（二）

自小多才学，平生志气高。欲为三好者，革命立功劳。

新年忆旧有感

从前恨富压榨穷，今赞党为天下公。
举国人民多幸福，大家进步满堂红。

注：作于一九六一年春节。

和友人诗

枯木逢春时雨滋，红旗照耀涌新思。
他人跃进先鞭着，驽马仍将追及之。

注：作于一九六一年夏。

勉励石安儿和洁明儿媳

（一）

喜结同心侣，和谐宜室家。福为劳动果，务实戒浮华。

（二）

爱花自浇花,承家学理家。勤俭习劳动,欣培紫兰芽。

注:于一九六一年夏。

妻寿辰和子诗

秋菊从来葩艳丰,朝阳相照满堂红。

嘉辰笑受蟠桃献,乐在和谐孝友中。

注:一九六一年农历九月二十九日是妻菊香寿辰,安儿贺诗一首祝其母寿,悦而和之。

附:安儿原诗:

祝母寿

秋菊殊荣葩艳丰,慈母寿诞喜灯红。

福体康宁乃所祝,环列奉觞乐心中。

注:于一九六一年农历九月二十九。

答梁兆瑞同学

（一）

服务人民交忘形,术专堪自慰耆龄。

多学数年无大过,书读马列胜易经。

（二）

在昔何殊迷路人,泛舟大海无涯津。

回头是岸才醒悟,高举红旗倍精神。

顷得雁书承关切,益知丽泽旧情亲。

所欣琼翰堆锦绣,同际明时载阳春。

注:一九六一年十二月,幼时同学梁兆瑞寄诗两首,读后感慨不已,答之。

附：梁兆瑞原诗：

（一）

三十年前奉君函，侬困书城笔砚间。
封侯唯羡君有志，投笔堪叹我无缘。
携手汾上观鱼日，曾记窗前咏书篇。
壮志消磨岁月里，倚杖斜阳徒黯然。

（二）

六六年华了此生，心织舌耕为书俑。
封建陈陈今方觉，社会新新露曙明。
喜逢盛世身许国，只惜残年意自平。
报于故人博一笑，六载马医齿徒增。

劝子女四篇

（一）崇高的爱

恼时思初好，转笑语含香。争论姑莫强，想通再商量。
爱情为基础，道义结缘长。连心成一体，家室乐永康。

（二）真相敬

放弃偏见莫顶牛，遇事商量谋共筹。
忍让互谅真相爱，和睦幸福到白头。

（三）新家庭

情投意合结成缘，尔我不分抛闲言。
组织生活多体会，批评帮助共勉旃。
互为敬爱相谅信，方向一致数当先。
共产主义风格尚，新式家庭歌颂传。

（四）事要熟思

世事一盘棋，成行务慎思。历史无重演，掌握物地时。

忆旧有感

旧社会如鲍鱼场，何曾闻得芝兰香。
蝇营狗苟趋势力，狐假虎威欺善良。
罕见雪中送炭客，谁知梅瘦傲冰霜，
穷人也有翻身日，志士焉能不自强。

注：作于一九六二年四月。

壬寅夏生日书怀

时年六十五春秋，喜爱红花种石榴。
与日映辉丹葩秀，迎风自舞绿荫稠。
沧桑多阅皆学问，宇宙改观顺潮流。
唯病纠缠旷职久，素餐有愧在心头。

养疴频酌健身酒，读史且添经世筹。
近水依然先得月，看山更上最高楼。

注：作于一九六二年五月。

学习纪实

投身革命喜新天，有病何曾不欲痊。
过去养疴误学习，今来补课自加鞭。
为求改造清思想，接受批评择善言。
切记心声应实践，须知人鉴最明贤。

注：作于一九六六年十二月三十日。

寄给二弟和庭

荆树花开一本荣，共尝瓜果慰平生。
世间兄弟最难得，时念竞劳手足情。

注：作于一九六七年六月十九日。

附:二弟、三弟和诗与来信

二弟和庭和前韵

三槐遗德由来荣,枝叶繁茂乐无穷。
同渡风险更难得,勿忘先严革命情。

注:一九六七年六月二十二日(农历五月十五日),是日为二弟和庭生日,雷颖妹抄写于包头,给我捎来此诗。

三弟夏声来信附和诗一首

大哥:孩子们把你和我二哥写的诗抄给我,我写了几句附陈新意,寄呈你请你审阅。可以宽慰你的心情,也是要教育孩子们。

东方才见奕叶荣,革命征途趁前程。
放眼应看全世界,同立无产阶级情。

一九六七年七月二日

学习书怀

恪遵制度守纪律,读红宝书心莫逸。
自我斗私欲立公,批修深透万事吉。

注:一九六九年四月于“文化大革命”运动中。

九一九起义二十周年

(一)

迷惑半生作孽深,每思往事倍伤心。
若非政策施宽大,似我焉能有如今。

(二)

老来忆旧一梦间,阅尽沧桑世路艰。
遵从实践读毛著,忝附同侪列学班。

注:作于一九六九年秋。

寄丞平两儿

(一)

戍边有责军民同,爱国青年心最红。
保卫中央毛主席,接班人里话英雄。
下乡锻炼乐乘骢,却敌发扬苦战风。
群众支前皆援队,三军火线奏勋功。

(二)

爱汝壮怀志四方,雄心卫国保家乡。
苏修美帝如侵犯,射杀敌人莫慌张。
利用地形作预备,藏身实弹待豺狼。
俟其进至距离近,瞄准目标再放枪。

注:以丞儿插队锡林郭勒盟阿巴嘎旗白音图嘎公社,平儿在黑龙江省宝清县黑龙江生产建设兵团,均属边疆。时形势紧张,故于一九六九年九月二十一日寄书嘱。

慰亲诗修改

阅尽沧桑多变迁,方知今日乐无边。
胸怀开朗学毛选,锤炼红心度晚年。

注:一九七〇年三月十六日收到安儿诗一首,略为更改其文字。

附:安儿原诗:

慰亲诗

经尽人间风云变,方知今日乐无边。
情怀开朗学毛选,红心向党度晚年。

咏　　怀

老来学习识时新,读主席书宜认真。
适应客观心体泰,养成物我与同春。

注:一九七一年四月。

修改丞儿诗二首

其一，祝寿

蜗庐斗室雅清新，喜集儿孙庆寿辰。
未忘当年苦中苦，岂夸昔日人上人。
识时自觉改思想，做事勉旃振精神。
世界沧桑阅不尽，唯物辩证理最真。

其二，听父谈旧事有感

先祖耕田还启蒙，慈母遗训记心中。
困贫弃教学工业，投笔从戎立志鸿。
追悔位高路走错，待罪阶下途未穷。
历尽风云黄粱醒，扫除杂念为树公。

注：一九七一年寿诞，丞儿呈诗两首，觉有不妥处，代为改之。

附：丞儿原诗：

祝　寿

蜗庐斗室庆寿辰，儿孙麟立本有根。
几度吃尽苦中苦，数番做得人上人。
逆来顺受自无恨，冬去春回何有心。
沧桑无尽道无尽，道存心中心自遵。

听父谈旧事有感

先祖耕读亲启蒙，慈母遗教犹忆中。
弃教学工贫无奈，投笔从戎志有鸿。
步上青云心已悔，身困阶下途未穷。
风云历尽黄粱醒，力扫杂念为树公。

纪念先父逝世五十六周年

皇权恶势构怨深，农民暴动结同心。
自从偾事以身殉，取义正名始于今。

注:先父生于清同治九年(庚午年)十一月二十七日。于民国五年(丙辰年)参与稷山民众讨袁起义,以事败,于是年五月初七日被杀害。至一九七一年(壬子年)十一月二十七日,是先父诞辰一百零三周年。

警告子女

要有作为,自幼学习。不耻下问,求知务急。
生活存在,技艺是倚。不患无位,患所以立。

注:一九七三年二月二十七日。

忆昔在除夕作迎春诗

新年饺子除夕捏,直到更阑方始辍。
昧旦正迎红日升,闻声爆竹春来悦。

注:在太原斌专时,除夕和同学们包饺子有感。

勉励学习

读书刻苦深研求,领悟愈多愈丰收。
日里不怕人来借,晚间不怕贼来偷。

春从天上来(怀念毛主席)

瑞雪飘零,是嫦娥歌舞,花坠飞萤。
伏虎捷报,想已得听。佳音再告英灵。
树两面红旗,为鼓舞工农典型。
额手庆,有神策擒魔,横扫毒虫。
力斡春回大地,仰远虑深谋,领袖英明。
辟地开天,鞠躬尽瘁,描绘万里征程。
赞中华崛起,民心聚红日东升。
频追思,念宏图遗志,万代恩情。

注:一九七六年十二月,纪念毛主席诞辰八十三周年献词。

风入松(悼总理)

酸怀含泪望云天,总理在前。
瞻仰遗容思更痛,忠魂逝,转瞬周年。
四害罪方清算,捷音当达九泉。
夙顾初酬皆开颜,犹梦公还。
春风泽柳清明近,墓何处?万水千山。
泽被祖国大地,名留人民心间。

注:纪念周恩来总理逝世一周年时作。

庆祝内蒙古自治区成立三十周年献诗

(一)

忆昔旧社会,魑魅竟虐人。铁蹄骋豺豹,荒沙积泪尘。

(二)

激情燃烈火,奋臂挽雕弓。草原好儿女,仆继血泊中。

(三)

劲风驱霾雾,一唱破天荒。朔漠溥甘露,林原沐霞光。

(四)

草原开新宇,红光照满天。今日同欢庆,建区二十年。

注:于一九七七年七月十五日。

春从天上来(迎春除"四害")

喜气洋洋,共欢庆佳节,迎春花香。
莺啼柳上,燕舞庭廊。最欣红旗飘扬,
曾拂乌云散,一扫尽恶鬼豺狼。
毛主席,您知贤善任,万代留芳。
回顾严冬酷冷,痛柱摧星殒,雪急风狂。
为时几何,霹厉雷鸣,妖魔徒梦黄粱。

除残霜积垢，大治年战斗辉煌。
看今朝，争取现代化、众志激昂。

注：写于一九七八年学习《两报一刊元旦社会》后。

和王少山

抓纲治国写新篇，四化风行开笑颜。
非夸七七初见绩，但看成效两千年。

注：一九七八年一月五日王漳(少山)作七绝一首见示，有同感而和之。

附：王少山原诗：

七七治绩出新篇，文景贞观尽失颜。
展望宏图四化现，凯歌高唱两千年。

戊午春有感

清除四害一声雷，喜得百花齐盛开。
庆党兴学时雨渥，抓纲治国带春来。

注：于一九七八年春。

庆祝五届人大召开

日暖迎春花正开，政协人代联翩来。
共商治国十年计，皆是安邦济世才。

注：于一九七八年三月。

时事抒怀

打倒“四人帮”，讴歌正气扬，学规重整顿，国治数抓纲。
科技深研究，工农务所长，竞相师大庆，积极赶昔阳。
实践为标准，书勋党之光，政权愈巩固，民众乐无央。

安定又团结,繁荣向富强,从今现代化,十年更辉煌。

注:于一九七八年四月。

戊午年生日书怀

忽忽年经到八旬,时逢大治愈精神。

宏图大展见成效,万有向荣气象新。

注:于一九七八年六月一日。

菊香老伴生日偶感

秋高气爽最宜人,叶茂花香不染尘。

从傲寒霜枝上看,渊明独爱此其因。

注:于一九七八年农历九月二十九日。

时事有感

国家致富强,工农是所倚,落后国家学外洋。

自卫保金瓯,生产竞科技,为求进步取其长。

形势跟潮流,何能守固鄙,从来科技无阶级。

不掩东民丑,欲效西子美,政体不同有何妨。

注:自今年(一九七八年)八月中日和平友好条约签订、九月华主席访南斯拉夫等国、十月二十二日邓副总理访日及东南亚各国之后,中央又派团出访英、法、德,复组织学者访美。见此开放姿态,大有所感。

北平和平解放三十周年有感

(一)

解放北平三十年,和风吹开百花妍。

扭转乾坤山河壮,人民欢唱艳阳天。

（二）

群众反战争，呼吁要和平。
人心之所向，跟党最光荣。
为民息干戈，大义很分明。
接谈笑握手，歌声遍燕城。
欣从党中央，四化得实行。
台胞旧施泽，盍亦共襄成。
华夏必统一，极应顺舆情。
望早回祖国，团聚话北京。

注：于一九七九年一月二十八日。

己未春节作

扭转乾坤除垢尘，抓纲治国焕然新。
和风引进现代化，瑞雪迎来大地春。

注：于一九七九年春节。

己未年生日感怀

八二残年内疚深，何曾尽孝竭忠忱。①
此生遗憾向谁语，愧对剑翘一片心。②

注：写于一九七九年。

①对父未尽营救之力，对母未尽奉养之道；未能竭尽全力报效国家与民众。

②施剑翘刺死孙传芳为父报仇。

庚申年生日（八十三）感怀

自笑当年性颟顸，直憨耻佞强为官。
老来冷淡知音少，所幸儿孙竞承欢。

注：写于一九八〇年。

生日有感

（一）

旧列戎行四十年，怎知获罪于民天。
南征北战造涂炭，东讨西伐逞威权。
已往盲从妄自是，后来醒悟悔前愆。
八旬之我学岂辍，改作新人志益坚。

（二）

抗战余生到八旬，愈知马列理殊真。
旧时陈绩等粪土，愧对儿孙话己身。
蹒跚迈步学从众，爱国何曾落后尘。
奋力走上光明路，满眼映辉处处新。

注：一九八一年五月二十九日。

挽苗蓝坡

风起云会，长城碉堡传角声，怀柔帐前共谈兵，依稀已过四八载，犹忆并肩东进。

天旋地转，塞北区域得解放，阴山脚下同学习，眨眼又是三二年，君竟先我西行。

注：一九八一年五月十三日，接内蒙古政府参事室发来的讣告，得知苗玉田病故。寄挽联以示悼念。

忆绥远抗战六首

（一）寒夜大风

抗战烽烟烈，塞上蔽旗旌。
此夜狂风起，疑是鏖战声。

(二)心悬河朔

一心悬河朔，望眼早欲穿。

战士奋剑戟，铁衣久不宽。

(三)三月无书

朔气传金柝，战火正炽燎。三月无书信，是否误洪乔。

【编者注】晋人施洪乔帮人送信，被他沉入水中，致此信件丢失，未能送达。后人引此为典故，称之为“洪乔之误”。

(四)塞外报捷

报章传露布，五原驰捷音。

为眺南飞雁，数立汉水滨。

(五)获兄弟书

双鲤今日到，万般盼始来。

不知读几遍，寒窗月夜开。

(六)五原抗战

汉家驱匈奴，朔漠久鏖兵。

五原抗倭寇，此日振旗旌。

注：一九八二年，整理三十五军抗战纪实史料时有感而记之。

手书四言长诗藉勉诸子侄甥

（一）

学专志超，端在养正。
恃以所长，赞助新政。
结合实践，真理验证。
依两分法，效益无竟。

（二）

世界文明，科技日兢。
为民服务，尽己所能。
阐明事理，智析反映。
廉洁奉公，心地纯净。

（三）

有错必改，纠偏以正。
从善疾恶，心如明镜。
对己待人，思辨持敬。
言行一致，名实相称。

（四）

共产主义，指挥方向。
社会进步，蒸蒸日上。
接受批评，相信群众。
团结信任，感情益盛。

（五）

爱国利民，当仁不让。
艰苦振奋，鼓足心劲。
愈是贫穷，骨气愈硬。
经得风雨，克服逆境。

（六）

木本水源,深远兴旺。
祖遗手泽,善存记诵。
勤俭治生,劳动神圣。
谦虚谨慎,必有余庆。

注:于一九八三年三月。

第四编·年谱

王雷震　1982年

【编者按】

作者遗稿中有一份自述年谱，是作者亲笔所撰。该文用编年体裁记述了作者的一生，从1898年出生起，一直记录到1983年6月。这份年谱不仅比较完整地展现了作者的生平，也反映了近一个世纪中国社会的变迁，是全面了解作者和认识中国社会的可贵文献。

在刊发时，为避免产生误解，谨对个别涉及家庭内部私事的琐碎内容作了必要的删节。

王雷震履历

1906	跟随祖父耕读
1909.2	在山西省稷山县公立小学上学
1915.8	在运城省立第二中学上学，因家贫退学，到小学教书
1919.6.	考入山西斌业学校，毕业后任山西陆军18团少尉排长
1926.6.	山西陆军四十七团二营上尉营副
1926.12.	山西陆军教导团军士队上尉队副
1927.4.	山西陆军教导团军士队少校队长，后任第一旅少校参谋
1928.7.	山西陆军军官教导团少校分队长
1930.1.	山西陆军一三六团二营少校营长
1931.2.	陆军第七十三师四二〇团二营少校营长
1932.2.	陆军第二一八旅四三五团第二营少校营长
1932.8.	陆军第三十五军七十三师上校副官长
1936.3.	陆军第二一一旅四二二团上校团长
1939.7.	新三十一师少将副师长，后任暂十七师少将师长
1943.6.	暂三军少将副军长，抗战胜利后兼包头市市长
1946.7.	三十五军副军长（因兼代暂十师师长，未到副军长职）
1947.8.	调绥远干部训练团教育长，后调回三十五军中将副军长职
1949.8.	回绥远后参加“九·一九”起义，任察绥军政干部招待所主任
1950.1.	调任包头军分区师级司令员，后改任包头市警备司令
1951.7.	调绥远省军区司令部高参
1953.8.	调任蒙绥陕坝军分区第一副司令员
1954.3.	转业，任内蒙古自治区政府参事室参事
1956.9.	中央社会主义学院第一届学员，加入中国国民党革命委员会
1959.2.	中央社会主义学院学习结业，返回内蒙参事室
1980.1.	被选为民革北京第十支部主任委员
1982.	内蒙古自治区第四、五届政协委员

【编者按】

作者遗稿中有一份自述年谱，是作者亲笔所撰。在此文中，作者用编年体裁记述了自己的一生，从1898年出生起，一直记录到1983年6月。这份年谱不仅比较完整地展现了作者的生平，也反映了近一个世纪中国社会的变迁，是全面了解作者和认识中国社会的可贵文献。

在刊发时，为避免产生误解，谨对个别涉及家庭内部私事的琐碎内容作了必要的删节。

自述年谱

一八九八年，农历戊戌年，清光绪二十四年。是年出生。

是年农历四月二十六日午时，即戊戌年戊午月戊申日戊午时，我出生于山西省稷山县城关。据老人讲，当我出生时适有雷阵雨，祖父遂给我起名雷震，并嘱咐不要另给起官名。从之。

一九〇一年，农历辛丑年，清光绪二十七年。时年四岁。

祖父口授，教念“童子年年长，龙门日日开”等童诗诗句。

一九〇二年，农历壬寅年，清光绪二十八年。时年五岁。

祖父教念《三字经》。跟祖母睡。有一夜，祖父叫我“尿水否”，我在梦中回答“乃九族，人之伦”(以在白天正教念了三字经的这两句)，他深叹惜之。

一九〇三年，农历癸卯年，清光绪二十九年。时年六岁。

念完《三字经》，祖父继续教念《名贤集》。

一九〇四年，农历甲辰年，清光绪三十年。时年七岁。

念完《名贤集》，祖父继续教念《醒世篇》。

一九〇五年,农历乙巳年,清光绪三十一年。时年八岁。

祖父开始教念《上论语》。那天,祖父油漆了个木签子,长五六寸,宽寸许,让我母亲给拴了个红头绳。并说,孩子今天上学了。从此时起,他每天在木签上写《上论语》的几句。我带在身上,看着写的那几句念,一直到能背诵。至第二天擦去旧的,另写新的,拿着照念。就这样,一直教我把《上论语》前半本念完,并开始教我写仿,从"木木林中水"写起。

一九〇六年,农历丙午年,清光绪三十二年。时年九岁。

开始持书本念后半本《上论语》,并接着念《下论语》。并令我每天写一盘仿。是年正月十五,白天祖父带着我去到各街巷识读各家户春联,有不认识的字,祖父则教之。晚间仍让我在堂前的辉煌灯烛下写一盘仿,并说如果这篇仿未写完,全家人都不能出去观灯。

一九〇八年,农历戊申年,清光绪三十四年。时年十一岁

是年春,翻修西院北房顶,并修理南房,工竣,继在西院给祖父做寿材。冬,祖父病,不能再继续教我读书,父亲就送我到本城西门内二郎庙马先生(秀才出身)的私塾,继续念《下论语》。

十一月祖父逝世。享年六十一岁。灵停西院。腊月殡葬于吉家庄顶坟茔。在祖父刚刚逝世、灵柩尚停西院时,叔父即提出想分家。父亲悲愤交加,未予理睬。

十一月,十二月,清光绪帝及慈禧太后的忧诏相继下来,是由胡文郁在稷王庙宣读的。

一九〇九年,农历己酉年,宣统元年。时年十二岁

清新君宣统(溥仪)立。喜诏下,仍在稷王庙由胡文郁宣读。

春,我转到文庙明伦堂县立小学堂上学,老师即为读诏的胡文郁先生。始读《大学》、《中庸》和《孟子》。仲弟雷动亦一同上学。

是年,父脱离"亿茂谦"估衣店,筹备开设"荣泰正"估衣店。系由万全县阎景镇李敬伦(字常五)次子李道荣取银五百两作资本,约定赚了钱算资本,赔了钱作借贷。

一九一〇年，农历庚戌年，宣统二年。时年十三岁

是年春县立初等小学堂迁移到塔根下书院。老师是下柏村秀才出身的马凤楼先生。读"国文"和《诗经》，学算数。从是年起"开讲"，讲《上论语·下论语》。冬，"开笔"作文，首次题目是《下学而上达》。

一九一一年，农历辛亥年，宣统三年。时年十四岁

是年学堂的老师增加了何德来、乔向离和裴文萃（举人）诸先生。读《左传》，国文及选文，读《论语》。我婶母（叔父的原配裴氏）去世。

冬，彗星出于西方，在黄昏时可见。

是年十月十日，黎元洪在武昌起义革命，各省响应。清帝宣统（溥仪）派袁世凯议和。议成。清帝逊位。"中华民国"成立，倡五族（汉满蒙回藏）共和，定国旗为红黄蓝白黑五色旗。帽徽为五色的五星。选孙文（中山）为临时总统。后又选袁世凯为总统。

因国家形势关系及服制改变的影响，父亲开设的"荣泰正"估衣店也随之歇业。只为避阎景镇债务关系，父母净身出门。

一九一二年，农历壬子年，民国元年。时年十五岁

是年各"学堂"名称改为"学校"。

春，我在初等小学校的春季考试名列甲班第一名。榜即张贴在校门外。我外祖父适见之，喜形于色，宣示乡里。

暑假期考入县立高等小学校。试题出的是《为学当及时》。当时校长是宁石麟（字子经）先生，系拔贡出身。开学后我被编入"丁"班，即第四班。

一九一三年，农历癸丑年，民国二年。时年十六岁

夏，在学校起伙，因交不上面粉，外祖母给了我一篮小麦。

六月，外祖母逝世。

冬，父带我去阎景镇李家，请缓偿债务。

一九一四年，农历甲寅年，民国三年。时年十七岁

夏，为了阎景镇李家五百两银子的债务问题，我和母亲复去阎景镇见李敬伦(即李道荣之父)，求他关照。他当即说:“那五百两银子不要了。”并承诺等我毕业后给我找工作。

冬，由本县高小学校毕业。我们这一班原应在春季始业的，并已报教育厅备案，可是暑期才正式入校。所以我们高小就少上了半年。

一九一五年，农历乙卯年，民国四年。时年十八岁

各学校已改为暑期招生。我和同学季承志赴运城投考山西省立第二中学校。国文试题是《功业成于有恒》，另有算数、英文(英译华)等考试。我考取第十一名。入学后每因交不上伙食费而困窘，适遇见了李道在(字孟存)先生(李敬伦长子)，助大洋七元，暂得维持。然在中学仅读了半年，终以家贫而辍学。

一九一六年，农历丙辰年，民国五年。时年十九岁

是年春，到汾南荆庄村国民小学教书，只可糊口而不能养家。我父在经营估衣店失败之后，即以裁缝手工业维持生计。

五月初七日，父亲由于受本县农民暴动的牵连而被害。

父故去后，家里遗留下的孤儿寡母更加难以为生。我两个弟弟(三弟雷鸣乃是年阴历二月初五日生，此时刚及百天)、两个妹妹即由我母纺织针凿维持生活。

一九一七年，农历丁巳年，民国六年。时年二十岁

是年仍教书。仲弟雷动(字和庭)在姐夫张俊生估衣店学徒未待住，复送其去万泉阎景镇李家，准备入商学徒，嗣到万全县议会服务。后来他决定于次年去长治县荫城镇。冬，我给李孟存去信求助，他助银壹拾两交仲弟捎回家。

一九一八年，农历戊午年，民国七年。时年二十一岁

是年夏，为养家计，辞教员职。以李孟存被选为众议会议员，遂赴京谋事。事未就，回籍，复在县南关小学代教员。

冬，祖母同我婶母商妥，召我母带我们搬回老家东院同住。考虑自己还要外出挣钱，让母亲携年幼弟、妹和他们住在一起，我走了也放心，便同意了。此时我叔父赴太原受训未归。

一九一九年，农历己未年，民国八年。时年二十二岁

是年春，在县城东街模范小学校任教员。仲弟赴长治县荫城镇。叔父由太原受训返。

夏，我辞教员职，赴太原投考模范示教训练所，既已考上，又考山西陆军学兵团（斌业中学），亦被录取。原来我想到模范示教训练所，这样在三个月结业后，即可派工作。学兵团虽说是公费，但学习期限长达两年，这使我颇有顾虑。此时得王培昌（厚堂）王深庆（云峰）二人力劝，并说愿给我叔父去信作保，让他维持到我由学兵团毕业，于是我便入了学兵团。

注：一九一七年八月，阎锡山将原有的第十二混成旅与山西巡防营改编的警备队，合并扩编为四个混成旅，辖十二个步兵团、四个炮兵营、一个机枪营，共有步、机枪一万余支。为提高军队素质，次年底又成立第九步兵团，专门培训军事干部。半年后，该团被命名为学兵团，专收学生施以军训；并在团内附设斌业中学，除讲授普通学校课程外，还加军事技术训练。

一九二〇年，农历庚申年，民国九年。时年二十三

是年秋，家中矛盾激化，叔父把我母逼出家门。邻里（王云峰的父亲等）让我母告状，我母不肯。母携众弟妹起初住亲戚家，后赁房居住。二弟在潞安荫城商店辞徒，回家助母维持全家生活。我在学校以家庭困难而不能安心学习，请假再三，未获批准。

一九二一年，农历辛酉年，民国十年。时年二十四

是年暑假回籍省亲，老师杨维翰（墨卿）恳切劝导，说俟中学四年毕业后，再找工作较好。于是决定继续升学。

一九二二年，农历壬戌年，民国十一年。时年二十五

升中学三年级，当副班长。每月饷七元。除伙食费用外，可剩余四元，寄回家辅助生活。二弟到省，我介绍他在本校工厂参观，同学们当场指导他造肥皂、洋烛、粉笔等日用化工品，还给了他一本讲义。他回家后依照讲义及参观经验，试制肥皂成功。

一九二三年，农历癸亥年，民国十二年。时年二十六

暑假由斌业中学毕业，又升入斌校工业专门部，当班长，每月饷八元。每月可给家寄回五元。暑假回籍省亲。为给二弟造肥皂打开销路，还印发了一次抽签彩票。柴村薛若兰世叔（先父生前好友）借给五十元，并由同学们助了钱，典下前街史家院。

一九二四年，农历甲子年，民国十三年。时年二十七

续修工业专门。工业专门分化学、机械两科，我入机械科。每星期三天上课，三天在车床车间实习。

一九二五年，农历乙丑年，民国十四年。时年二十八

是年三月，学校奉命把工业专门改为军事专门。斌业学校的工业专门即从此结束。这是阎锡山强令改组的，他说："你们由工业专门毕业后，我要用你们，可是我现在就要用你们。"

秋八月，任排长，隶属山西陆军第十八团。团长辜仁发在保荐升任排长时，让每个人写誓词一份（全团官长均写），誓词是；"持手投弹，用杀敌人。誓不怕死，保境安民。服从命令，作则以身。如有退缩，军法按临。"

冬十一月，调升山西阳城县民军营营附兼二连连长。营长是杨维翰（阳城县人）。河南省樊锺秀部由晋东南进犯辽县，被击败，退出山西境。

十二月斌业学校发给专门毕业的证书。以任职在外，未能参加。

一九二六年，农历丙寅年，民国十五年。时年二十九

年初，我母在家为我订下与费村费松和之女的亲事。二弟到阳城来取钱，让其带回二百五十元。

春，冯玉祥部由晋北打山西。

夏，阳城民军营奉命调太原。改编为山西陆军四十七团第二营。我仍任营附。二弟来太原，我托朋友介绍他去浑源税局，该局曹局长任用其为分卡长。

秋，冯军败，战事结束。四十七团整编完毕，本营的士兵遣送回阳城本县，军官送教导团受训。我奉命承办本营的善后事宜。

冬，我被调任山西陆军教导团步兵科军士队上尉分队长。

一九二七年，农历丁卯年，民国十六年。时年三十

春，农历二月。为债主所迫，我母亲偕三弟雷鸣到太原，在途中过的生日(二月初四)。

三月末，队里学员和队长闹矛盾，掀起了一场风波，我出面调停，平息了风波，解了队长之围。团长张荫梧(字桐轩)认为我处置果断，方法得宜，随后亦得到教育长楚溪春(字晴波)以及步兵科白勤伦主任之赏识，保升为少校队长。

安排母亲住在海子边郭家巷。鸣弟入山西第一模范小学校(位于海子边)读书。二弟和庭由浑源来到太原，不久，又到神池县利民堡任税局分局长。

从此，每月给老家源香当(邻居)寄钱三十至五十元不等，托交王云峰经手代为陆续偿还我家里历年来所欠人的外债，总计约三百元。

六月六日，部队在海子边开大会，宣布阎冯与蒋合作。山西军队改为国民革命军第三集团军，红、黄、蓝、白、黑五色旗改为青天白日满地红国旗。五星帽徽改为青天白日圆帽徽。

以部队动员准备作战，教导团学员已均回部队。我被调任山西陆军第一旅少校参谋。

秋，农历七月，我的两个妹妹雷琴、雷颖由姚村妈护送，由稷山到太原。

我所供职的第一旅在河北涿鹿县誓师北伐。当时，国民革命军第一集团军总司令是蒋介石，第二集团军总司令是冯玉祥，第三集团军总司令是阎锡山，第四集团军总司令是李宗仁，四个集团军联合北伐，对奉军张作霖作战。

我们这一路前进总指挥是杨爱源。北伐出动后，我第二师赵承绶、第一旅王廷瑛所率部进攻，经正定、定县至攻下望都时，以再进攻所需地图不够分配，我赶紧连夜放大了一份地图，油印出来，发到营连。此举颇得师旅长赞许。

正准备继续北上进攻保定，不料武汉国共分裂。而奉军戴冀翘部骑兵又由我右翼抄袭后方定县。阎锡山亦由此退回太原。前敌指挥部退回娘子关。我们在望都部队遂撤至曲阳，沿西山经行唐退到井陉。

一九二八年，农历戊辰年，民国十七年。时年三十一

春，部队回驻阳泉整训。我由阳泉驻地请假回太原结婚。在母亲主持下，我在太原和费菊香完婚。女方已先从稷山接来太原。二弟和庭亦由神池税局回太原。至此时，全家终于在太原团聚。

婚假期满回部队不久，我旅即由阳泉经盂县十八盘出师，二次北伐。奉军退。我军回师石家庄。我被调回太原军官教导团任职。

当年夏，雷琴妹与本县薛源澂（字子清）结婚。雷颖妹上了女子师范小学，雷鸣弟仍就读于海子边模范小学。当时，薛登俊（字见三）任石家庄税局局长，我介绍和庭弟到该税局工作。

母病。

秋，和庭弟在石家庄与杜姓女杜茂兰之妹杜淑兰结婚。

家移住新满城。

一九二九年，农历己巳年，民国十八年。时年三十二

夏，太原总司令部从教导团调我担任运输支部长。

秋，奉派为中央点验委员会点验委员。赴陕西省点验冯玉祥的部队。到西安后，住盐店街招待处。主任委员是贺耀祖，副主任委员是林拔萃。各委员都是由南京、东北、山西三方面派来的军官组成。其中山西省去的有田际春、鲁应禄等。嗣因冯玉祥部反蒋，遂未点验。却认识了张学良部的军官邹应龙、李净尘等人。

一九三〇年，农历庚午年，民国十九年。时年三十三

春，任山西保安旅一百三十六团（团长李凤岐）第二营营长。旋改为山西陆军第十六军（军长杨澄源）第一三六团第二营营长。曾先后驻晋南运城、临晋、荣河、河津等地。

夏，杨军长澄源（字龙泉）视察风陵渡（一营）、大庆关（三营）、禹门口

(二营)沿河防务。最后视察到禹门口,对我营防务情况颇为满意,并特批便衣稽查费用专款,以示嘉奖。

七月,阎冯倒蒋,战争爆发。我营奉命调到运城整训。

秋八月,奉团部转军部命令,调我第二营由运城出发北上,编入刘慎德团并归其指挥,到石家庄与刘团会集,一同开赴前线参加作战。

我营由榆次改乘火车开抵石家庄。与刘团会集毕,即转乘平汉路南开的火车直到道口车站。下了车,又奉命向河北省濮阳县的焦邱集目的地前进。到达焦邱集后,即沿黄河北岸构筑防御工事,准备战斗。嗣以津浦线晋军作战失利,奉军进关,平汉线晋军受到影响。我营始由焦邱集奉命退大名。

部队到大名城关附近,我令官兵就地休整两小时后,全营整队,奏起步号,唱着军歌进了大名城,街道两旁观者如堵。老百姓甚是惊奇:那时所有退回来的军队都是零零散散,溃不成军,没见过有这样整整齐齐列队进城的。

却不知军司令部此时竟然就驻在大名城内。行进中即有人把我营引进师范学校,接着又送来面粉数十袋,并传令军长召见。当我到司令部见到杨军长后,即接到让本营担任军司令部警卫任务的命令。

十月,部队经过赞皇、平定、阳泉到榆次。奉军部命令南下开赴运城归还原建制。

在太原等待接受命令之际,我顺便回到天地坛家里看望母亲,在家停留了两小时,她老人家精神很好,弟、妹也都见上了。我非常欢喜。

一九三一年,农历辛未年,民国二十年。时年三十四岁

一月,在运城接到命令,全团开赴绥远省归傅作义整编。即率队北上。路过太原回到家里,见母亲的病已痊愈,甚喜。向为母亲治病的周大夫送了一页匾及礼物表示谢意。

在太原面见杨军长,杨军长告诉我:“把队伍送到即回来,我给你留团长缺。”

及把队伍送到绥远驻丰镇县,听候点交。但是,在傅整编时,却不准我走,仍让我任该营营长。因此没能回山西,有负杨军长之约。唯以受知遇于杨公龙泉,是此生不能忘记的。

不久,移驻平地泉(集宁),编为第三十五军四三五团二营。三十五军参谋长陈炳谦(鸣佛)是我的老师,他由太原返绥经平地泉,我到车站迎接。在下车查阅部队时,他对我说:"你今得人而事,好自为之。"

随后,我率本营驻卓资山。我以本营单独在外驻防,任务是防匪剿匪,就修订教育计划进度,以射击、掷弹、班排制式战斗教练为主,以团部所发之教育课进度为辅,此举得到团长卢呈瑞的支持,却引起副团长苏开元的不满。

不到两个月,苏开元副团长接任了四三五团团长职务。我营也调回集宁。

九月十八日,沈阳事变,东北为日寇侵占。

冬,妻由太原到集宁,随营部驻集宁桥东。

一九三二年,农历壬申年,民国二十一年。时年三十五岁

当年春夏,在绥东追剿土匪杨猴小部,追遇了数次,唯在农历四月末陶林县城外一战为最激烈。那次战斗中,仅我营在城外孤力作战,苏开元团长带着一、三两营固守城内不出,仅在城上观战,甚至见土匪从两侧迂回企图包围我营时,仍未给予支援。虽然此役最终击退了土匪,但我营亦有伤亡:第六连九班中士黄永胜(河南人)阵亡;伤者若干,其中即有跟随我行动的号目刘源照。

打了一天仗,尚未得到弹药补充和人员休整,第二天早上即得到团部命令,着即开赴集宁县东北之大六号防匪。

农历五月,奉命歼灭盘踞于大六号北大圐圙之夏三、夏四、老保险土匪。在动作之前,我假借联系洽谈之名,独自一人前往匪巢与匪首老保险会晤,察明匪巢地形与兵力装备情况。

这一歼匪战斗约三个多小时即结束战斗。匪首老保险和罗万山被我们击毙,余匪均被歼。太原绥靖公署为此予以奖励,颁发了奖章。

夏,母亲由太原到集宁小住。其间,我陪母亲去归绥,拜访了傅作义主席和陈炳谦参谋长。后,母亲由亲戚杜茂兰陪同返回太原,中途到北京观光,还在石家庄亲家那里住了两天。

秋,曾旅长向傅军长力保我越级擢升上校。不久,我遵令赴太原,至军事整理委员会考核处参加考试。

作业考试内容有三项：

1.战术，指出情况，图上作业。

2.团的实兵指挥，团制式教练。

3.团的实兵指挥，团作战指挥。

笔试试题亦为三项：

1.出发命令。2.遭遇战的部队展开。3.作战部署及命令。

随后，奉太原绥靖公署批准文件，我被任命为陆军七十三师上校副官长。

注：当时绥远地区有王英、杨猴小、苏雨生、李根车为首的四大股土匪，总计逾万人。其中以杨猴小为首的土匪武装约二千余人，都是骑兵，非常剽悍，流窜于包头、集宁一线，肆虐横行，搅扰社会。傅作义到绥远担任省主席后，即实施剿匪，甚得民心。

一九三三年，农历癸酉年，民国二十二年。时年三十六岁

日寇侵占热河后，傅军长率所部由绥出师抗日。初到张家口、多伦，继至河北昌平。此时，傅任第七集团军总司令，七十三师改为五十九军，并归其指挥的六十八师改为六十一军(系李服膺部)。

从三月开始，迎击日寇的战事已在长城沿线全面展开。那一系列浴血战斗后被称为长城抗战。五十九军亦投入了这场壮烈的厮杀中，在怀柔北至四渡河、南至牛栏山的石岭了一线展开了战斗。此时我在总司令部主管通讯——无线电台和有线电讯，随军部驻河北昌平县。

由于战事紧张，菊香妻由归绥经张家口到昌平后未得久停，即派人将其送走，经石家庄转回太原天地坛家中。

五月二十二日，国民政府军事委员会北平分会代理委员长何应钦所派军使与日方协议停战事宜，至二十四日议成，即准备在塘沽签订协议。

此际，我五十九军正在怀柔以西与日寇激战中，北平军分会主任何应钦亲自与傅作义总司令通电话，以塘沽协定议成，让傅去北平接受停战命令。傅正在前线指挥作战，派参谋长苗玉田前往。当日，双方停战。

秋，班师回绥。后，军事委员会向我颁发一枚陆海空军一等奖章。

冬，和薄金山(鑫)团长陪同内政部长黄绍竑及蒙藏委员会委员长赵丕廉赴百灵庙与德王谈内蒙古自治问题。

一九三四年，农历甲戌年，民国二十三年。时年三十七岁

春，孙殿英在宁夏兵败。先是蒋命令孙殿英率部通过绥远、宁夏到青海柴达木盆地屯垦。到宁夏为马鸿逵所阻，孙殿英败。傅派部队在河套收容，照顾食宿，至包头，再由备妥的火车输送到河北遣散。

夏，军部筹建抗日烈士公园，选定地址在归绥旧城北，即于铁路以北，公主府以南，电灯公司西侧，购买民地一顷，作为公园基地。设计格局为：前边是公园，有正殿五间，东西配房各三间，建烈士纪念碑一座；后边是抗日阵亡将士公墓。

纪念碑正面刻文为："华北军第五十九军抗日阵亡将士公墓，傅作义敬建，中华民国二十二年十月"，背面碑文乃由胡适撰文，钱玄同书丹。

经刘工程师设计图案并包工后，傅派我负责监管施工。当年秋竣工。工程完成后，工程负责人送给四百元及毛毯等物，均拒受之，全数退回。

秋，烈士公园落成，遂开追悼抗日阵亡将士大会。

是年，鸣弟考入北京育英中学高中。

十月，母亲和颖妹等来绥。住新城。

一九三五年，农历乙亥年，民国二十四年。时年三十八岁

介绍和庭弟到财政厅，被派在兴和县税局工作。

夏，母病复发，请太原周先生来医治。

秋，八月二十一（农历）酉时，长子石安出生。是母亲起的名字。表示她老人家心安也。

冬，周先生回太原。为其做了棉、皮衣，并送一百元路费。

一九三六年，农历丙子年，民国二十五年。时年三十九岁

农历正月二十三，慈母逝世于归绥新城日盛茂巷寓，享年五十六岁。二十六日琴妹由山西运城来，始封棺。二十七日开吊，傅主席亦来致吊。开吊后，由弟妹等扶柩护送回太原。我和鸣弟送至大同后，鸣弟赴平返校。我返绥。

先母灵柩返并后,停在太原东门外寺院。

三月,奉命调任四二二团团长。当时,以丁忧力辞不就,傅未允。

当年夏,队伍进驻旗下营,筑国防工事。我赴太原受训一个月。

九月,菊香妻携安儿来,在旗下营给安儿过了周岁,即返回太原。

连续数月,本团即在旗下营筑国防工事。我给关帝庙写了一副楹联并刻木悬之:义勇精忠扶大汉,英名威武震中华。

冬,十一月十八日夜间率部乘火车到集宁,转乘汽车快速运动,参加进攻绥东红格尔图土城子旗下营之战,我团临时归董其武指挥。至十一月二十三日——二十四日,孙兰峰旅于百灵庙再进击日伪军。石玉成、安华亭、王子修为首的伪军退至大庙后,杀了日本指导官,投诚。

二十四日战役结束后,本团奉令进驻绥北大庙(即锡拉木楞庙),替换了四二〇团,在此构筑工事,巩固绥远边防。每天早晨,我团都要集合全团官兵,连同大庙的喇嘛一起,观礼升旗。

当时常有各慰问团代表到来,军政官长如石华岩参赞、门炳岳师长等也曾来视察,他们有到大庙参与早晨升旗者,见官兵与喇嘛一起观礼听训之状,均甚奇之,也为当地军民的抗日热情所感动。记得清华大学慰劳代表团到大庙后,曾教士兵唱抗日歌曲;全国妇运慰劳代表团谭惕吾等代表亦曾到大庙。

我团在大庙构筑国防工事之余,尚植树约二百余株,还打了一眼水井。

年底,召开百灵庙收复胜利大会,追悼阵亡将士。

一九三七年,农历丁丑年,民国二十六年。时年四十岁

一九三七年三月十五日,在归绥抗日阵亡将士公墓举行绥远抗战阵亡将士追悼大会。军民一千多人参加。汪精卫、阎锡山莅绥出席。会上,汪精卫、阎锡山和傅作义都讲了话。

七月七日,卢沟桥事变,日寇发动全面侵华战争。绥远立即出师抗日。

八月十八日夜半,本团接奉电令“着开赴前方参加抗日”。二十日早晨离开大庙,适值大雨滂沱。二十四日到归绥,二十六日改乘火车,二十七日到大同。我军已在郭垒庄、孔家庄(张家口以西)之线与日寇打了一仗。

为在战场上与友军识别,请求准予本团官兵一律佩带“黄王”臂章。获准。此后,我团即有了"黄王团"之称。

九月平型关战役,本团担任预备队。后来,奉令掩护晋军撤退,在石灰窑子、东山底之线阻击敌人,三日后完成任务,向五台山转进。

十月忻口战刚开始,由卫立煌任指挥。中央军军长郝梦麟及第五十四师师长刘家麒与数位参谋在忻口南山头的大树下正观察地形与敌情时,突被敌发现炮击,以致均阵亡。

我三十五军二一八旅(董其武部)在南怀花北之旧河北,邀击来犯之敌。及战斗全面展开后,该部队伤亡亦甚惨重。此时我团奉命参加忻口战役。总指挥亦改换为由陈长捷代。

本团在忻口鏖战十七昼夜。此役,我伤亡官兵四百二十一名,毙伤敌约一千一百余人。

据当时截获的日寇板垣师团战报称:"初经忻口一战,估计太原是指日可下,不料傅作义三十五军部队在忻口接战,使我军受到牵制,以致迟滞进展。"云云。

十一月二日脱离忻口战场,退守太原。十一月五日夜间到达太原,驻军官学校。即奉命守太原小东门至东北城角(不含)。

十一月六日派王肇云、陈士英送先母灵柩回稷山原籍,仅运至半途,后又派宁振清接运,始送回稷山。

八日自凌晨起直打了一天仗。夜,奉命退出太原。

行至石楼县,队伍整编补充,复到柳林应机整训。

一九三八年,农历戊寅年,民国二十七年。时年四十一岁

一月(即民国二十六年,农历丁丑年腊月)在柳林请假回籍殡母。行至中途,入汾阳医院疗我头部枪伤。伤势不重,经医生取出小铁片,为期不久即愈。

我赶在腊月二十六日到家,三日行事,二十九日出殡,将母亲殡于城东南祖茔。

农历正月初五,请有关亲戚好友数人和叔父谈家事。叔父当着诸亲友面承认他过去对家事处理得完全不对,痛哭流涕,悔愧不已。

在我离家之前,修补重新了祖上留下的四块匾额,悬于各院门墙。

旧历正月十六日接前方电召，即日乘汽车赴前方，返回部队。

正月二十日全家逃难到北山沙沟村，此后竟在那里住了四年。

三月，我团袭击离石日寇，未奏功，第一营损失很大。

四月，向绥远挺进。先克复和林，次歼灭喇嘛盖之敌。旋即率两个营及炮兵一个排进至旗下营截击向归绥增援之敌。留第三营隘守察圪洞，掩护和林侧背。此役，我第三营与四二一团张进修营亦歼灭了岩田骑兵联队侵袭之敌。

五月，本团在清水河的大双墩支援新六旅阻击侵犯之敌，解了何柱国军之危。

六月，在偏关县之马屉梁堵敌激战。先是，在偏关西北高地阻敌的新六旅王子修部力有不支。当时总部位置在偏关西沟，有遭敌突入堵住之危险。我团接到电话命令，跑步增援。正推进中，就看见王子修部的兵退下来了。我团立即顶上去，迎敌激战，阻止了敌人的进攻，保住了阵地。这一仗直打至天晚始停。至夜，我团又奉令掩护全军向河曲转移。到河曲后，我团驻楼子营。

雷鸣弟同宁振清、李永吉等由稷山来到楼子营。旋介绍鸣弟到一〇一师三〇二团任政工员。

秋九月，我军奉阎指示在河曲整编。我团编入第七十三师，师长是刘奉滨。

一九三九年，农历己卯年，民国二十八年。时年四十二岁

一月有在朔县的马鞍山及双花岭台子梁之战。二月有在神池县的九仁村之战。

春，晋绥军（阎傅）分裂。时任第八战区副司令长官的傅作义重整新部。

农历正月初，我团奉傅命令，快速迂回过河，脱离阎部七十三师，到达绥远河套五原。

整编后，我调任新三十一师副师长，把团长职务交给原二营营长郁传义。

秋，鸣弟辞一〇一师政工员，同张侯五乘汽车赴西安，投考西北联大。

在五原，全师集体宣誓入国民党。

冬，奉令指挥新六旅在乌梁素海靠近五原之沿岸作冰坝冰窟，防敌西犯河套。

十二月出师进攻包头。在战役中，我奉命承担在前进指挥所指挥前方部队作战之责任。

一九四〇年，农历庚辰年，民国二十九年。时年四十三岁

一月三十日，日寇兵分两路进犯河套，一路由山前经西山嘴，一路由山后经乌不浪口。我退至河西及石嘴山一带。傅总部先设于河西之什拉格尔庙，后移回亚马赖。

二月一日到乌布浪口，二日到乌镇马七渡口。

三月二十日夜，各攻击部就攻击准备位置。

三月二十一日晨，我们乘解冻开河之前两天，开始反攻五原之敌。战至二十四日，完全收复了五原。

在克复五原战役中的最后阶段，傅亲自向我口授命令："你指挥前方所有部队，限本日下午四点前，完成歼敌任务。"在接受了任务之后，即指挥队伍加强攻势，到下午四点，完全收复五原，完成了任务。在五原负责指挥的敌酋水川大将逃至五加河畔，在逼农民引路从乌梁素海东窜之际，被我骑兵和农民擒获，当即被我骑兵团长张汉三打死，并把其图章交回。汉奸王英漏网。

三月二十五日，日寇一部由乌拉山后至乌镇，架桥过五加河。二十六日进五原，扑了个空，收拾死者骨灰，二十七日回包。至此，五原战役完全结束。

九月，奉命任暂十七师师长，组建师部，驻黄羊木头。该师以绥远游击军部为基础，后驻米仓县三道桥。

十月，奉命组织绥远省干部训练团，兼任教育长，驻八岱营盘。

是年，傅作义向我颁发干城奖章一枚。

一九四一年，农历辛巳年，民国三十年。时年四十四岁

春，后方接收的新兵陆续到达。遂奉命回部队，整训干部。此时部队仍住三道桥。春耕前，为扩大粮食生产，从军粮中拿出些糜子借给老乡作籽种。没想到这一年收成不好，老乡们所借籽种粮始终未还。这可让军需处长作了难，后来想方设法才弥补了亏欠的粮食。

当年夏，部队移驻陕坝北之新教堂。

秋，以从后方接收的新兵有些年龄太小，不满十六岁者竟有一百六十余名。报由长官部批准，成立了“少年队”。派副营长蒋岐伯管理，由政治部编印课本，对这些战士进行小学简易教育。所需开支全是由本师节约经费筹措的。

妻携安儿由内弟善庭和李永吉护送到陕西蒲城。后全家由沙沟迁往蒲城。

冬，鸣弟由城固西北联大回蒲城与本县管村李姓女天馨结婚，后同返城固。

一九四二年，农历壬午年，民国三十一年。时年四十五岁

春，米仓县以西地区闹鼠疫，死亡一百八十余人。本师担任该地区封锁断绝交通之责。

夏，家迁至甘肃平凉以避疫。

秋，十七师全部由米仓县移驻五原之抓子铺茔。

一九四三年，农历癸未年，民国三十二年。时年四十六岁

春，妻和颖妹带儿石安、侄女石玲、甥女俊丽，由平凉搭乘接领新兵的车辆来到绥西河套五原县。

秋天，颖妹领孩子到陕坝上学。

全军团长以上干部在五原开会，有人提出本师不发补给的马干。傅当场问我：“为什么不发？”我回答：“我长了几个脑袋，敢扣住马干不发！可问各师都发了吗？现在军部还未领到，我师哪儿有的发？副长官部领到了吗？可查问。”傅无言。

军衔升为少将。

夏，调任暂三军副军长。

一九四四年，农历甲申年，民国三十三年。时年四十七岁

一九四三年冬或一九四四年春，我军情报人员从包头带回敌人的蒙疆日报一份，在第一版用特大字印的标题："王雷震师长调任副军长后，傅部全军干部人心动摇不安。"

春，旧历正月梦玉铉高祖立我面前，他扪其胸而诲之曰："不要亏心。"随即醒。

夏，奉命代军长率十一师驻河西伊盟东胜县。派暂十一师王子馀团袭击纳尔格逊日伪军。

一九四五年，农历乙酉年，民国三十四年。时年四十八岁

夏，在东胜县防地，奉电派赴四川重庆政训班受训，当夜赶回陕坝。乘飞机去重庆，到歌乐山观音寺政训班报到，受训一个月。政训班主任张治中。七月返绥途次平凉得悉日寇无条件投降。遂由兰州乘飞机返至陕坝。另坐汽车直赴包头。

奉命兼包头市市长及包头城防副总指挥官（总指挥官是董其武）。并以薛子清任包头市政府秘书主任。

冬，八路军围攻包头时，我担任后勤和指挥官。八路军撤退后，战事已结束，我仍回暂三军。

腊月，家从河套到包头。行到中滩，妻菊香从所乘之大车上掉下来，铁车轮从肩部碾过，幸无大伤。

是年，傅作义向我颁发华胄奖章一枚。

一九四六年，农历丙戌年，民国三十五年。时年四十九岁

当年四月交卸了包头市长及警备司令职务回绥。旋兼代暂十师师长。

和庭弟携眷众到包头。我给他们三千余元，着搞家庭工业肥皂厂。

薛子清调归绥市秘书主任。

调任三十五军副军长（未到职）。

一九四七年，农历丁亥年，民国三十六年。时年五十岁

一月，交卸暂十师师长。继赴南京军训团受训一月。

二月，（旧历二月初二日子时）次子石丞生于归绥。

夏，任绥远干训团教育长。

是年春，颁授忠勤勋章一枚。冬，颁授抗日纪念章和四等云麾勋章各一枚。

一九四八年，农历戊子年，民国三十七年。时年五十一岁

三月奉命调回三十五军副军长原职，住北平南口一带。

颁授抗日胜利勋章。

夏，本军在平绥线康庄西拨子与八路军打了一仗，我在怀来县守城，夜间让老乡持灯笼、手电在城上活动，北来之八路军骑兵旅未敢向怀来城攻击。

秋，菊香妻带石安、石丞两子乘飞机到平，住西郊。安儿在北平奋斗小学继续上学。

冬，本军两个师由长辛店到张家口在万全县和八路军打了一仗，我因患斑疹伤寒卧病不起，但仍随军从万全回张垣。

十二月五日由张垣开回北平，当时任务紧急，唯郭军长为拉他的小工厂机器设备，迟至下午一时始发。及行至新保安即与八路军遭遇。起初是冀察部队展大南、聂荣臻部，后增加了杨得志部，最后又增加了进关的林彪部队炮兵。战斗至二十一日，三十五军全部被歼。

我在病中被俘。送至河北定兴华北教二团学习，当时该大队长是侯逸贤。被俘后，八路军请中医为我治伤寒病。病愈后，在昌平过的春节。善庭和雷雨到昌平看我。后到定兴。

一九四九年，农历乙丑年，民国三十八年。时年五十二岁

初在是年三月，以谈判议成，北平和平解放。四月三日教二团派人送我们离开定兴，凡是在那里受训名单上有名者，一同回到北平。我以腿疾住医院月余。

以家中积蓄及傅作义送安家费六百元，总计现洋二千二百元，购置了西四兵马司胡同五十七号院落，得以安居。

夏，与杨紫宸、李晋英、刘鼎生等数人集股开设“合力制造肥皂厂”。想从此以劳动改造自己，藉谋生活。

秋，九月初，傅作义奉毛泽东命赴绥远促使起义有成，遂由绥远来电

（由周北峰转达），着我即日赴绥，参加绥远起义。我和杨紫宸、王建业、张兆兴等于九月十日左右到绥，又转包头见傅、董、孙后，即以绥远指挥所高参名义参加了绥远“九·一九”起义。

此后，协助李北屏、曹善初筹备训干校。

冬，奉军政委员会命令，筹备“归绥无职军政干部招待所”。准备从一九五〇年一月一日起开始收容原傅作义部队在张垣、北平、天津、绥远的无职军政干部人员。

十一月（旧历十月二十一寅时）三子石平生于兵马司北京寓所。

安儿考升北平奋斗中学。冬，该校迁至归绥，与绥远奋斗中学合并。安儿亦至归绥。

一九五〇年，农历庚辰年。时年五十三岁

一月，归绥无职军政干部招待所成立。我担任主任。地点设在归绥以西之乌素图召。开始收容傅部之无职军政干部，公告限期为一个月，过期不收容。在收容到约七百余人时，傅先生到乌素图召视察。

同月十八日，又奉绥远军政委员会和绥远军区司令部命令，调我任包头军分区司令员。家由北京迁至包头。

秋，包头军分区与集宁军分区合并。我改任包头警备司令部司令员。

就在此时，华北前教二团大队长侯逸贤调来包头警备司令部担任政治部保卫科长。见面后，他说：“想不到你能回绥远并任包头警备司令员，更没想到我来包头警备司令部，咱们又到了一起。”我说：“这就很好，我有了亲近的老师，请你随时教育指导。”

十月一日，中华人民共和国一周年。参加北京国庆活动，在天安门观礼台上观礼。看到了毛主席、朱总司令检阅陆海空三军部队。

一九五一年，农历辛卯年。时年五十四岁

去年以公家需要我住的绥远新城牛肉铺巷小院，当即由邢继业经手交公。

春，号召抗美援朝，我主动捐献现洋一百元。当时副政委说：“咱们军人不必捐。”我说：“我应该捐。”

我被选为包头市人民代表大会代表，包头市政协委员会委员。

警备司令部审干运动虽没让我参加，但我也主动写了自传，对自己的历史作了检查，交给组织。

八一节前两天奉军区命令，调军区司令部任高参。家迁归绥，在旧城大北巷租房居住。

秋，受派至昆都仑召，检查骑兵师（师长是毕力格巴图尔）部队。

一九五二年，农历壬辰年。时年五十五岁

夏，奉命勘测归绥至山西右玉县军用公路，带着军区参谋及交通测量队干部，限于八一节前一天完成勘测任务。在如期完成任务后，八一节回部。

回部后，即发表军委命令，任我为蒙绥陕坝军分区第一副司令员。

临赴陕坝前，政治部主任对我说："如有干部说什么时，你可说，我是中央军委派来的。"

我妻因眼病在归绥医治不愈，转去北京医治。可是北京医院也不见效，她又去上海治疗，住鸣弟家。

一九五三年，农历癸巳年。时年五十六岁

三月，公休假一个月，我乘此机会赴上海，探视妻眼病医治情况，并与鸣弟等会晤。

原本想顺便回原籍一看，以在上海耽误了时间未便绕道回稷，遂依期返部。

此后，我妻在上海治眼病见好，以天气太热，又发生皮肤病，遂又返京，医治休养。

冬，调回蒙绥军区司令部。

一九五四年，农历甲午年。时年五十七岁

春节请假赴京探亲。

四月奉命转业，到内蒙古人民委员会参事室任参事。

五月去托县检查春耕。又派到交通学校服务。

一九五五年，农历乙未年。时年五十八岁

调交通厅参事室工作，整理案卷。春节回家探亲。

四月，公家占用兵马司房子，并发给补偿费四千元人民币，以此款购置宣外棉花上二条后门五号小院（后改为八号）。

石安由绥远奋斗中学毕业，未被高校录取，即回北京家中，在京补习功课，准备在京升学。

冬，我以忽然吐血便血送同仁医院，经检查患十二指肠溃疡病，住院二十余天。

一九五六年，农历丙申年。时年五十九岁

暑期学校招考，石安报考被录取到山西师范学院。【编者按】即今山西大学。

八月，我乘公共汽车上班时在车站晕倒，又便血，住内蒙医院二十余天。

九月，奉派至北京中央社会主义学院学习。

在北京市第二医院住院一时期，继续医治十二指肠溃疡疾病。

冬，鸣弟工作由上海银行调到北京中央科学研究院社会出版处，任编辑。

一九五七年，农历丁酉年。时年六十岁

经楚溪春、胡景通（字奎生）介绍加入国民党革命委员会。

春，反右运动开始。号召大鸣大放，交心运动。

夏，和庭同我妻菊香回原籍住了半个月。

一九五八年，农历戊戌年。时年六十一岁

反右运动尚未结束，大跃进运动又开始了。全民大炼钢铁。

六月，中央社会主义学院的全院职工学员一起，在北京以北修建之十三陵水库工地，参加劳动一天。

秋，中央社会主义学院组织学员到西郊四季青公社参加劳动。

九月参观徐水县、安国县等地的公社试验田、土高炉及红专大学。

参加北京西郊万寿乡大队劳动。

一九五九年，农历己亥年。时年六十二岁

二月，中央社会主义学院第一期学员学习结业。四月回内蒙。

冬，妻在京因小肠疝气动手术。

我十二指肠溃疡病复发，妻来呼看我。

一九六〇年，农历庚子年。时年六十三岁

一月，请假赴京看病，初找苏一趟治，嗣以苏合并到诊疗所，遂去友谊医院诊治，检查后，让住院治疗。住院后检查是十二指肠溃疡及胆囊炎结石症。住院五个多月，以年龄关系，未动手术。特嘱注意防病发作。

安儿由山西师范学院毕业，分配到左云县任中学教员。

丞儿由香炉营小学毕业，考到北京三十一中上初中。

一九六一年，农历辛丑年。时年六十四岁

春，长子石安和本县马家巷村马斌隆之女马洁明在京寓结婚。

我继续请病假在家休养。

一九六二年，农历壬寅年。时年六十五岁

绥竹内侄女由北京梁家园小学毕业。考进北京九十五中学初中班。

安儿由左云中学调天镇中学任教。

一九六三年，农历癸卯年。时年六十六岁

儿石丞初中毕业。考升人民大学附中念高中。

石平由梁家园小学毕业。考到四十三中学念初中。

菊香妻和内弟费善庭回籍探亲。

一九六四年，农历甲辰年。时年六十七岁

十二指肠溃疡及胆石症反复发作，请病假在京寓家休养。

四月（农历三月十五日辰时），长孙应中生于京寓。给孙起名应中，是取“此四方应乎中”之意。

绥竹内侄女由京转学到内蒙呼和浩特市铁中，继续念初中。

一九六五年，农历乙巳年。时年六十八岁

我继续请假在家休养。

当年五月（农历四月十三子时），次孙维中生于京寓。

一九六六年，农历丙午年。时年六十九岁

是年四月下旬回内蒙人委参事室。曾申请即请假回原籍一趟，政协苏诚副秘书长答复稍缓。后来以“文化大革命”运动已起，我对请假回籍事便不能再谈了。

是年暑假期，丞儿由高中毕业。平儿由初中毕业。

八月，“文化大革命”运动起来了。北京家中面临被查抄和被打成反革命家属的危险，写本人简历一份寄去，以资证明本人身份。

九月，北京寓所街道造反派强行住进东西厢房。随后，依令将房产交公。

一九六七年，农历丁未年。时年七十岁

五月，和庭弟赴京治病，以在京病危，给我来电。我请假赴京照料。我到京不久，政协的红卫兵战斗队对我请假有意见，以参事室博主任未向战斗队打招呼，来信叫我返回。因此我只得回内蒙机关销假。后庭弟被诊断为胃癌晚期，不久后亦返回包头。

七月十日（农历六月初三）接包头韩天祥甥婿长途电话，说我弟和庭病危。我即又请假赴包。当日下午到包头，二弟和庭已不能说话。只见他眼光未散，眼泪滚滚。可能是他知道我已来到他的身边。但最终还是撒手而去。

七月十二日（农历六月初五）和庭弟出殡。

七月十一日，下午石玲侄女由北京赶回包头，十二日上午石安儿亦由天镇赶至。

十三日开家庭会议，决定我给家中(包头)每月补助生活费。孩子们哭着说：“我爸爸一肚子苦水。”听此言我很是生气，无奈，说出了多年来尽力资助庭弟的实情，弟媳和颖妹也在旁予以证实。

十四日，后事料理完，我返呼销假。

一九六八年，农历戊申年。时年七十一岁

四月，工学院井冈山红小将进驻政协委大楼，专政三个月。在此末期，解放军亦进驻一部分。最后，召集三十几个人宣布："你们今天是二次起义，要继续好好学习。"

五月，妻菊香回北京。

八月，农牧学校红卫兵接着专政三个月。我们由大楼搬入小楼。

八月末，丞儿和同学十数人主动去内蒙锡盟阿巴旗白音图噶公社三队插队。

同年，平儿和同学数十人主动集体去黑龙江宝清县的东北生产建设兵团之三〇二部队插队。他弟兄俩，在未走之前曾互让留一人在家里照护老人。可是，最后却都远走高飞了，谁也不肯留下自己。

一九六九年，农历己酉年。时年七十二岁

九月，鸣弟由京来看我，因他于十月份去河南五七干校。我给了他五十元。

十月，妻来呼市照顾我。

冬，安儿调大同任教。

农历腊月十四日卯时，三孙友中生于山西大同市口泉中学。

一九七〇年，农历庚戌年。时年七十三岁

六月十五日，内蒙统战学习班在政协大楼成立。学员基本为原参事室参事、文史馆员和政协的一些干部，一些内蒙直属机关单位的编余干部，也都被编入统战学习班。

一九七一年，农历辛亥年。时年七十四岁

修建政协地下室，全体参加劳动。

一九七二年，农历壬子年。时年七十五岁

四月，安儿喉部生瘤在京医治，并拔牙。妻回京照料安儿看病。

此月，丞儿被抽调到包头二冶五中任教员。

六月十日，内蒙呼和浩特市东风区人民武装部换发中华人民共和国一九五四年所发的转业军人证。

十二月，平儿调离位于宝清的黑龙江生产建设兵团。

一九七三年，农历癸丑年。时年七十六岁

农历正月，我请假回京探亲，假期一个月。

安儿由口泉中学调大同市革委会环保办公室工作。

四月，平儿到大同内燃机厂上班。后安排到大同内燃机厂当工人。

此月，妻由京来呼。

五月十五日由四眼井迁居，改租住议事厅巷一号南房一间。

七月四日宁振清之子宁尚武来信，当月复信。

十月一日，骏良甥在包头结婚。助洋一百五十元。当月琴妹病，我赴包探望，给了她三十元，并决定每月我给她补助生活费十元。次日颖妹亦到包。

十二月，根发甥由新绛寄来些枣、柿饼。

一九七四年，农历甲寅年。时年七十七岁

过春节时，丞、平都回来了，中中、维维两孙也来了。

四月十九日傅作义先生在京病故。二十二日在京开追悼会。

四月二十四日我们给傅作义家属去信，表示哀悼。

丞儿调到呼市二中，户口落在旧城议事厅巷一号。

农历九月二十七日，平儿由大同来呼为其母祝寿（寿辰为九月二十九日）。于农历十月十二日（即十一月二十四日）返回大同。

十一月二十五日，苏道生（本斋）由稷山吴壁村来呼，于十二月一日离呼回籍。

一九七五年，农历乙卯年。时年七十八岁

三月二十，宁尚武来信问他父亲去世情况。当即复一信说明情由（此事另有信稿记录）。

四月四日，堂妹由太原来，谈他爱人温振南成分问题。让我证明，我即办了此事（另有记录）。

四月十日，宁尚武又来信问他父亲去世日子，以我还没有打听到，故未复信。

汾南柴村薛若兰叔叔的儿子薛三更来信。复信曰：我不会忘记。并说明了我家现在的情况。

五月一日，内蒙统战部长克里更宣布统战学习班结束。恢复参事室、文史馆和政协委员会，每人写学习总结，月底交。

我所在单位暂定名为内蒙政协三机关筹备小组。单位组织到呼市郊区巧儿保大队集体劳动，一次劳动半天。有一次大队送给每人五斤西红柿。

是年，丞儿带学生去白塔滕家营子农村学农十个月。

农历九月十二日，颖妹六十三寿诞。恰巧安儿媳妇洁明从大同来参观内蒙财贸学校。遂前往贺寿，菊香妻亦去。

十一月十五日，菊香妻赴京诊治小肠疝气，我也请假两个月以同往。又以三子石平适来呼，即由他照护我们赴京。

十一月十七日，菊香到友谊医院门诊，医院即时开了住院证，着等候空出床位的通知。又由椿树医院开处方先服中药。

在京看病期间，菊香妻跑椿树革委会、劳动局等单位，办理申请调石平儿回京事宜。具体手续是：先将申请报呈街道居委会得到同意，然后再把居委会盖章后的申请送到劳动局。候批。

一周后，椿树革委会劳动局马同志来家了解菊香病情及家中情况。

月底，拜谒董其武、袁祝三、王克峻等。

一九七六年，农历丙辰年。时年七十九岁

元月八日，周恩来总理逝世。

元月九日，菊香去椿树劳动局催问调王石平回京工作。

元月十三日，劳动局马同志来说：王石平回来，在工作上须听分派，不能挑拣，这样则问题不大。党照顾了他，他也应听从党的分配。

元月二十七日，丞儿于腊月二十七日与王金泉（丽生）之女平华结婚，我续假一个月。

春节期间，携鸣弟拜会友人，一同去了董其武、王克峻、薛必达、王志达、安尔仁、李晋英、陈耀三、冯杰宸等处。

随后患感冒，后又滑了一跤，致腰部右后肋骨挫伤并伤及内部。以行动不便，召石安由大同来京照护我。后到广安门内中医院骨科拍了 X 光片，查系右后肋骨折两根(第八、第九)。

原准备于二月十七八日返呼，而且机关来信说已指定我为参事一组召集人。因伤病不能如期动身，只得给机关去信，报告滑伤情形，附去了诊断证明，请准予待稍好再返呼。

三月，由内蒙寄来介绍在京医院接受医疗证明信，以便我能在北京的医院就诊。

董其武来家看我病。

此后，我亦三次给单位写信报告伤病情况，并感谢照顾。

四月四日，清明节，工人农民部队士兵以及机关厂矿学校群众，为纪念周总理，从早到晚成群成队地向天安门英雄纪念碑前敬献花圈，甚至夜间还有人送花圈花篮，为数多得不可胜数，几乎占了广场一半，看的人成了人山人海。至次日，送花圈的人仍络绎不绝，其中还有从郊区坐着汽车来的农民。

起初劝止送花圈；继而用宣传汽车大喇叭广播说扫墓是旧习惯，应破旧；最后派解放军、民兵阻挡。终于酿成冲突，发生了烧宣传汽车、烧二层小楼营房的骚动，即所谓天安门反革命政治事件。

四月十五日，石平回京照护，遂着石安返同。

五月，石平的工作由大同调至北京，因划拨指标被大同私自扣留，手续办理中途搁浅，后经有关领导催问，复经山西省备案批转，才顺利办完调京手续。

六月，石平获宣武区劳动局通知，分配到广安门内合金厂(后改为北京市高熔金属材料厂)，随即报到上班。

本月上午四时至五时彗星出于东方。

七月六日，下午在广播上听到消息：朱德委员长于今日下午三时十分，因病在北京逝世。

七月二十八日凌晨四时三十多分，唐山地震。北京震感强烈。墙倒塌和房屋坏者约一万多户。适于前日石丞由呼市来接我。地震时，他和石平把我和他妈扶出屋外。

同日大雨。街道通知各家各户全家都要在大街公共宽敞处自搭小棚住。

八月四日，丞儿接我和他妈到大同他大哥那里。平儿即在京照料家。

不料大同也在防地震，家家户户搭棚在户外或街道上住。菊香的皮肤病本已发作，打算到大同后休养几天，结果在棚子里受潮受风以至复发得更为严重了。十余天后，我们又乘火车返呼。

九月一日，我开始上班。

九月九日零时十分，毛泽东主席在京逝世。

十月十二日，传达中共中央通知：华国锋同志任中共中央主席和中共中央军委主席。

十月二十一日开大会：庆祝华国锋同志任中共中央主席、中央军委主席，庆祝粉碎王洪文、张春桥、江青、姚文元"四人帮"篡党夺权阴谋的伟大胜利。

一九七七年，农历丁巳年。时年八十岁

四月，我突然溃疡出血（吐血便血），由机关派车，赵淑普护送赴内蒙医院治疗，旋即住院。此次病势较严重，初入医院时血压70–50，曾昏迷过去两次。起初丞儿陪床，后安儿由同来呼接替。

平儿和孙玉萍来呼住了一星期，我即令他们回去上班。

头十天输血800毫升，输液1000毫升多。单位各组派代表来看我病。

六月十二日，农历四月二十六，是我生日，我仍未出院。颖妹在家给我做的面饭，送医院。

七月十九日（农历六月初三），病稍愈，出院，计住了三个月医院。以溃疡处未找到，由医院证明介绍到北京友谊医院复查，继续治疗。

八月四日，离呼赴京，转院到北京友谊医院复查病。

十六日，入北京友谊医院，确诊为胃小弯溃疡和胆石症，仍保守治疗，住院半月有余。其间，薛必达、冯杰宸等曾到医院探望。

九月六日，安儿来京并与平儿一起陪同我去看望董其武。

石奇侄由山西大学毕业，分配到稷山原籍工交部门工作。我让石奇抄家谱。

妹丈温振南来信，托打听梁超，为他证明在绥远参加"九·一九"起义的问题。复信。

原准备年底回内蒙,众人皆劝阻,让春节后再回去,从之。

一九七八年,农历戊午年。时年八十一岁

王漳(少山)来,以其诗作示余,余亦步其韵和之(详见诗集)。

元月,呼市东风区公布丞儿考大学初试录取第一名,通知体检和政审。月底,丞儿被北京师范学院录取。【编者注】即今首都师范大学

二月三日(农历腊月二十六日),三儿石平在北京结婚,对方是林曾之女孙玉萍,在天桥医院工作。董其武、薛必达、王少山来贺。下午在丰泽园会餐。

三月,丞儿到京,即日去北京师范学院报到入学。

五月一日,儿媳平华(丞妻)到友谊医院住院生产。次日(农历三月二十六日)下午八点五十五分,孙儿慧中生于北京友谊医院。

因玉萍儿媳将于冬初临产,住房困难,向房管部门申请再调整一两间住房。

五月中旬,民革张克明同志来联系。自"文化大革命"以后至今,与民革组织失去联系了。

因感冒未能回拜张克明同志,着平儿去问候并道歉,适张同志出差未遇。

八月底,石奇侄由稷来京探亲,告知堂弟雷章之子已把稷山我前院的房子(明朝建筑的)拆掉卖了旧木料换为新木料,从中赚了几千元,这使我非常愤懑。精神不愉快,旧病发作,感冒多日,身体状况欠佳。

九月,抄录玉铉集(节录)问心贴(节录),曾祖行年记及二十四孝诗等竣事,待鸣弟校正错误。

十月,再次对三儿媳今冬临产住房问题写了申请。

后得悉对民主人士私房政策的落实问题有新精神,给周北峰写了信,并在信中附有请机关开证明信的函,请周北峰转。

写四二二团抗战史料绪言。

遵照民革通知,写对台宣传稿,并准备北平解放三十年座谈。

十二月三日(农历十一月初四日),玉萍儿媳在北京友谊医院产一女孩,起名睿。产后回娘家坐的月子。

房管局通知退十一月房租。

十二月十四日，通知领取十一月房租5.89元，从今起即不交房租了。请房管局给解决两间住房的要求仍未获批示，再次递交申请。

一九七九年，农历己未年。时年八十二岁

人大常委会发出《告台湾同胞书》。

一月五日，给内蒙政协陆、高等领导写信，说明寄来的证明函，尚不符合落实房子政策规定的要求，请另发。

一月十一日，接到内蒙古政协政治处寄来于九日发出的身份证明一份。原文如下：王雷震先生是绥远省"九·一九"起义人员，起义前任三十五军少将副军长，绥干团教育长等职。起义后，任中国人民解放军包头军分区司令员，绥远军区司令部高参。内蒙人委参事室参事，直到现在。其爱人费菊香现住北京市宣武区棉花上二条八号。特此证明。一九七九年元月九日内蒙古政协政治处。即将此证明函送交有关部门。

一月十七日，晚饭后吐了一口血。感觉胸闷，病痛，头疼。经就诊稍愈。

一月二十六日下午，应邀参加中国国民党革命委员会北京市委员会为了纪念北京和平解放三十周年在民族饭店举行的座谈会。

一月二十八日，因感冒未能出门。薛必达、王志达、杨格非、冯杰宸、刘万春、陈德启来家慰问。

六月，李晋英逝世，和刘寿山、王少山等同去参加追悼会。

张振耀（子贤）、殷韶（华生）来，多年老同事张中和（山东省人民政府参事）来，到西苑饭店看孙畹九，未找见周北峰。

七月，董其武送来他的"九·一九"起义稿让看。由王克峻写并要我审阅的北平和平解放稿看完后已送回。本月把我写的绥远九·一九起义稿和北平和平解放稿寄内蒙古革委会文史资料委员会。

区房管处来了孙、李二同志了解住房情况。

八月二十四日，参加民革北京市委会后楼会议室召开的茶话会，座谈五届人大二次会议和五届政协二次会议精神。并由朱学范同志作国内阶级变化和统战新形势的中心发言。通知本会即将于八月二十四日迁回北京东皇城根南街84号原址办公。

二十七日，发给内蒙古政协信，庆三十年国庆并问好。

二十八日，由竹生来，这是三十多年未见的朋友，中午在家吃饭。

三十日，参加民革庆祝国庆活动。

十二月，致内蒙古政协及人大信。

十二月二十五日，画成曾祖父曾祖母的像。

一九八〇年，农历庚申年。时年八十三岁

一月十四日，民革北京第十支部会议上，我被选为主任委员，支部委员为陈殿伟、路河澜二人。

二月三日，接民革北京市委通知被特邀为民革北京市第五届代表。

二月十日，赴西苑饭店开民革北京市第五届代表大会，会期四天。

马玉龄来谈七七事变。

三月十七日，北京市党委在人民大会堂招待北京市各民主党派及工商联大会，我以民革成员代表之一参加。北京市党委书记林乎加讲话，传达五中全会精神，肯定各民主党派对社会主义现代化的贡献，要求加强对台工作，为做四化的促进派而努力。

三月二十日，是先母百岁诞辰，三弟雷鸣及弟媳、三妹雷颖、侄女石玲、石平儿及儿媳玉萍和我夫妇俩在京寓纪念。

三月二十七日下午，张泽伟来谈房子问题。

四月七日，房管处落实办孙、王（女）二同志来了解情况。

五月六日，接市民革委员会通知：被选为市民革社会联系工作委员会委员。

五月十日，在民革北京市委会开社会联系工作委员会第一次会议。

六月二十六日，政协全国委员会文化组、中国戏剧家协会艺委会约谈话剧《故都春晓》。

七月十五日，给民革张克明秘书长去信请假，计划经大同返呼市。

七月十六日，丞儿送我和菊香妻到大同，打算在安儿处小住后赴呼市。但随即胆囊炎症发作，只得暂在大同休养，呼市之行视身体情况另定。

八月十日，抗日史料整理完毕，拟校对打印后交《文史资料》，这是公。

再核抄《小英雄》（即：《四二二团战士抗战纪实》），这是德。

最后再写完个人抗战纪实，这是私。

八月二十三日，偕石安、洁明同赴六十九军看冯梓副军长（冯梓，字进之，山西平定县人）。

八月二十七日，六十九军冯梓副军长来石安家回访。

八月二十九日，丞儿来同，照护我们返回北京。

九月底，房管所张泽伟同志来谈房子落实政策事。

十月十三日，因咳嗽气上不来晕倒，幸有老妻扶起，醒过来了。次日看病，血压高200，低100。

十六日呼市寄来选民证。

介绍张振耀（子顺）和殷韶（华生）参加民革组织。

十月十七日，重阳节，到天桥医院检查身体。近月来因感冒引起旧病复发，幸有老伴悉心照料。

十月二十九日，给内蒙古参事室去信，汇报近况【编者注】信文详见本书《东厢琐录》。

十一月，向民革推荐路河澜为宣武区政协委员，十二月经宣武区讨论通过，随即发布。

一九八一年，农历辛酉年。时年八十四岁

一月十四日，把写出的参加傅作义部抗战史料之一、二、三送董其武，此文稿除送民革四份外，还给内蒙古政协寄了四份。

前日夜间因咳嗽，在睡时转身欲起，虽然只是起来吐了口痰，而临天明时却腰腹痛难忍。到医院诊治称系胯骨间韧带撕裂，嘱静养。因而此后近一个月的时间里不能睡躺，只有坐以终夜。

二月十八日（农历正月初十日），病稍愈，叫了一辆出租汽车去民革委员会开十支部联欢会。是日晚头晕一次。

二月二十三日，因病未能参加"关于对台湾工作报告会"。

四月四日，房管处孙同志和张泽伟来告知关于我家房子落实政策事，先迁出刘××一户，以照顾我家困难。另一家迁出之事缓办。

五月一日，给房管部门写了感谢信。至十六日刘家全部迁出，腾出了东西两间厢房。石平移住西房内，我也可以在东房写作办公，较以前清静些了。

五月十三日，接呼市参事室发来的讣告，得知苗玉田参事病故。我即寄去挽联：

苗蓝坡先生千古。

风起云会，长城碉堡传角声，怀柔帐前共谈兵，依稀已过四八载，犹忆并肩东进。

天旋地转，塞北区域得解放，阴山脚下同学习，眨眼又是三二年，君竟先我西行。

王雷震敬挽

六月，旧病复发，腹胀便血，向民革请病假。

因太原方面反映，说刘万春所撰写的文史稿中有不实之处，董其武接我到他那里讨论此事，顺便告知，我申请转工作及户口到北京问题，他已向内蒙古自治区政府奎壁副主席谈过。

七月，给民革写申请报告，因病请辞民革十支部主任委员。

八月，撰写《我对辛亥革命的回忆》的纪念文稿，送民革。

丞儿上大学期间被批准为中共预备党员，得知此信，我甚喜。

一九八二年，农历壬戌年。时年八十五岁

丞儿由北京师范学院毕业，回内蒙古听候分配工作。

正月十六，到董其武处。董说："你来，我心不安。"又说："不要出来，不要去开会，注意身体，不要给孩子们惹麻烦。"

二月十七日，内蒙古党委统战部的布仁巴图处长、宋玉珍副处长奉派前来慰问。

三月二十四日，接内蒙古来电："经内蒙政协四届(15)次常委会协商决定你为本届政协委员。三月(28)日在呼市开会，会期(13)天请届时出席。"

三月二十五日，致民革北京市领导同志信："昨接内蒙来电，告知内蒙政协四届常委会协商决定我为本届政协委员，通知返呼和浩特开会。我决定扶病返呼出席会议，会后仍来京，谨向组织请假。"

当日下午七点由京乘火车赴呼，有菊香和儿媳玉萍陪往。准备于会后仍返回北京看病。

三月二十八日，上午九时到呼，大会派车到站接我们先到丽生家。午后三时大会派车接我直至小组报到，召集人是马瀚三、任秉钧。当时还有杜如薪、杨维垣、杜如松等，以各领导参加各小组讨论，不便一一问候。因我病未痊愈，在大会安排的大楼内吃饭、吃药不方便，便决定住呼市二中丞儿原来的单身宿舍，而且大会参加，小会不参加。每日会议结束后，大会便派车送我到二中住处。

三月三十日，人大开会，本应去列席参加，以身体不适未能去。

三月三十一日上午，大会秘书长韩明(翼城县人)、郢处长(蒙族)同樊折桂、王丽生等坐车来二中看我们。

四月五日，开大会。六日，拜望孙兰峰、周北峰，还看望旺勤主席、张潜及参事室各位同志。

四月七日，大会闭幕。

返京前，除面见孙兰峰、周北峰、旺勤及参事室各同志外，另给未见面的参事室苏主任，内蒙古政协各主席，统战部长克力更，武达平，政协秘书长韩明各留信一封。内容为："在党领导关怀教育下，参加内蒙政协四届四次会议，我怀着热爱祖国，拥护中国共产党领导，正在建设四个现代化社会主义强国和统一祖国的进程中，所激动的心情，是有无限的兴奋，尤其是听到大会主席的报告和内蒙现实建设繁荣景象与林牧农工生产发展的大好形势，使我深受鼓舞。我虽是年迈体衰，但所怀热爱祖国，拥护中国共产党领导的信念更加坚定。我必将尽己所能，为建设内蒙，保卫边疆而贡献自己的微薄力量。"

四月八日下午，离呼赴京。九日上午到京，石平到站接。

五月十三日，给一〇一师四〇二团于一九四〇年二月袭包头阵亡之连长程文明写证明。并请董其武证明。(已由张振耀，殷华生和我及卫景林证明。)

五月十九日(农历四月二十六日)颖妹、鸣弟一家、侄女石玲一家及三儿媳玉萍之父母，还有石安一同给我祝寿。适薛必达、李若菊亦来。

七月九日，内蒙古政协参事室汇来七月份工资 191.18 元，扣国库券 10 元。

十一月二日，全国政协在政协礼堂召开有关编写傅作义先生年谱问题的座谈会。

一九八三年，农历癸亥年。时年八十六岁

二月十三日，农历正月初一，上午去董其武处未遇，下午参加民革春节团拜。

二月二十日，（农历初八）邀玉萍爹妈及鸣弟夫妇和石林夫妇与他姥姥团聚。

二月二十六日（正月十四日），梦祖训文，着中中抄写先祖手遗诗句。二月二十八日，董其武来，我请他给《四二二团战士抗战纪实》（即《小英雄》）题词。

三月六日，张克明秘书长来。

董着其警卫员小应送来“战士抗战纪实”的题词：“民族之花”。

三月七日（农历正月二十三日），值先母逝世四十九周年。

农历二月初四，先母103岁诞辰，鸣弟和弟媳妇来。

三月二十四日，石安出差到京，带来“四二二团战士抗战纪实”打印稿，以错字太多，我校对了两天，完毕后决定让他再带大同补印。装订好再寄来。

三月二十九日，起草有关平津战役的回忆录，准备参加纪念三大战役座谈会。

四月二日，给雷剑去信，问候春祺。但还有些要谈的话未写入此信中。

几天来，头晕、胸疼，到天桥医院诊治，透视作心电图，经查有淤血，一打针则皮肤过敏，尿频。数日后恢复正常。

四月十二日，接内蒙古参事室来电报称：四月十七日内蒙古政协开会，要我去参加。即准备十四日起身。临行前感到身体不舒服，未能成行。

十五日上午，复到友谊医院检查，结果要求我即日便入医院治疗。

同日给内蒙古政协及参事室去电报请假。

在医院期间每天输液，有时输血。董其武到医院看我两次。路河澜每天下午来看。孩子们轮流陪床，初为安儿，次为丞儿，再为平儿，再次玉萍儿媳。

鸣弟一家每星期探视日分别来看。街坊郭长顺、李小福也派孩子来看。民革张主任克明及民革秘书也来看。陈殿伟、张子显、殷华生都来看。

自四月十五日入院，至六月三日出院。六月五日结账，药费215.02元,输血费323.20元,房费196.00元,X光费0.60元,检验费101.20元,处置费30.40元,出院带药37.80元;总计:904.22元。

在我病愈出院的前两天,路河澜、王璋二同志相继去世,太突然,甚为悼念。

【编者注】原稿上的最后文字应当是记录于一九八三年六月初,其最末一行字是用红色墨水而写,而这份年谱竟至此辍编。数月后,作者便因病再次入院治疗,不幸于一九八三年十月十二日病逝。

悼 词

今天,我们怀着沉痛的心情,深切悼念内蒙古自治区参事室参事王雷震同志。

王雷震同志积劳成疾,久病不愈,经多方医治无效,不幸于一九八三年十月十二日六时十分在北京逝世,终年八十五岁。

王雷震同志于一八九八年出生于山西省稷山县。幼读私塾,后赴运城考入省立中学,中途因家贫辍学,转任小学教师。一九一九年,在“五四”反帝爱国运动的影响下,弃文习武,考入山西陆军学兵团斌业中学,在斌业专门学校学习六年,毕业后投效傅作义部工作一生,历任:排、连、营、团、师长、教育长,三十五军副军长等职。曾参加北伐战争。一九三三年和一九三六年,在傅作义将军指挥下,参加了长城抗战和绥远抗战,抗击日本帝国主义侵略中国。“七七”事变后,跟随傅作义部转战山西、绥远,抗日救国。一九四九年参加了绥远“九·一九”起义,走上了人民革命的道路。

建国以来,历任绥远军区包头军分区司令员、包头警备司令部司令员、蒙绥陕坝军分区第一副司令员、绥远军区司令部高级参谋。一九五四年转业到内蒙古自治区人民政府参事室。一九五七年加入中国国民党革命委员会,担任过民革北京市第十支部主任委员。王雷震同志还担任过包头市政协委员、包头市人民代表大会代表,内蒙古自治区政协四届、五届委员会委员。

建国初期,王雷震同志在军分区任职期间,在绥远军区的领导下,积极剿除土匪,安定社会秩序,为实现绥远“军队解放军化、地方解放区化”做出一定贡献。

王雷震同志有强烈的爱国主义思想，为人正直、热情、谦虚，严于律己，宽以待人，生活俭朴，自觉性强，从不为个人问题向组织提出要求。在患病期间，仍积极撰写文史资料和对台宣传稿件。

三十多年以来，王雷震同志热爱社会主义祖国，拥护中国共产党，认真学习马克思主义、列宁主义、毛泽东思想，积极参加社会主义革命和社会主义建设。尤其从党的三中全会以来，他亲眼看到我们的国家进入新的历史时期，社会安定团结，经济稳步发展，物质文明和精神文明建设蒸蒸日上，由衷地拥护三中全会以来党的路线、方针、政策。一九八二年四月，王雷震同志在参加内蒙古政协四届四次会议后，曾给内蒙古政协写信，表达他在党政领导关怀下，为能参加会议感到无比兴奋，尤其是在听了政府工作报告后，对内蒙古建设发展的繁荣景象，林、牧、农、工生产发展的大好形势，深受鼓舞，拥护中国共产党领导和实现四化的信念更加坚定。最后表示将尽己所能，为建设内蒙古、保卫边疆，贡献自己的微薄力量。

王雷震同志还十分关心祖国的统一，殷切期望台湾当局审时度势，以国家民族最高利益为重，尽快参加国共两党平等谈判，力争在八十年代实现祖国的大团结、大统一。

王雷震同志和我们永别了！我们要化悲痛为力量，“毋忘团结奋斗，致力振兴中华”。坚持四项基本原则，积极工作，努力学习，当前要着重学习《邓小平文选》，提高我们执行三中全会以来路线、方针、政策的自觉性，坚决和中央保持一致，为完成八十年代的三大任务贡献自己的力量。

安息吧！王雷震同志！

董其武

一九八三年十月十八日

编　后

我们的父亲王雷震(字雨辰)于1983年10月12日病逝于北京友谊医院,享年85岁。

从20世纪50年代起,父亲就患有严重的十二指肠溃疡和胆结石等病症,备受病痛折磨。但除了这些消化系统的宿疾外,他的健康状况一直较好,80多岁了,仍是身板硬朗,耳聪目明,思维清晰,精神矍铄,甚至直到去世前一个月,还能用毛笔书写工整的蝇头小楷。先前,他也曾数次因消化道突发出血而入院急诊,均有惊无险。大家很紧张,可他总是说:“慢性病,慢慢调养吧。”最后这次住院,经治疗后,病情已经明显好转,不料竟突然去世,使我们甚感意外。

父亲病逝后,在仅有6平方米大的小书房里留下了许多未经整理的文稿、资料、日记和书信等。料理完父亲的丧事后,我们兄弟三人都急于返回各自的工作岗位,只能将这些文稿资料暂时封存,准备等稍有闲暇时再加以整理。

后来,我们曾多次开箱整理父亲的这些遗稿,却都是中途而辍。一则是由于我们各自工作缠身,实在难以抽出整段时间;二则兄弟三人分散居住异地,难得会面,彼此联络也不很方便;更主要的原因是,父亲的遗稿中,除了有晚年写下的一些文章外,还有他在抗日战争时期的阵中日记、作战地图、战斗命令记录、当时的战事报告以及他后来根据自己的亲身经历所整理归纳的回忆录,另外还有很多学习笔记、历次运动中的思想检查和外调材料底稿等等,这些材料混夹存放在一起,庞杂无序,有些文字单页和夹在本册中的纸条都没有明确的日期标识,我们对于其中所涉及的人和事又都不熟悉，不敢轻易拆分归类，整理起来难度很大。真是很后悔父亲健在时没有能更多地参与他的文稿整理工作。

我们兄弟对父亲的了解确实太少了。我们在北京上学时，父亲在内蒙古工作，一年见不了几次面；父亲晚年回到北京家中疗养，我们却都各自远赴牧区、兵团插队支边，或者到外地工作了，全家人仍然难得团聚。所以父亲和我们在一起生活的时间并不多，再加上他唯恐给孩子们带来不利影响，更是很少跟我们说起他早年的生活经历。

记得在"文化大革命"以前，有一次，正上初中的小弟石平听见父亲哼歌，居然是《大刀进行曲》的曲调，惊讶地问："这歌你也会唱？"他回答："抗战时期，傅作义部队里唱的很多歌和八路军都是一样的。"再往下，就什么也不说了。

父亲去世前不久，我们兄弟三人恰好同时来到医院。当时只有我们和父亲在病房里，父亲先对小弟石平说："你最小，要听哥哥们的话。好好学技术，当好工人。"又对大弟石丞说："当教师好，清白。"然后对老大说："当干部，要认真掌握党的政策。"最后对我们三人说："你们记住，将来谁也不要搞政治！"这大概是父亲对我们讲过的最"落后"的话了。

在接触父亲遗留的文稿之前，我们了解父亲，更多的是通过别人的讲述。"文化大革命"中及以后的那些年，经常有以前的老部下来找父亲，请父亲为其证实起义人员身份或解决生活困难，父亲总是有求必应，尽力帮忙，临走还要送给路费，甚至让我们一直送到车站去，路上，他们说起往事，都感慨地对我们讲："你父亲是好人啊！"

一位长辈曾告诉我们，在父亲奉命督建五十九军抗战阵亡将士纪念碑时，施工队的工头曾扛了两袋白面送到家里，父亲得知很生气，让送回去，说："我吃一口面，拿一分钱，就对不起死了的那些弟兄。"

父亲留下的文稿中有一本题为《小英雄》的油印小册子，记录了傅作义部四二二团战士抗战的英勇事迹，是在他当该团团长时编辑的。他在晚年花费很多时间重新校订和工笔誊抄这些战士的事迹，所耗精力远远超过他抗战回忆录的撰写。我们对此曾表示不解。他说,我有三件事要做:整理抗战史料交给单位,是为公;写个人的回忆录,是为私;誊抄《小英雄》,是为德。正因此,他抄录《小英雄》极为认真,哪怕有一个字写得不够好,都要换纸重新誊写此页。所用毛笔的端毫稍有磨损,也要立即更换新笔。父亲去世后,他书房内竟有数十支用过的"老胡开文七紫三羊"小楷笔。

父亲去世后,亲朋好友纷纷到家里来慰问。一位曾与父亲并肩抗战的挚友对我们说:"你父亲一不拜把子,二不娶小老婆,三不吃空饷,是傅作义于部里的这个。"说着,竖起拇指,敬佩之情,溢于言表。

《董其武日记》中,1983 年 10 月 23 日那一篇记道:"昨天午后 3 时,参加王雨辰同志追悼会,……王雨辰同志是我 6 年的同学、几十年的战友,他一生要强,自觉、敬谨、德厚,这是我亲身体验到的。"

长辈们的评价所展现的父亲的形象,使我们尤其渴望去进一步深入了解和认识父亲,这也使我们整理父亲遗稿的心情更为迫切。

但直到数年前,我们相继退休,才终于有了比较充裕的时间聚在一起,着手对父亲遗留的文稿进行彻底的整理。在整理过程中,我们进一步认识到这些材料宝贵的历史价值,也更全面地了解了父亲,了解了那个时代人们的血性与追求。同时,被父亲做事、为人的原则所感染,我们也自觉不自觉地将认真、负责、谨慎的态度贯彻到遗稿整理工作中,冀以此告慰九泉之下的父亲,也告慰在抗日战争中流血牺牲的他那些弟兄们。

在这次遗稿整理过程中,我们对父亲留下的所有材料逐一进行查阅、甄别。最后在 2009 年底初步完成了其一部分文稿的分类、筛选工作。2010 年春,我们初步筛选出一部分文稿,并开始边录入、边整理。在录入过程中,本着对历史负责的态度,我们始终坚持严格按照父亲手稿进行原文誊录,遇到疑点和不明之处,均作了慎重的考证和校核,并添加了必要的注解和按语。

书稿编纂虽说由老大牵头,但丞、平两弟始终参与了这项工作的全过程，分担了繁重的任务，并付出了大量的劳动和心血。若没有大家之力，这个浩大工程几乎是不可能完成的。

这项工作也得到了我们下一代的鼎力支援。父亲的四个孙子应中、维中、友中和慧中，他们发挥各自的特长，在文档录入、校对、打印、图片扫描等各个技术环节，群策群力，帮我们解决了很多困难。就连父亲最小的孙女王睿，在得知此事后，也将她珍存的照片从英国寄回国内。纯孝之心，感人肺腑。

三十余万字的文稿选终于编纂完成了。在该书稿即将付梓之际，还要感谢同学挚友解宝泽、许传海、傅业对本书编辑和出版给予的建议和协助，并感谢山西人民出版社编辑员荣亮所付出的辛劳。

受阅历、知识和能力所限，尽管我们做了最大的努力，书中仍可能存在诸多错误和不足，渴望诸位读者不吝指正。

王石安　王石丞　王石平

2010年12月15日

农历庚寅年十一月初十